Theory and Practice for Reading Coach

독서지도, 어떻게 할 것인가 2

황정현 · 이상진 외

에피스테메
EPISTEME

독서지도, 어떻게 할 것인가 2

ⓒ 황정현·이상진·김경선·김명석·김현희·박선희·박주현·소진권·우미라
유성호·이송은·이수진·이승윤·이영호·이재승·정옥년·한명숙·허득실, 2008

초판 1쇄 발행 / 2008. 10. 1.
초판 4쇄 발행 / 2012. 7. 10.

지은이 / 황정현·이상진 외 16인
펴낸이 / 조남철
펴낸곳 / 한국방송통신대학교출판부
　　　　주소　서울특별시 종로구 이화장길 54 (110-500)
　　　　대표전화　1644-1232
　　　　팩스　(02) 741-4570
　　　　http://press.knou.ac.kr
　　　　출판등록　1982. 6. 7. 제1-491호

출판위원장 / 김무홍
편집·조판·표지디자인 / 하람커뮤니케이션
인쇄·제본 / (주)일홍피앤피

ISBN　978-89-20-92817-8　03020
　　　　978-89-20-92818-5 (전2권)
값　15,000원

차 례

차 례

차 례

제 16 장 주제통합형 독서지도 소진권 | 215

차 례

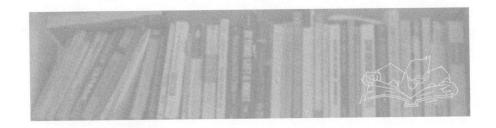

차 례

제 6 장 갈래별 독서지도(2)
─옛이야기, 그림동화, 동화, 전래동요와 시 한명숙 | 201

차 례

제 9 장 아동의 발달 단계에 따른 독서지도(2)
─초등, 청소년 이상진 ㅣ 327

제 **10** 장

아동심리의 이해와 독서치료

■ 학습목표

1. 독서치료가 무엇인지 이해한다.
2. 독서치료의 이론적 기초로 심리학 이론과 문학의 특성과 독자반응 이론을 고찰한다.
3. 독서치료가 어떻게 발전해 왔는지 한국과 미국, 일본의 현황을 살펴본다.
4. 독서치료가 어떻게 이루어지는지를 알아 실제로 적용할 수 있도록 한다.

■ 주요용어

독서치료 – 다양한 문학 작품들을 매개로 하여 토론, 글쓰기, 그림 그리기, 역할극 등의 여러 가지 방법의 구체적 활동과 상호 작용을 통해서, 자신의 적응과 성장 및 당면한 문제들을 해결하는 데 도움을 얻는 것

발달적 독서치료 – 정상적으로 발달해 가는 과정 중에 갈등을 겪는 상황을 도와주는 독서치료. 학교에서 교사나 상담자가 교육적인 목적으로, 예방 차원에서 인성지도 차원에서 사용한다.

임상적 독서치료 – 심각한 심리적 문제가 있는 내담자를 대상으로 하는 독서치료. 심리치료에서 임상적으로 사용되는 것이다.

시 치료 – 독서치료 자료에서 시나 대중가요, 이미지 등을 활용하는 경우이다.

I 독서치료의 정의[1]

1. 독서치료의 어원

독서치료(bibliotherapy)란 말의 어원은 'biblion(책, 문학)'과 'therapeia(도움이 되다, 의학적으로 돕다, 병을 고쳐 주다)'라는 그리스어의 두 단어에서 유래되었다. 문학이 치료적인 특성을 가졌다는 기본 가정에서 출발한다고 볼 수 있다. 따라서 독서치료가 무엇인지 가장 단순하게 정의를 내린다면 책을 읽음으로써 치료가 되고 도움을 받는다는 것이다

2. 독서치료의 일반적 정의

독서치료가 고대부터 알려지고 실시되어 왔지만 그 용어를 처음으로 사용한 것은 1916년에 Crothers에 의해서였다. 그는 〈Atlantic Monthly〉(1916 : 291~301)에 실린 기사에서 "독서치료는 새로운 학문이다. 독서치료를 하는 중에 어떤 특정한 책이 가지는 실제적인 치료효과에 대하여 다른 의견이 많다는 것은 당연하다."라고 말했다.

그리고 *Dorland's Illustrated Medical Dictionary*(1941)에서는 독서치료를 "신경증을 치료하기 위해 책들을 골라서 읽는 것"이라고 처음으로 정의를 내렸다. 그러나 Tews(1961)는 설문지의 결과들을 바탕으로 여러 가지 내용을 포함시켜 독서치료를 설명했다. 즉, 독서치료는 읽기 자료가 들어가도록 선택된 활동 프로그램으로서, 의사가 치료 방법으로 계획하고 실시하고 통제하는 것이라는 것

---

1) 김현희 외(2004)에서 발췌한 내용임.

이다. 또한 처음으로 독서치료에 대한 박사학위 논문을 썼던 Shrodes(1949, 1960)는 독서치료를 독자의 인성과 문학과의 상호 작용의 과정으로 정의하기도 하였다.

Webster's Third New International Dictionary(1961)에서는 정신의학과 의약 분야에서 치료의 보조 수단으로 읽기 자료를 사용하고, 지시받은 대로 읽음으로써 개인적인 문제를 해결하도록 안내하며, 적응을 잘 못하는 사람들을 사회에 복귀시키기 위한 치료이고, 사회적인 긴장을 없애기 위한 활동이라고 정의를 내렸다.

1960년대에 이르러서 독서치료에 대한 정의가 심리치료에서 임상적으로 사용되는 것〔임상적(clinical) 독서치료〕과 학교에서 교사나 상담자가 교육적인 목적으로 사용하는 것〔발달적(developmental) 독서치료〕으로 구별되기 시작하였다. 1970년대에 와서 Berry(1977)도 임상적 독서치료와 교육적인 목적으로 사용하는 발달적 독서치료를 다음의 세 가지 측면으로 구별했다. 첫째, 치료자의 역할과 기능의 차이(예 : 치료자 대 집단 지도자, 토론자) 둘째, 참여자 특성의 차이(환자 대 건강한 사람) 셋째, 독서치료 과정에 있어서 목적의 차이(건강해지기 위한 것인가 대 자아 실현이나 교육적인 목적을 달성하기 위한 것인가)가 그것이다. 이런 과정을 통해 Berry(1977)는 독서치료란 시에서부터 단편소설, 자서전, 개인의 일기, 생활사 등등에 이르기까지의 가능한 모든 문학적 형태를 포함하는 문학작품들을 가지고, 치료자와 참여자가 문학작품을 같이 이해하고 나누는 상호 작용 기술을 의미하는 것으로 정의했다.

1980년대 후반부터 독서치료의 효과를 높이기 위해 구체적 활동과 상호 작용을 강조하기 시작했다. 구체적인 활동을 강조한 Hebert(1991), Pardeck(1994), Rosen(1987) 등에 의하면 독서치료는 독서자료를 읽거나 들은 후에 토론이나 역할놀이, 창의적인 문제 해결 활동 등 구체적으로 계획된 활동을 함으로써 독서자료로부터 문제에 대한 통찰력을 이끌어 내도록 돕는 것이다. 다시 말하면 독서치료 자료를 읽거나 본 후에 구체적인 활동이 반드시 함께 일어나야 한다는 것이다.

상호 작용을 강조한 Hynes와 Hynes-Berry는 "상호 작용적 독서치료에서 훈련된 치료자는 임상적 또는 발달적 독서치료 참여자의 감정과 인지적 반응을 통합하도록 도와주기 위하여 선택된 문학작품, 인쇄된 글, 시청각 자료, 참여자 자신의 창의적인 글쓰기 작품에 대한 토론을 유도하고 이끌어 나간다"고 하였다.[2]

그러므로 위의 여러 가지 정의들을 종합하여 볼 때 일반적으로 독서치료는 발달적 혹은 특정하고 심각한 문제를 가지고 있는 참여자가 다양한 문학작품들을 매개로 하여 치료자와 일 대 일이나 집단으로 토론, 글쓰기, 그림 그리기, 역할극 등의 여러 가지 방법의 구체적 활동과 상호 작용을 통해서 자신의 적응과 성장 및 당면한 문제들을 해결하는 데 도움을 얻는 것을 뜻하는 넓은 의미로 해석할 수 있다. 다양한 문학작품들에는 인쇄된 글, 영화나 비디오, CD, DVD 같은 시청각 자료, 자신의 일기와 자서전 등 글쓰기 작품들이 모두 포함될 수 있다(김현희 외, 2004).

Ⅱ 독서치료의 이론적 기초

1. 심리학 이론

(1) 정신 분석 이론

정신 분석 이론은 독서치료 과정에서 참여자가 문학작품을 읽은 후 치료자와 나누는 상호 작용 중에 일어나는 동일시, 전이, 카타르시스와 같은 개념의 근거를 제시한다. 치료자가 참여자에게 문학작품을 주었을 때 작품을 읽는 참여자는 주인공에게 동일시를 하며 그 과정에서 자신을 잘 인식하게 된다. 또한 이러한

---

2) Hynes와 Hynes-Berry(1994: 17).

동일시를 통하여 카타르시스를 맛보게 되어 심리적인 해방감도 가지게 된다. 카타르시스를 통하여 자신에 대한 통찰을 얻도록 해 주는 것이다. 자신의 문제에 대한 통찰이 생긴 후에는 어떻게 삶에 적용할 것인지에 대해 알게 되며 변화를 위해 노력할 수 있도록 해 준다.

(2) 게스탈트 이론

게슈탈트 이론은 치료자가 내담자에게 지금 여기에서 알고 있는 것들을 충분히 경험할 수 있도록 도와주어야 한다고 주장한다. 내담자는 특히 문학작품을 읽은 후에 거기에 나오는 등장인물의 역할을 맡는 역할극에 참여함으로써 자신의 내적인 갈등을 더 많이 인식하게 되어 심리적인 통합과 올바른 자아 인식을 하게 되는 것이다. 독서치료 과정 중에 할 수 있는 역할극은 작품 중에 나오는 등장인물의 역할을 맡는 것도 포함되지만 작품을 읽으면서 나누는 과정 중에 나에게 상처를 주었던 사람이나 해결하지 못한 문제를 가졌던 사람들의 역할을 같이 맡아서 참여해 보는 것도 할 수 있다. 이 방법은 심리 치료 과정 중에 많이 시행되었던 것으로 알고 있다. 사이코 드라마나 비블리오 드라마를 실행해 보는 것도 자신의 문제에 대하여 정서적으로 깊이 체험할 수 있는 방법이 될 수 있다.

(3) 사회 학습 이론

사회 학습 이론에 의하면 사람은 타인의 행동을 관찰하고 모방함으로써 새로운 행동을 획득하게 된다. 이러한 이론은 어린이가 성인의 생각과 행동을 모방하거나 또래 집단 속에서 서로 영향을 주고받으며 새로운 심리적 특성을 획득하는 과정을 잘 설명해 준다. 따라서 사회학습 이론에서 강조하는 관찰 학습과 모델링(modeling)이 가능하다고 할 수 있겠다. 즉, 참여자는 작품 속의 등장인물이 문제를 긍정적이고 합리적으로 해결해가는 바람직한 행동을 따라하게 된다.

(4) 집단 상담 이론

집단 상담은 전문적으로 훈련된 상담자의 지도와 동료들과의 역동적인 상호 교류를 통해서 개개인을 더 잘 이해하고 보다 성숙된 수준으로 향상시키며 문제를 해결하는 과정이다(이장호 · 김정희, 1998). 집단 상담에 대한 여러 정의 중에서 핵심이 되는 요인은 집단 상담이 개개인의 성장과 문제 해결을 도와주는 것을 목적으로 하고 있다는 것이다. 발달적 독서치료가 집단으로 이루어질 때 많은 효과가 있다는 것이 밝혀지고 있는데, 집단 독서치료의 경우 집단 상담 이론에서 다루어지는 집단의 응집력이나 역동 등의 내용들이 많은 도움을 주고 있다.

(5) 내담자 중심 이론

인간은 합리적이고 긍정적이며 주체자로서 자신의 문제를 해결할 능력이 있다고 보는 이론이다. 이 이론의 상담의 목적은 내담자가 타인과 환경에 대해 수용하고 개방하도록 즉 자기 이해, 자기 수용, 자아 실현을 하도록 돕는다. 특히 상호작용적 독서치료에서는 치료자와 참여자 사이에서 치료자가 공감적 반응을 해 주고, 참여자의 상황을 수용해 줌으로써 편안하게 자신의 감정을 표현할 수 있도록 해 주어야 한다는 점이 많이 강조된다.

(6) 인지 행동 치료 이론

인간은 합리적 잠재성과 비합리적 잠재성을 같이 가지고 태어난다고 보았으며, 비합리적 사고 경향이나 자기 파괴적인 습관 등은 문화와 가족에 의해 영향 받는다고 보았다. 따라서 상담의 목적은 내담자의 자기 파괴적인 신념을 줄이고 보다 합리적이고 현실적이며 더욱 융통성이 있고 생산적인 삶을 살아가도록 돕는다. 독서치료가 진행되어가면서 참여자들은 자신의 비합리적인 생각들을 많이 깨닫게 되는데, 특히 본인들이 가지고 있는 고정관념이나 편견을 가지고 남을 대한다든지 자신과 가족에 대해 너무 엄격한 잣대를 들이대면서 요구하고 기대하고 있었다는 것을 깨달으면서 많이 편안해지는 것을 관찰할 수 있다.

2. 독서치료에 사용되는 문학작품의 특성

독서치료에 사용되는 문학작품들은 친밀감(immediacy)을 제공하여 독자들을 몰입하게도 한다. 그러나 다른 한편으로 문학작품은 거리감(distance)을 제공함으로써 독자 자신을 관찰자처럼 느끼고, 문제를 평가하며, 객관적인 판단을 내리도록 도와준다. Shrodes(1949)는 문학작품들이 가지고 있는 이러한 거리감과 깊은 몰입의 패러독스가 독자들에게 그들이 경험할 수 없는 다른 세계를 경험하게 해준다고 주장했다.

Alston(1962)은 덧붙여서 문학작품은 말로 하는 것보다 그 요구나 억제가 덜 느껴지게 하므로 참여자가 최소한의 방어자세를 가지고 접근할 수 있도록 해준다고 했다. 또한 Zaccaria와 Moses(1968)는 문학작품이 개인으로 하여금 상상 속에서 다양한 행동들을 하고 그 결과들을 경험해 보도록 한다고 했다. 마지막으로 이들에 따르면, 문학작품은 이웃이나 앞으로 닥칠 다음 상황에서 일어날 것에 대한 독자의 반응을 변화시켜서 내적인 적응을 시작할 수 있도록 해 준다는 것이다.

3. 독자 반응 이론

독자 반응 이론은 문학작품을 이해하고 평가할 때 독자의 반응을 중요하게 생각하여야 한다는 이론이다(김현희 외, 1999). 이것은 본문(text)을 이루고 있는 여러 요소들에 관심을 가지고 본문만이 가치 있는 문학 양식 대상이라고 생각하는 신비평의 문제점을 보안하기 위해 나온 이론이라고 볼 수 있다. 신비평은 그 자체가 교수-학습 가능성이 있어서 학문 중심 교육 과정과 연계되어 문학교육에 큰 영향을 미쳤다(김상욱, 1993). 그러나 본문만을 중요하게 생각하는 지식 위주의 교육을 초래하여 독자를 수동적인 위치로 전락시켰다는 비판을 받게 되었다

(권혁준, 1997).

　　이러한 비판을 위한 대안으로서 독자를 중요하게 생각하는 독자 중심의 문학 이론은 독자의 지위를 확고하게 자리매김해 주었다. 부분적으로 독자의 존재를 의식하던 문학 이론이 본격적으로 문학작품의 이해와 연구에서 독자의 중요성을 부각하기 시작한 것은 유럽에서는 1930년대 독일의 문학 이론가 Ingarden의 현상학적 예술 이론부터라고 볼 수 있다(권혁준, 1997). 그리고 이 이론이 논리적으로 확충되고 체계화된 것은 1967년에 독일의 문학 이론가인 Jauß가 콘스탄츠 대학에 취임하면서부터 시작하여 Iser에 이르러서였다.

　　미국에서도 1920∼1930년대에 독자 반응 이론이 생성되었다. 이 이론들은 학문적으로 매우 다양한 배경과 관점을 가지고 출발했으나, 이들의 공통점은 모두 독서의 과정에 초점을 두었다는 것이다(강현국, 1998). 미국의 학자들 중에서도 Rosenblatt은 특히 문학교육에 관심을 두고 문학교육에서 학생들에게 주어진 인식과 관심에 대한 이론적 근거를 제공했다. Rosenblatt은 1938년에 책에 대한 독자의 반응의 중요성을 강조하기 시작했다. 일반적으로 반응(response)은 책을 읽거나 이야기를 들은 후에 책에 대한 느낌과 새로운 생각들을 표현하고 싶은 욕구가 생겨서 나타나게 되는 것이다. 따라서 책에 대해서 반응을 보인다는 것은 "각자의 필요에 의해 서로 공유할 수 있는 사고의 한 형태이며, 책에 의해 자극되어진 사고와 정서를 표현하는 하나의 수단"[3]이라고 볼 수 있다.

　　그러나 그녀는(1978) 본문(text)과 독자(reader)가 이야기를 만들기 위해 상호 교류한다고 하면서 반응은 독자가 작품과 심미적 교류를 하는 동안이나 나중에 생성된다고 보았다. 그러한 반응은 독자가 본문의 경험에 동참하고, 등장인물과 동일시하거나 그들에 대한 갈등과 느낌을 나누는 것으로서 인지적인 영역과 정의적 영역을 다 포괄한다.

　　Rosenblatt의 상호 교류적 패러다임은 독자의 관점 이론(reader's stance theory)에서도 잘 설명되고 있다. 이 이론에 의하면, 독자가 책을 읽을 때 취하는

---

3) Chambers(1983: 164).

관점과 목적에 따라서 독자의 반응 양상이 달라진다고 보았다. 즉, 책 읽는 그 자체가 목적이 되는 경우를 심미적 관점(aesthetic stance)이라고 하는데, 이러한 관점으로 책을 보면 독자는 이야기 세계 자체에 몰입할 수 있으며, 이야기와 관련된 자유로운 상상, 감정 이입, 가상 놀이가 가능해진다. 이때 독자는 단어가 가리키는 추상적 개념뿐 아니라 그 대상이 불러일으키는 개인적 느낌, 아이디어, 태도 등 광범위한 요소들을 경험하게 된다(Many & Cox, 1992).

반면에 책 읽는 자체가 다른 것을 위한 수단이 되는 정보 추출적 관점(efferent stance)은 독자가 독서의 산물에 관심을 두어 정보를 얻거나 문제의 논리적인 해석과 행동 수행 등에 관심을 갖는 경우이다. 그리고 이야기에 대한 몰입보다는 이야기를 통해 교훈과 해결책을 얻으려고 하며 평가하는 지적인 반응을 경험하게 된다. 따라서 책 본문에만 관심이 있으며 이야기를 정확하게 읽으려 하고 이야기 줄거리를 요약하는 활동 등에 초점을 맞추는 반응을 한다.

Rosenblatt은 독자의 본문에 대한 태도를 이러한 심미적인 관점과 정보 추출적 관점의 연속선상에 있다고 했다. 즉, 독자와 본문 사이의 어떠한 교류는 순수하게 심미적이거나 정보 추출적인 것으로 특징짓기 어려울 때가 많다는 것이다. 따라서 대부분의 독자는 심미적인 것과 정보 추출적인 관점의 연속선의 중앙에서 배회하는 것으로 보고 있다. 즉, 두 가지 태도 사이를 배회하면서 독자는 심미주의가 우세한 독서에서도 정보를 얻어낼 수 있고 정보 추출식 독서를 통해서도 심미주의적인 감상을 할 수 있다.

우리가 책을 읽을 때는 책을 통해서 나와 다른 생활 경험이나 문화적 경험을 할 때가 많다. 그리고 읽은 문학작품에 대해서도 나름대로의 해석을 하게 된다. 따라서 이 독자 반응 이론은 똑같은 작품이라도 독자와 읽는 시기에 따라서 다르게 반응할 수 있다는 것을 전제로 하고 있음을 보여 준다. 그리고 작품을 해석하여 반응하는 것에서 옳고 그름을 정한다는 것은 불가능함을 보여 주고 있다. 이것은 독자가 책을 읽으면서 자유롭게 탐험하고 탐구할 수 있도록 해 주며, 정답이나 오답에 대한 두려움 없이 자유롭게 토의할 수 있도록 해 주는 새로운 가능성을 열어주었다고 할 수 있다(김현희 외, 1999).

Ⅲ 독서치료의 발전 과정

1. 미국

독서치료에 관한 연구가 가장 앞선 나라는 미국이라고 볼 수 있다. 미국에서 독서치료가 일찍 발달하게 된 데에는 다음과 같은 몇 가지 요인이 있다. 첫째로는 종교적인 영향으로 환자들에게 성경과 종교서적을 읽게 한 것이며, 둘째로는 전쟁에 의한 영향으로 제1차 세계대전 후에 육군 병원의 발달과 더불어 환자들에게 도서관 봉사가 실제화되기 시작하였고, 뒤이어 일어난 세계 제2차 대전은 독서치료 연구의 기초를 확립하게 하였다. 셋째로 정신의학과 심리학의 영향을 받아 독서치료의 이론과 실제 연구가 체계화될 수 있었다. 이 외에도 미국에서 독서치료가 오늘날처럼 발달한 것은 미국의 시골 곳곳에까지 건립되어 운영되고 있는 도서관의 발달이라고도 할 수 있겠다.

미국에서는 20세기 전반기에는 훈련된 사서가 있는 병원 도서관에서 도서관 봉사가 이루어지면서 미국 도서관 협회의 후원이 적극적으로 이루어졌다. 아울러 제2차 세계대전 후에 도서관 서비스가 활성화되면서 독서치료가 더욱 확산되기 시작했고 Shrodes(1949)가 이론과 함께 임상적 사례를 다룬 박사학위 논문을 처음으로 내면서 독서치료 연구가 많아지기 시작하였다.

20세기 후반기에는 1959년에 Griefer가 중심이 되어 시 치료(poetry therapy) 집단이 조직되었으며, 1964년에 독서치료에 대한 워크숍이 각 분야의 관심있는 전문가들이 모여 개최됨으로써 독서치료에 관심이 널리 확산되었다. 독서치료를 위한 자료와 책 목록이 편찬되었고 교육 · 심리학 · 사회학 관점의 활발한 연구가 진행되었다. 미국 독서치료의 발전 과정에 대해서는 김현희 외(2004)에 다 자세히 언급되어 있으므로 참조하기 바란다.

2. 일 본

일본에서는 bibliotherapy를 독서요법이라고 번역하여 1937년경부터 사용하였으며 독서치료에 대한 본격적인 연구는 1950년에 阪本一郎가 쓴『독서지도』라는 책에서부터라고 얘기하고 있다.

일본에서 실시된 독서치료와 그 연구는 크게 두 가지 흐름이 있는데, 하나는 학교에서 학생을 대상으로 성격과 생활태도를 바꿀 수 있다는 관점에서 시작된 것이다. 즉, 학생 지도와 관련하여 성격 지도 방법으로서 독서치료를 도입, 전개되어 왔다는 점이 미국과 다르다고 볼 수 있다. 또 하나는 실제 현장에서 특히 비행 청소년을 대상으로 독서치료를 한 사례들을 다루는 것이다. 그 대표적인 예로 가정재판소에 근무하는 大神貞男은 범행 소년을 독서치료로 치료한 사례들을 발표하였으며, 1973년에는 10여 년의 현장 체험을 기초로 하여 독서치료의 이론과 방법을 실제 사례와 함께 수록하여 책을 출간하였다.

3. 한 국

우리나라에서의 독서치료의 연구는 1970년대 후반부터 이루어졌다고 볼 수 있다(변우열, 1996). 1960년대에 Hannigan의 책이『도서관과 비부리오세라피』(유중희 역, 1964)라는 제목으로 번역되어 국회도서관보 제1권 3호에 게제 되었고, 1968년에 김병수가「인성 치료를 위한 독서요법에 관한 연구」라는 글을 전북교연의 회지인『교육연구』에 게제하여 처음으로 인성치료를 위한 독서요법이라는 용어를 사용하였다.

2000년 이후 독서치료에 대한 연구가 활발하게 진행되었는데(김현희, 2000, 2001), 독서치료 이론서로는 한국어린이문학교육학회의 독서치료분과연구회(2001)에서 만든『독서치료』가 있다. 이 책은 한국독서치료학회에서 2004년에 개정판으로 다시 출간되었다. 또한 독서치료 대상자에게 직접 독서치료를 실시할 수 있도록 하기 위해 6가지 주제별로 연령별로 책을 소개하고 관련활동과 발문을 정리한 『독서치료 실제편』(김현희 외, 2003, 학지사)이 있다. 그 외에 『문학치료』 (변학수, 2004, 2007, 학지사)와 『통합적 문학치료』(변학수, 2006, 학지사), 『독서치료 어떻게 할 것인가?』(이영식, 2006, 학지사), 『체험적 독서치료』(한국도서관협회 독서문화위원회 편, 2007, 학지사)가 있다. 이영애를 중심으로 한 신성회(2001, 2007)에서 기독교 서적을 읽는 독서모임을 통하여 치유가 일어나는 사례를 모은 책도 출간되었다.

시 치료에 대한 관심도 증가하여 Nicholas Mazza의 『시치료 : 이론과 실제』 (김현희 외 공역, 학지사)와 John Fox의 『시 치료』(최소영 외, 시그마프레스)가 2005 년에 번역 출간되었다. 2006년에 독서치료에서 활용하는 글쓰기에 대한 책으로 Kathleen Adams의 『저널 치료』(강은주·이봉희 공역, 학지사)와 『저널 치료의 실제』(강은주·이봉희·이영식 공역, 학지사)가, 2007년에 James W. Pennebaker의 『글쓰기 치료』(이봉희 역, 학지사), 2008년에 Beth Jacobs의 『감정 다스리기를 위한 글쓰기』(김현희·이영식 공역, 학지사)가 번역 출간되었다.

학위 논문을 주제별로 보면 인성 지도나 발달적 독서치료의 측면에서 자아 개념이나 자아 정체감과 자아 존중감에 관련된 논문(강성미, 2003; 경재연, 2006; 권혜영, 2004; 구옥란, 2005; 구현숙, 2005; 김남숙, 2005; 김미화, 2003; 김순량, 2005; 김윤숙, 2005, 김인경, 2004; 김일현, 2006; 김정아, 2005;김해란, 2003; 김현숙, 2000; 김현정, 2007; 류해철, 2004; 문경애, 2005; 문기임, 2003; 문명란, 2004; 박위란, 2005; 반금현, 2001; 박금희, 2006; 박채임, 2006; 서나라, 2006; 송부옥, 2005; 송혜숙, 2005; 신경숙, 2005; 신혜숙, 2005; 심경일, 2005; 심종숙, 2004; 유정실, 2004; 윤달원, 1996; 윤경희, 2006; 이기영, 2005,; 이남순, 2006; 이연숙, 2005;이선영, 2004; 이숙진, 2004; 이정이, 2004; 이종렬, 2005; 이지혜, 2003; 이현숙, 2005; 이혜경, 2005; 이희정, 2001; 임연선, 2006; 임은숙, 2003; 장오숙, 2004; 장희경, 2006; 정수, 2004; 정애숙, 2004; 정형숙, 2006; 조희숙, 2003; 최경희, 2003; 최미영, 2005; 최선희, 1997; 최정숙, 2006; 최혜숙, 2006; 황문희, 2004; 황예순, 2006)이 가장 많다. 2003년에서 2006년 까지 독서치료는 자아 개념을 집중적으로 탐구하던 시기였음을 알 수 있다.

그 다음으로 많이 다루어진 주제는 사회기술이나 사회성에 관련된 주제(박신형, 2003; 성지화, 2005; 윤선숙, 2006; 이연숙, 2005; 이종렬, 2005; 장미화, 2006; 전

미라, 2006; 하정혜, 2004)와 주의력 결핍(구순모, 2004; 김욱준, 2000; 김서경, 2004; 김현애, 2003; 배성연, 2004; 황정금, 2006) 등이다.

특수한 문제를 다룬 것으로는 독서부진 문제(고종숙, 2006; 송영자, 2002; 이선옥, 2002), 수줍음(정은혜, 2002), 대학생의 문제 음주 습관(김수진, 2003), 집단 따돌림 문제(김은주, 2003), 진로 결정(강경구, 2005; 김종하, 2006; 배은경, 2003), 내적 통제성(안민희, 2003; 홍문숙, 2006), 정서적 반응 또는 정서 지능(박경애, 2006; 양명숙, 2005; 우대석, 2003; 최소영, 2004; 황문규, 2003), 공격성(노윤정, 2005), 학교 생활 부적응 문제(김경희, 2006; 서나라, 2006; 이서연, 2006), 지각 형성(김미혜, 2006), 부정적 정서 해소나 스트레스 해소(서기자, 2006; 최선옥, 2006), 의사소통 능력(이춘지, 2006; 황예순, 2006), 암 환자(이운우, 2004), 분노 조절(김홍운, 1999; 채혜정, 2005), 우울증(유혜숙, 1998; 박병락, 2003), 외상 경험(백정미, 2005), 스트레스 감소(김종운, 1996), 자폐성 아동(하정혜, 2004), 이혼(김유희, 2003; 명창순, 2004), 부정적 정서 해소(서기자, 2006) 등에 대한 것이 있다.

대상별로는 유아(문경애, 2005; 박경애, 2006; 이남, 2004; 조정연, 2005)로부터 청소년(김용태, 1985; 서기자, 2006), 중년(김수경, 2006), 노년층(유혜숙, 1998; 여인숙, 2005)에 이르기까지 다양해지고 있고 시설 아동을 대상으로 한 논문(김유희, 2003; 명창순, 2004; 최정미, 2002)도 많이 나오고 있다.

도서관과 사서들의 역할을 점검해 본 연구로는 독서치료의 적용을 위한 공공도서관 봉사(김교남, 2004; 김순화, 2005; 송영임, 2003; 이미경, 1987; 장귀녀, 1985)와 공공 도서관의 운동사를 다룬 연구(이연옥, 2001)가 있다.

현재 독서치료 시행 기관으로는 공공 도서관 및 초등학교 도서관에서 왕따 예방 프로그램, 한 부모 아이 대상의 프로그램이 진행되고 있고, 중·고등학교 도서관 및 상담실에서 폭력 가해 중·고등학생과 학습 방해 학생뿐 아니라 자존감을 향상시키기 위한 프로그램이 방과후 프로그램으로 자리 잡아가고 있다. 사회복지관에서는 초등학생 및 쉼터에 있는 자녀, 쉼터의 여성, 성매매 여성, 중풍 노인을 대상으로 시행되고 있으며, 개인 연구소에서도 유아 및 초·중·고등학생과 노인을 대상으로, 교회에서는 주일학교 학생과 주부 대상, 병원에서는 소아암 환자와 환자 가족들을 대상으로 실시하여 긍정적인 효과를 보고 있다.

Ⅳ 독서치료의 단계

　　독서치료를 현장에서 활용할 때는 일반적으로 집단으로 이루어지는 경우가
많으며 특히 인성지도 차원이나 교육적 차원에서 하는 발달적 독서치료인 사회적
기술을 향상시키기 위한 것이나 자아 정체성 등의 프로그램 등은 집단으로 할 때
매우 효과적이다. 여기에서는 실제로 집단 독서치료를 할 때 거치게 되는 단계로
Corey 박사 부부와 Haynes(2000)가 제시한 집단의 전개 과정 4단계와 Mazza
(2003)가 Wolberg의 심리치료 모델을 사용하여 나눈 4단계를 간단하게 소개한
후 Doll & Doll(1997)의 견해를 소개하고자 한다.

　　Corey 외(2000)는 집단이 거쳐가는 과정을 초기 단계, 과도기, 작업 단계,
종결 단계로 보았다. 초기 단계에서는 신뢰감을 형성하고 기본 규칙을 탐색하며
집단의 목표를 설정하도록 집단원들을 도와주는 단계이다. 과도기에는 집단원의
두려움과 주저함과 저항을 확인하고 도전하는 단계이다. 작업단계는 참여자들의
감정, 생각, 신념들을 탐색하며 논쟁을 경험한다. 마지막으로 종결단계에서는 학
습된 것을 검토하고 실행을 촉진하는 단계이다. 이 네 단계는 집단독서치료가 진
행되는 동안 거의 비슷하게 거치게 된다.

　　Mazza는 Wolberg(1965)의 단기 심리 치료 모델에 시 기법을 사용하여 지지
단계, 통각 단계, 행동 단계, 통합 단계를 나누어 설명하였다. 지지 단계(1~2회
기)는 신뢰감을 형성하고 자신의 감정을 표현하도록 돕는 단계이다. 통각 단계(3
~4회기)는 과거 경험의 도움으로 새로운 지각대상을 이해하는 단계로서 문제에
관한 내담자의 통찰을 발전시키는 것이 포함된다. 행동 단계(5~6회기)는 구체적
으로 행동으로 옮기는 단계이며 내담자가 통제력을 회복하는 단계이다. 마지막
통합 단계(7~8회기)는 종결 단계로서 미래의 상실과 좌절과 성공에 대처하는 방
법들을 나누며 새로운 인생철학을 논하게 되고 치료가 성공했다는 평가와 희망을
갖기도 하며 결별을 받아들이는 단계이다.

　　다음에 소개하는 Doll & Doll(1997)의 단계는 Pardeck(1994)이 만들었던

임상적 독서치료의 네 단계와 Jeon(1992)이 발달적 독서치료에서 제시한 세 단계를 결합해서 만든 모델이다. Doll & Doll(1997)에 의하면 발달적 독서치료의 경우에는 자료 선택, 자료 제시, 이해-조성 단계만을 거친다. 임상적 독서치료를 할 때는 준비를 위한 단계와 추후 활동 및 평가 단계를 추가하였다.

(1) 준비를 위한 단계

처음 만나서 편안한 마음으로 서로에 대한 얘기를 나누려면 가장 먼저 참여자와 신뢰 관계를 형성하는 것이 중요하다. 또한 준비를 위한 단계에서는 집단 참여자들의 어떤 문제를 도와주어야 하는지를 정확하게 진단하는 것이 중요하다. 따라서 문제의 정도와 정확한 특성을 찾아내도록 하여야 한다. 가장 좋은 진단 방법은 관찰과 면접에 의한 것이며 필요한 경우에는 내담자의 상태에 대하여 심리 검사 등의 부가적인 평가를 실시한다.

(2) 자료 선택

내담자의 문제를 정확하게 안 후에는 그 문제에 잘 적응하고 해결할 수 있도록 하기 위해 독서치료 자료를 선택하게 된다. 자료를 선택할 때에 내담자의 독서수준과 흥미에 맞으면서 문학적으로나 예술적으로 질이 높은 책을 골라야 한다. 그리고 내담자가 앞에서 확인했던 문제를 현재 이해할 수 있도록 해 주는 자료를 선택한다. 또한 내담자의 문제 상황에서 성공할 수 있는 해결책을 제공하며 긍정적으로 문제를 해결하는 자료를 선택한다. 가끔은 참여자가 자료를 선택하도록 하여 동기 부여에 도움을 줄 수도 있다.

(3) 자료 제시

1) 일반적 제시
선택한 자료를 제시할 때는 내담자의 흥미를 촉진시킬 수 있는 방법으로 책을 제시한다. 그리고 자료에 대하여 정서적으로 건강하지 못한 반응이나 심각한 걱정거리를 보이면 조정해 주고 완화시켜 준다.

2) 자료의 구체적 제시 방법

① 기본 모형 : 문학작품(글 자료)을 사용하는 경우

둥글게 앉아서 자료를 보여 주며 치료자가 구연으로 해 줄 수 있다. 또한 치료자가 그림책을 읽거나 참여자가 읽을 수도 있다. 자료를 본 후에는 개방된 질문이나 언급으로 토론 시작한다.

② 변형 모형 1 : 시청각 자료의 활용

동영상이나 음악, 비디오 등을 활용할 수도 있다.

③ 변형 모형 2 : 분위기 조성 활동이나 보충 자료의 사용

분위기 조성 활동은 처음 시작하는 모임이나 민감한 주제를 다루는 모임과 감정이입이 어려운 참여자 집단에서 효과적이다. 보충 자료로 시각 · 실물 · 청각 · 미술 보충 자료 등을 사용할 수 있다.

(4) 이해-조성

자료를 듣거나 본 후에 여러 가지 활동과 질문을 통하여 문제에 대한 통찰을 얻게 해 주며 과거의 상처에 대해 깊이 정서적으로 느낄 수 있는 기회를 주게 해 주는 단계이다. 따라서 관련 질문을 통하여 내담자가 책에 나오는 주인공들과 중요한 문제들을 검토하는 것을 도와준다. 또한 주인공이 어떤 방식으로 행동하도록 이끄는 그 동기에 특별한 관심을 기울이게 한다. 그리고 내담자가 책 속에 나오는 등장인물과 자신과 그가 아는 사람들 사이의 비슷한 점을 볼 수 있도록 도와준다.

이 단계에서 자료를 보거나 읽은 후에 토의를 하며 때로는 글쓰기 활동을 할 수도 있다. 또한 책 속의 핵심적인 장면과 등장인물에 대해 그림을 그리거나 역할 놀이와 극화 활동을 하기도 한다.

토의를 할 때 할 수 있는 관련 질문의 유형은 다음과 같다. 이 질문을 네 단계의 순서에 맞추어 할 필요는 없으며 이 질문을 모두 다 하지 않아도 된다. 여기에

서는 Hynes와 Hynes-Berry(1994)가 설명한 독서치료의 네 과정을 토대로 하여 만들어진 관련 질문을 소개하고자 한다. 즉, 전반적 인식을 돕는 질문, 이해 및 고찰을 돕는 질문, 기존의 해결 방법에 대한 다각적인 평가와 새로운 접근을 시도해 보게 하는 질문, 자기 적용을 돕는 질문이다. 각 단계에 대한 설명과 구체적인 예는 『독서치료』(김현희 외, 2004)와 『독서치료의 실제』(김현희 외, 2003)에 자세히 나와 있다.

1) 전반적인 인식을 돕는 질문의 유형

자료를 다 본 후에 책에 대한 전반적인 느낌과 책에 대한 이해를 파악하는 질문이다. 그 예로서, 등장인물과 사건에 대한 인식과 느낌에 대한 질문, 책의 전반적 인상에 대한 질문, 전에는 인정하지 못했던 자신의 느낌에 대한 인식을 물어볼 수 있다.

> **예** 어떤 그림이 가장 강렬하게 기억에 남나요? 이유는요?
> 어떨 때 당신은 그림책의 주인공 같이 우울해지나요? 〔『빨간나무』(숀텐)〕
> '까마귀 소년'을 읽으면서 가장 기억에 남는 것이 무엇인가요? 생각나는 게 있었나요? 〔『까마귀 소년』(야시마 타로)〕

2) 이해 및 고찰을 돕는 질문의 유형

책의 내용을 구체적으로 살펴보고 사건들 간의 관계, 책 내용과 자신의 생각을 보다 심도 있게 연결지어 보는 단계로서 내담자의 문제와 관련 있는 특정 부분의 이해를 도와주는 질문 유형이다. 그 예로서 등장인물이 지닌 문제에 대한 질문, 등장인물이 한 행동과 동기에 대한 질문, 책에서의 문제 해결 방법에 대한 질문을 할 수 있다. 보통 '왜?, 어떻게?' 형태의 질문 유형이 많다.

> **예** 빨간 나무가 자랄 수 있었던 것은 무엇 때문일까요?
> 〈기다리고 기다리고…〉 이 소녀는 무엇을 기다리고 있을까요?

> (『빨간 나무』)
>
> 왜 다른 아이들은 이 아이를 땅꼬마라고 불렀을까요?
>
> 왜 까마귀 소년은 혼자서 사팔뜨기 놀이를 했을까요? (『까마귀 소년』)

3) 기존의 해결 방법에 대한 다각적인 평가와 새로운 접근을 시도해 보게 하는 질문 유형

본문에서 일어나지 않았던 사건이나 일어났음직한 다양한 사건을 생각해 보고 결과를 예측하는 단계이다. 등장인물이 책 속의 이야기와 정반대로 해결을 했다고 생각하고 결과를 예측하면서 해결 방법을 평가해 보는 질문을 할 수 있다. 가능한 다른 해결책을 생각해 내고 비교해 보면서 새로운 대안도 만들어 본다.

> 예 주인공이 기다리고… 기다리고… 기다리지 않았다면?
>
> 주인공이 빨간 나무를 끝까지 발견하지 못했다면 어떻게 되었을 것 같아요? (『빨간 나무』)
>
> 만일 까마귀 소년이 이소베 선생님을 만나지 못했다면 어떻게 되었을 것 같나요? (『까마귀 소년』)

4) 자기 적용을 돕는 질문 유형

책을 통해 얻은 느낌이나 인식한 감정이 실제 자기에게 어떤 의미가 있는지 탐구하는 과정으로 등장인물이 지닌 문제와 자신의 문제 사이의 유사성을 발견하도록 돕는 질문이다. 통찰과 자기 적용을 돕는 질문이라고 볼 수 있다.

> 예 한꺼번에 당신에게 나쁜 일이 몰아닥칠 때 어떻게 하나요?
>
> 당신은 외로울 때 도와주거나 위로 해 주는 사람이 있습니까? 누구입니까? (『빨간 나무』)
>
> 땅꼬마 아이가 같은 반 아이였다면, 어떻게 했을 것 같아요?

만약 당신이 땅꼬마 아이라면 다른 친구들이 어떻게 해 주기를 바랄까요? (『까마귀 소년』)

5) 추후 활동과 평가

자신의 문제와 그 문제에 대한 원인 등을 안 후에는 행동의 변화가 있도록 도와주는 단계이다. 따라서 이 단계에서는 내담자가 적절한 활동을 할 수 있도록 결정을 내리게 격려한다. 그 과정에서 내담자가 성공 가능한 구체적이고 합리적인 계획을 발전시킬 수 있도록 도와준다. 치료를 계속 진행하면서 행동 계획의 효과를 보기 위해 필요한 만큼 자주 바꾸고 재시도를 한다. 또한 문제가 해결되었는지 입증하기 위해 장기간 추후 검사를 하는 단계이다.

Ⅴ 독서치료 자료

1. 독서치료 자료의 종류

문학작품(그림책, 동시, 시, 동화, 소설, 희곡, 수필 등)과 잡지나 신문기사, 시의 변형된 형태로서 대중가요나 노래 가사뿐 아니라 영화와 다큐멘터리(기록물)를 포함한 동영상과 자서전을 포함한 자신의 글쓰기 작품들이 포함된다. 비문학류로서 자가 치유서나 자기 계발서도 좋은 독서치료 자료가 된다. 특히 훌륭한 일러스트레이션이 함께한 그림책은 모든 연령을 대상으로 할 수 있는 매우 좋은 독서치료 자료이다.

2. 독서치료 자료의 성격(김현희 외, 2004)

① 수단으로서의 성격으로는 발달적 독서치료의 경우에는 정상적으로 잘 발달할 수 있도록 돕는 발달의 정상화 기능이 있고, 특정한 임상적 문제가 있는 내담자를 대상으로 할 때는 임상적 치료 기능이 있다.

② 촉매로서의 성격으로는 참여자의 반응과 변화를 유발하는 대화의 실마리를 제공하고, 독서치료 자료로 초대를 하는 기능이 있다.

3. 독서치료 자료의 선정 기준

1) Jalongo(1988)는 독서치료 자료를 선정하기 위하여 다음과 같은 기준을 제시하고 있다.

① 내담자가 이해할 만한 플롯, 배경, 대화, 인물인가?

② 정서적 반응의 원인이 잘 나타나있는가?

③ 개인 차를 중요시 하고 있는가?

④ 문제에 대처하는 전략이 모방할 만한 것인가?

⑤ 위기 상황을 낙관적이고 극복할 수 있는 방식으로 제시하고 있는가?

2) Pardeck & Pardeck(1986)은 독서치료 자료는 다음과 같은 것이 좋다고 하였다.

① 매력적인 그림이 들어가 있는 자료

② 사건의 전개가 논리적이고 그럴 듯한 인물이 등장하는 재미있는 이야기

③ 내담자가 이해하는 범위 내에서의 유용한 정보가 포함되어 있는 자료

④ 즐길 만한 정도의 유머와 친숙하면서도 즐거움을 주는 후렴 부분이 포함되어 있는 자료

3) Hynes & Hynes-Berry(1994)는 주제와 문체로 나누어 다음과 같이 자

료 선정 기준을 제시하고 있다.

① 주제는 인간 모두에게 보편적이고 감동을 주는 영향력 있는 주제이어야 하며 이해할 수 있고 긍정적인 주제를 다루어야 한다.

② 문체는 리듬감이 있고 뚜렷하며 구체적인 이미지를 불러일으키고, 쉽고 정확하며 간결한 언어로 쓰여지고 적당한 길이로 간결하고 명확한 문장으로 구사되어야 한다.

4. 독서치료 자료 선정 기준의 적용 예(주제별)

(1) 나

1) 자아 정체성
『뛰어라 메뚜기』(다시마 세이조), 『줄무늬가 생겼어요』(데이빗 섀넌), 『짖어봐 조지야』(줄스 파이퍼), 『기러기』(몰리 뱅), 『연어』(안도현), 『마당을 나온 암탉』(황선미), 『앙리에트의 못말리는 일기장』(뒤퓌 베르베리앙), 『내가 나인 것』(야마나카 히사시), 『19세』(이순원), 『씁쓸한 초콜릿』(미리암 프레슬러), 『길 위의 책』(강미), 『첸의 비밀』(샘&레옹), 『할 말이 많아요』(존 마드슨) 등

다시마 세이조 글 · 그림

냉혹한 먹이사슬과 숙명적 굴레를 벗어나려는 메뚜기의 필사적 몸부림과 의지를 강하고 대담한 색의 그림으로 꾸민 그림책이다. 정근 역, 1996, 보림.

데이빗 섀넌 글 · 그림

자기 표현이 서투른 아이들의 속마음을 재미나게 표현한 그림책이다. 친구들과 달라지는 것을 두려워하는 여자 아이, 카밀라의 이야기이다. 다른 사람의 시선을 지나치게 의식하던 카밀라는 온몸에 줄무늬가 생기는 '줄무늬병'이 걸려 학교에도 가지 못하고 집에 틀어박히게 된다. 카밀라는 병을 고치기 위해 온갖 일을 겪으며 마침내 있는 그대로의 자기 모습을 드러낼 수 있는 용기를 얻게 된다. 조세현 역, 2006, 비룡소.

야마나카 히사시 글 · 그림

출간 당시 일본에서 큰 화제를 불러일으켰으며 현대 어린이 문학의 새로운 지평을 열었다는 평가를 얻고 있는 책으로, 부모와 아이의 치열한 갈등을 정면으로 다루고 있다. 햇살과 나무꾼 역, 2003, 사계절.

2) 자존감

『으뜸헤엄이』(레오 리오니), 『내 귀는 짝짝이』(히도 반 헤네흐텐), 『너는 특별하 단다』(맥스 루카도). 『괜찮아』(최숙희), 『새로운 엘리엇』(그레이엄 가드너), 『천둥치 는 밤』(미셸 르미유), 『그림도둑 준모』(오승희), 『소년왕』(조은이) 등

히도 반 헤네흐텐 글 · 그림

세상에는 통통한 토끼도 있고 키 큰 토끼도 있고 홀쭉한 토끼도 있다. 하지만 누구 나 두 귀는 길쭉하다. 그러나 리키의 귀는 오른쪽이 축 늘어져 있다. 친구들이 언 제나 깔깔대며 리키를 놀려대자 리키가 여러 가지 시도를 해 보지만 다른 친구들 처럼 되지 않는다. 결국 나중에는 친구들이 자신들의 귀를 리키처럼 만들며 재미나 게 웃는 것으로 끝난다. 유아부터 초등학생까지 사용할 수 있는 자료이다. 1999, 웅진출판.

맥스 루카도 글, 세르지오 마르티네즈 그림

아이들의 열등감을 없애고 자존감을 높이며 자신을 더욱 사랑하게 만드는 아름다 운 이야기. 맥스 루케이도의 책을 3D 애니메이션으로 제작한 이 작품은 아무것도 잘 하는 게 없는 펀치넬로가 다른 사람들의 평가나 시선과는 상관없이 자신이 왜 세상에 단 하나뿐인 특별한 존재인지를 발견해가는 아름다운 과정이 그려져 있다. 유아부터 성인에 이르기까지 자존감을 위해 모두 사용해 볼 수 있다. 아기장수의 날개 역, 2002, 고슴도치.

3) 정서

『빨간 나무』(숀 텐), 『화야, 그만 화 풀어』(채인선), 『올통볼통 화가 나』(허은 미), 『나 좀 내버려 둬』(박현진), 『나 또 혼났어!』(카트린 돌토), 『끔찍한 것을 보았 어요』(마거릿 홈즈) 등

마거릿 홈즈 글, 캐리 필로 그림

폭력이나 충격적인 사건을 목격한 아이들을 위한 그림책이다. 끔찍한 일을 보고 혼자 끙끙 앓던 담담이가 단풍 선생님을 만나 자신의 감정을 이해하고, 마음의 상처를 치유하기까지의 과정을 그리고 있다. 실제로 초등학교 학생들이 눈앞에서 목격한 충격적인 사건으로 힘들어할 때 이 책을 활용하여 독서치료를 한 결과 많은 도움을 받았다. 유미숙 역, 2006, 미래 M&B.

숀 텐 글·그림

오직 절망밖에 보이지 않는 날이 있다. 때로는 아픔과 슬픔이 영원히 계속될 것만 같은 날이 있다. 그러나 그런 어딘가에 하나쯤은 숨어 있는 빨간 희망의 나뭇잎. 아무리 사납게 몰아치는 폭풍 속에도 그 나뭇잎은 어딘가에 있다. 보지 못할 뿐이다. 그러나 그 이파리는 문득 어둠 속에서 밝게 피어오른다. 지금 또는 내일 또는 어느 먼 훗날 절망이 찾아올 때 이 책은 빨간 나뭇잎의 희망을 선물한다. 우울한 아이나 성인들에게 많은 이야기를 끌어낼 수 있는 책이다. 김경연 역, 2002, 풀빛.

몰리 뱅 글·그림

칼데콧 수상작품이다. 화가 난 쏘피가 어떻게 해서 화를 해소하는지 어린이들에게 보여 주고, 선생님을 비롯해 부모, 어린이들이 화가 날 때 그것을 어떻게 조절할 수 있을지 그림책을 보면서 함께 이야기를 나눌 수 있다. 이은화 역, 2003, 케이유니버스.

박현진 글, 윤정주 그림

어린이용 심리 교양 만화로, 생생한 사례를 통해 어린이 스스로 자신의 감정을 다스리고 조절할 수 있는 방법을 찾게 해 준다. 또 어린이 눈높이에 맞춘 편안한 그림은 이해하기 어려웠던 자신의 감정을 이해할 수 있는 계기를 마련해 준다. 화, 무서움, 좌절감, 불안, 긴장감, 짜증, 죄책감, 상실감 등 8가지의 기본적인 심리 상태에 대해 알려주고, 그것을 풀어 나가는 방법을 찾도록 도와준다. 2006, 돌베개 어린이.

4) 두려움

『겁쟁이 빌리』(앤서니 브라운), 『어둠을 무서워하는 꼬마 박쥐』(에밀리오 우르베루아가), 『율리와 괴물』(유타 바우어) 등

(2) 가족

1) 형제간의 갈등

『터널』(앤서니 브라운), 『피터의 의자』(에즈러 잭 키츠), 『내 동생』(주동민), 『달라질거야』(앤서니 브라운), 『장난감 형』(윌리엄 스타이그), 『부루퉁한 스핑키』(윌리엄 스타이그), 『별 볼일 없는 4학년』(주디 블룸) 등

주동민 글, 조은수 그림

초등학생이 쓴 동시에 그림을 그려 단행본으로 엮은 동시 그림책이다. 미워할 수 없는 동생에 대해 형의 사랑을 잘 그리고 있다. 2003, 창작과비평사.

앤서니 브라운 글·그림

서로 너무 다른 남매가 우애를 회복하는 얘기이다. 환상의 세계로 들어가는 장치인 터널에 들어가 여동생이 돌로 변한 오빠를 걱정하는 사랑으로 구하게 되는데, 환상의 세계에서 나온 후의 삶은 그다지 변한 것 같진 않지만 둘 사이는 나름 커가란 변화를 겪는 얘기이다. 장미란 역, 2006, 논장.

2) 부모의 사랑

『엄마의 의자』(베라 윌리엄스), 『아빠랑 함께 피자놀이를』(윌리엄 스타이그), 『금붕어 2마리와 바꾼 아빠』(닐 게이먼), 『아빠가 길을 잃었어요』(랑힐 닐스툰), 『돼지책』(앤서니 브라운), 『오이대왕』(크리스티네 뇌스트링거) 등

닐 게이먼 글, 데이브 맥킨 그림

집에서 있으나마나 한 존재인 아빠의 위치와 역할에 대해 다시 생각해 보게 하는 그림책이다. 윤진 역, 2002, 소금창고.

3) 조부모와의 관계

『오른발, 왼발』(토미 드 파올라), 『우리 할아버지』(존 버닝햄), 영화 『집으로』 등

토미 드 파올라 글 · 그림

할아버지가 쓰러지셔서 보비는 너무나 놀라고 슬펐지만 할아버지가 예전처럼 다시 혼자서 밥을 먹고 말을 하고 걸을 수 있도록 도와준다. 예전에 할아버지가 보비를 가르쳤던 것처럼. 할아버지와의 사랑을 잘 묘사하고 그림도 뛰어난 그림책이다. 정해왕 역, 2004, 비룡소.

4) 이혼 · 재혼 가정

『특별한 손님』(안나레나 맥아피), 『너도 하늘말나리야』(이금이), 『아빠는 지금 하인리히 거리에 산다』(네레 마어) 등

5) 입양

『엄마 아빠가 생긴 날』(제이미 리 커티스), 『이젠 비밀이 아니야』(유정이), 『고슴도치 아이』(카타지나 코토프스카), 『집으로 가는 길』(이스마엘 베아) 등

(3) 친구

1) 친구 사귀기(아름다운 우정)

『친구랑 싸웠어!』(시바타 아이코), 『미안해』(샘 맥브래트니) 등

시바타 아이코 글, 이토 히데오 그림

일상생활에서 흔히 일어날 수 있는 친구사이의 싸움과 화해를 다룬 그림책이다. 아이의 의사와 상관 없이 어른들은 화해를 강요하지만 너무 쉽게 화해하고 싶지 않고 화해한 이후에도 지고 싶지 않은 아이의 마음이 잘 그려져 있다. 이선아 역, 2006, 시공주니어.

2) 따돌림

『양파의 왕따일기』(문선이), 『까마귀 소년』(야시마 타로), 『내 짝꿍 최영대』(채인선), 『모르는 척』(우메다 쉰사코), 『문제아』(박기범), 『우리들의 일그러진 영웅』(이문열), 『불균형』(우오즈미 나오코), 『새로운 엘리엇』(그레이엄 가드너), 『얼굴이 빨개지는 아이』(장자끄 상페), 『당나귀 귀』(쎄르주 페레즈), 『왕따』(이윤학), 영화 〈6월의 일기〉 등

문선이 글, 박철민 그림

요시모토 유키오 글

우메다 쉰사코 외 글

(4) 장애

『내 다리는 휠체어』(프란츠 요제프 후아이니크), 『우리도 똑같아요』(한국여성개발전 편집부 편), 『에디에게 잘해 주렴』(버지니아 플레밍), 『알리체의 일기』(알리체 스투리알레), 『이안의 산책』(로리 리어스), 『그래도 우리 누나야』(오가사와라 다이스케), 『열 네 살의 여름』(베치 바이어스) 등

버지니아 플레밍 글
플로이드 쿠퍼 그림

로리 리어스 글
카렌 리츠 그림

알리체 스투리알레 글

(5) 죽음, 생명

앤서니 브라운 글·그림

제니 오버랜드 글
줄리 비바스 그림

1) 생명

『달라질 거야』(앤서니 브라운), 『아가야, 안녕?』(제니 오버랜드), 『살아 있는 모든 것은』(브라이언 멜로니) 등

2) 죽음

『죽으면 아픈 것이 나을까요?』(유리 브레이바르트), 『우리 할아버지』(존 버닝햄), 『오소리 아저씨의 소중한 선물』(수잔 발레이), 『작별인사』(구루룬 멥스), 『할아버지와 마티아』(로베르토 피우미니), 『모리와 함께한 화요일』(미치 앨봄) 등

로베르토 피우미니 글, 체코 마리니엘로 그림

할아버지의 죽음을 앞두고 온 가족들이 슬픔에 잠겨 있을 때 7살 소년 마티아는 할아버지와 산책을 나간다. 그러나 아무도 그것을 눈치채지 못한다. 마티아와 할아버지는 잔잔히 흐르는 강을 따라 신나는 모험을 시작한다. 여행을 하는 동안 할아버지의 몸은 점점 작아진다. 죽음과 삶의 연결을 보여 주는 초등학생용 동화이다. 이현경 역, 1999, 문학과지성사.

구두룬 멥스 글, 욥 뮌스터 그림

김민기 글, 권문희 그림

해마다 봄, 가을이면 새끼 강아지를 낳아주던 백구가 아파서 병원에 갔다. 그런데 그만 주사를 무서워한 백구가 도망을 쳐서 차에 치여 죽고 만다. 백구에 대한 아름답고 슬픈 이야기가 노랫말로 만들어진 애완동물의 죽음을 그린 이야기로, 애도의 형식이 잘 그려진 책이다. 백구의 이야기를 담은 노래 시디가 들어 있다. 2002, 사계절

1. 독서치료의 여러 가지 정의들을 종합하여 볼 때 독서치료는 발달적 혹은 특정하고 심각한 문제를 가지고 있는 참여자가 다양한 문학작품들을 매개로 하여, 치료자와 일 대 일이나 집단으로 토론, 글쓰기, 그림 그리기, 역할극 등의 여러 가지 방법의 구체적 활동과 상호 작용을 통해서 자신의 적응과 성장 및 당면한 문제들을 해결하는 데 도움을 얻는 것을 뜻하는 넓은 의미로 해석할 수 있다.

2. 독서치료는 심리학과 문학과 문헌정보학 등 여러 학문이 연계하여 이루어지는데, 독서치료의 이론적 기초로서 심리학 이론으로는 정신 분석학 이론, 게슈탈트 이론, 사회학습 이론, 내담자 중심 이론, 집단 상담 이론, 인지 행동 이론 등이 있다.

3. 독서치료의 발전 과정은 미국, 유럽과 일본과 한국이 다소 차이가 있다. 미국은 1916년에 처음으로 독서치료라는 용어가 사용되어 제1차 · 2차 세계대전 중에 정신과나 병원의 도서관에서 많이 시행되었다. 그 후 1960년대부터 학교 현장에서 교육적 차원에서 활성화되었다. 일본에서는 1930년대 후반에 알려지기 시작하였고 주로 학교 현장에서 인성 지도 차원으로 그리고 비행 청소년 대상으로 활발하게 시행되었다. 한국은 1960년대에 알려졌으나 20세기에 들어서서 활성화되기 시작하여 유아부터 노인에 이르기까지 다양한 연령에 걸쳐서 도서관과 사회복지관, 연구소 등지에서 시행되고 있다.

4. 독서치료 단계는 일반적으로 다른 심리치료와 같은 네 단계를 거치는데, Mazza의 지지 단계, 통각 단계, 행동 단계, 통합 단계도 많이 받아들여지고 있다. 한 회기 안에서 주로 준비 단계, 자료 선택, 자료 제시, 이해의 조성, 추후 활동 및 평가 단계를 거치게 된다.

5. 독서치료 자료를 선택할 때 선정 기준은 여러 가지가 있는데, 우선 주제와 문체로 나누어서 볼 수 있다. 주제는 보편적이고 영향력 있는 주제여야 하며, 이해 가능하고 긍정적인 주제여야 한다. 문체는 리듬감 있는 문체이고, 뚜렷하고 구체적인 이미지, 쉽고 정확하고 간결한 언어, 적당한 길이와 간결하고 명확한 문장이어야 한다. 그 외에도 그림이 좋아야 하며 문학적 미술적으로 완성도가 뛰어나야 한다.

1. 학교 현장에서 따돌림 현상이 중요한 관심거리가 되고 있다. 초등학교 고학년 아동 중에서 따돌림을 당하거나 시키는 아이들 대상으로 독서치료를 하려고 한다. 중요하게 고려해야 할 것이 무엇인지 생각해 보고, 따돌림에 관한 독서치료 자료를 한 권 선택해서 자료 선정 기준에 맞추어 분석해 보라.

   (해설) 따돌림을 당한 아이들을 대상으로 할 때 처음부터 따돌림에 대한 자료를 주는 것은 상처를 직면해야하기 때문에 피하고 싶고 집단에 참여하고 싶지 않게 할 것이다. 처음에는 많은 위로가 필요하고 이 독서치료집단이 재미있고 편안하다는 것을 느낄 수 있어야한다. 강의내용에서 다루었듯이 각 단계별로 다루어져야할 중요한 사항이 무엇인지를 안 후 자료를 선택해서 제시해야할 것이다. 관련 자료는 강의에서 많이 소개하였는데, 그 중 집단에 참여한 아동들에 맞추어 선택해서 강의에서 다루어진 선정기준에 맞추어 분석해볼 수 있다.

2. 독서치료의 가장 일반적 목표는 자아 존중감을 증가시켜 주는 것이다. 중학생들의 자아존중감을 형성시켜 주기 위해서 집단 독서치료 프로그램을 8회기로 실시하고자 한다. 어떻게 프로그램을 계획할 수 있는지 구체적으로 회기별 목표에 맞추어 자료와 활동을 계획해 보자.

   (해설) 사춘기를 맞이하면서 발달 특성 상 개인적 우화와 상상적 청중이라는 자아중심성 때문에 중학생들의 자존감이 매우 낮아진다. 자아존중감을 증가시켜주기 위해서는 적절한 자료를 읽거나 본 후에 자신의 장점을 찾아서 인정하고 격려하는 활동들이 필요하다. 집단으로 독서치료 프로그램을 진행한다면 이 장에서 배운 내용을 중심으로 그 회기가 진행되는 동안의 집단의 전개과정에 맞추어서 8회기를 네 단계로 나누어본 후, 각 회기별로 목표에 맞는 자료를 선택하고 제시하며 그 후 활동을 계획할 수 있다. 물론 상호작용을 어떻게 할까에 대해서도 준비할 수 있어야할 것이다.

■ 참고문헌

• 권혁준(1997), 『문학이론과 시 교육』, 박이정.

• 김상욱(1993), 『신비평과 소설교육: 소설교육론』, 평민사.

• 김정근 외, 한국도서관협회 독서문화위원회 편(2007), 『체험적 독서치료』, 학지사.

• 김현희 외(2001, 2004), 『독서치료』, 학지사.

• 김현희 외(2003), 『독서치료의 실제』, 학지사.

• 변학수(2004), 『문학치료』, 학지사.

• 변학수(2006), 『통합적 문학치료』, 학지사.

• 이영식(2007), 『독서치료 어떻게 할 것인가?』, 학지사.

• Bath Jacobs, 김현희 · 이영식 역(2007), 『감정 다스리기를 위한 글쓰기』, 학지사.

• James W. Pennebaker, 이봉희 역(2007), 『글쓰기 치료』, 학지사.

• John Fox, 최소영 외 역(2004), 『시치료』, 시그마프레스.

• Kathleen Adams, 강은주 · 이봉희 역(2006), 『저널치료』, 학지사.

• Kathleen Adams, 강은주 · 이봉희, 이영식 역(2006), 『저널치료의 실제』, 학지사.

• Maeve Vinch, 정현종 역(2002), 『Love』, 이레.

• Nick Mazza, 김현희 외 역(2004), 『시치료: 이론과 실제』, 학지사.

• 강현국(1998), 「반응중심문학론의 시 교육 적용 연구」, 대구교육대학교 교육대학원 석사
학위 논문.

• 권혜영(2004), 「독서치료가 왕따 당하는 초등학생의 자아개념에 미치는 효과」, 경북대학
교 석사학위 논문.

• 김교남(2004), 「공공도서관 주부독서회 운영에 관한 연구 : 부산광역시 교육청 소속 11개
공공도서관을 중심으로」, 부산대학교 교육대학원 석사학위 논문.

• 김병수(1968), 「인성치료를 위한 독서요법에 관한 연구」, 『교육연구』, 25, 전라북도교육연구
정보원

• 김수경(2006), 「주부의 마음 상함과 독서치료 프로그램 적용에 관한 연구」, 부산대학교
대학원 박사학위 논문.

• 김용태(1985), 「청소년 비행치료를 위한 독서요법에 관한 연구」, 원광대학교 교육대학원
석사학위 청구논문.

• 김욱준(2000), 「독서요법이 초등학생의 주의력 결핍 과잉행동 감소에 미치는 효과」, 동아
대학교 교육대학원 석사학위 논문.

• 김유희(2003), 「부모의 이혼을 경험한 시설아동을 위한 독서치료의 효과-우울, 수치심 및

죄책감을 중심으로」, 숙명여자대학교 석사학위 논문.

- 김은주(2003), 「독서요법을 통한 초등학생 '왕따' 치료」, 공주대학교 교육대학원 석사학위 논문.
- 김종운(1996), 「RET 집단상담과 RET 독서요법이 아동의 스트레스 감소에 미치는 효과차이」, 동아대학교 대학원 석사학위 논문.
- 김태경(1984), 「독서요법이 정신과 입원 환자의 증상별 행동과 질병 예후에 미치는 영향에 관한 연구」, 서울대학교 대학원 간호학과 석사학위 논문.
- 한국어린이문학교육연구회(1999), 『환상그림책으로의 여행』, 다음세대.
- 김현희(2000), 「아동을 위한 독서치료: 상호작용의 과정」, 『교육개혁과 유아교육–2000년도 춘계학술대회 자료집』, 한국유아교육학회.
- 김현희(2001), 「독서치료란 무엇인가?」, 『독서치료의 가능성 탐색–제3차 학술대회 자료집』, 한국어린이문학교육학회.
- 김홍운(1999), 「성인아이의 분노조절을 위한 집단상담 프로그램의 개발과 적용」, 전남대학교 대학원 박사학위 논문.
- 남숙(2005), 「독서치료가 초등학생의 자아존중감 향상에 미치는 영향」, 성균관대학교 교육대학원 석사학위 논문.
- 명창순(2004), 「독서요법을 통한 저소득층 이혼 가정 아동의 친사회성 개발에 관한 연구」, 공주대학교 교육대학원 문헌정보교육 전공 석사학위 논문.
- 문경애(2005), 「그림책을 활용한 독서치료 프로그램이 유아의 자아존중감 향상에 미치는 효과」, 부산대학교 대학원 석사학위 논문.
- 반금현(2001), 「집단적 독서요법을 통한 고등학교 학생의 자아개념 향상에 관한 연구」, 가톨릭대학교 교육대학원 독서교육전공 석사학위 청구논문.
- 박경애(2006), 「발달적 독서치료 프로그램이 유아의 정서지능에 미치는 영향」, 성신여대 대학원 박사학위논문.
- 변우열(2001), 「비행청소년 인성치료를 위한 독서요법」, 『도서관학논집』, 26, 한국도서관정보학회.
- 송영임(2003), 「정신보건을 위한 공공도서관 역할 연구–독서치료의 적용과 관련해서–」, 부산대학교 대학원 석사학위 논문.
- 손정표(2000), 「신독서지도방법론」, 태일사.
- 신혜숙(2005), 「독서치료가 언어영재아의 자아존중감과 성취동기에 미치는 효과」, 부산대학교 대학원 석사학위 논문.
- 심경일(2004), 「독서요법 집단상담 프로그램이 초등학생의 자기개념 및 사회성에 미치는 효과」, 교원대학교 교육대학원 석사학위 논문.

- 여인숙(2005), 「노년기 자아통합감 증진을 위한 이야기치료 회상집단 프로그램의 개발 및 효과」, 경북대학교 대학원 박사학위 논문.
- 유정실(2004), 「독서치료 프로그램이 부적응 아동의 자아존중감과 학교생활 적응에 미치는 효과」, 영남대학교 교육대학원 석사학위 논문.
- 유중희(1964), 「도서관과 비부리오세라피」, 『국회도서관보』, 제1권 제3호, 국회도서관.
- 유혜숙(1998), 「노인의 우울증 해소를 위한 독서요법 연구」, 중앙대학교 대학원 박사학위 논문.
- 윤달원(1990), 「비행청소년의 자아개념 육성을 위한 독서요법의 효과」, 성신여자대학교 대학원 박사학위 논문.
- 이남(2004), 「그림책이 유아의 신체외모에 대한 편견해소에 미치는 영향」, 우석대학교 교육대학원 석사학위 논문.
- 이미경(1987), 「병원 도서관 봉사에 관한 연구: 환자를 중심으로」, 성균관대학교 대학원 석사학위 논문.
- 이연옥(2001), 「한국 공공도서관 운동사 연구」, 부산대학교 대학원 박사학위 논문. 2001.
- 이운우(2004), 「암환자와 가족을 위한 독서치료」, 부산대학교 문헌정보학과 석사학위 논문.
- 이장호 · 김정희(1998), 「집단상담의 원리와 실제」, 박영사. 1998.
- 이종숙(1986), 「독서요법에서의 사서의 역할」, 『도서관』, 284, 국립중앙도서관.
- 이지혜(2003), 「저소득층 가정 아동의 자아존중감 증진을 위한 독서치료 효과」, 숙명여자대학교 대학원 석사학위 논문.
- 이희정(2001), 「독서요법이 대학생의 자아정체감 정립에 미치는 효과 연구」, 충남대학교 대학원 문헌정보학과 석사학위 논문.
- 장귀녀(1985), 「도서관 봉사로서의 독서요법 적용 가능성에 관한 연구」, 이화여자대학교 대학원 석사학위 논문.
- 전소희(2002), 「아동상담자의 독서치료 활용현황 및 인식연구」, 숙명여자대학교 대학원 석사학위 논문.
- 조숙진(2003), 「시적 화자에 대한 공감(empathy)프로그램이 고등학교 학생의 자아개념 및 학교태도에 미치는 효과」, 가톨릭대학교 교육대학원 독서교육전공 석사학위 논문.
- 최선희(1997), 「아동의 자아개념과 인간관계 증진을 위한 독서요법의 효과」, 경북대학교 교육대학원 석사학위 청구논문.
- 최정미(2002), 「독서요법을 통한 시설아동의 심리행동의 변화에 관한 연구」, -아동복지시설 S원 3, 4학년생 5명을 대상으로-부산대학교 대학원 문헌정보학과 석사학위 논문.
- 하정혜(2004), 「독서치료가 자폐성 아동의 사회성 발달에 미치는 효과」, 가톨릭대학교 교육대학원 독서교육 전공 석사학위 논문.
- Alston, E. F.(1978), Bibliotherapy and psychotherapy, In R. J. Rubin(Ed.),

Bibliotherapy sourcebook, Oryx Press.

- Berry, F. M.(1977), Contemporary bibliotherapy: Systematizing the field, In R. J. Rubin(Ed.), *Bibliotherapy sourcebook*. Oryx Press.

- Chambers, A.(1983), *Introducing books to children*, The Horn Book.

- Crothers, S. M. (1916). A Literary clinic, Atlantic Monthly. In M. T. Moody & H. K.Limper(1971). *Bibliotherapy: Methods and materials*. Chicago:American Library Association.

- Corey, G., & Corey, M. C., & Haynes, R. (2000). *Evolution of a Group : Student Video and Workbook* (1st Ed.) Thomson Learning, 김명권, 김동원 공역(2005). 『집단의 전개과정 : 학생용 비디오와 워크북』, 시그마프레스.

- Doll, B., & Doll, C. (1997). *Bibliotherapy with young people: Librarians and mental health professionals working together*. Englewood, Colorado: Libraries Unlimited, inc.

- Dorland's Illustrated Medical Dictionary (19th ed.)(1941). Philadelphia: Saunders. In M. T. Moody & H. K. Limper (1971). *Bibliotherapy: Methods and materials*. Chicago: American Library Association.

- Hebert, T. P.(1991), Meeting the affective needs of bright boys through bibliotherapy, In B. Doll & C. Doll(1997), *Bibliotherapy with young people: Librarian and mental health professionals working together*, Libraries Unlimited.

- Hynes, A. M., & Hynes-Berry, M. (1994). *Biblo/poetry therapy-The Interactive process: A Handbook*. St. Cloud, MN: North Star Press of St. Cloud.

- Jalongo, M. R.(1988), *Young children and picture books: Literature fromd infancy to six*, NAEYC.

- Pardeck, J. T. (1994). Using literature to help adolescents cope with problems. In B. Doll & C. Doll (1997). *Bibliotherapy with young people: Librarians and mental health professionals working together*. Englewood, Colorado: Libraries Unlimited.

- Rosen, G. M. (1987). Self-help treatment books and the commercialization of psychotherapy. In B. Doll & C. Doll (1997). *Bibliotherapy with young people: Librarians and mental health professionals working together*. Englewood, Colorado: Libraries Unlimited.

- Shrodes, C. (1949). Bibliotherapy: A Theoretical and clinical experimental study. In S. B. Gornicki (1981). *Using fairy tales to change perceptions of self and others*. Paper presented at the annual conventions of the American Personnel and Guidance Association.

- Shrodes, C. (1960). Bibliotherapy: An Application of psychoanalytic theory. *American Image*, 17, pp.311-319.
- Tews, R. M.(1961), Introduction, library trends, In M. T. Moody & H. K. Limper(1971), *Bibliotherapy: Methods and materials*, American Library Association
- Webster's Third New International Dictionary (1961). In M. T. Moody & H. K. Limper (1971). *Bibliotherapy: Methods and materials*, ALA.
- Zaccaria, J. S. & Moses, H. A.(1968), Facilitating human development through reading: The use of bibliotherapy in teaching and counseling. In M. T. Moody & H. K. Limper(1971), *Bibliotherapy: Methods and materials*, American Library Association

- www.bibliotherapy.kr (한국독서치료학회)
- cafe.daum.net (독서치료전문가 검색)
- www.bibliotherapy.pe.kr (이영식 목사가 운영하는 독서치료 홈페이지)
- http://www.kaipbt.org (한국통합문학치료학회)
- http://www.poetrytherapy.org (미국 시치료학회)
- http://www.counpia.com (카운피아 : 독서치료 동영상 강의 홈페이지)
- http://www.gulnara.or.kr (한국독서문화재단 글나라연구소)

제 **11** 장

글쓰기와 토론

■ 학습목표

1. 토론의 개념과 목적, 기본 훈련 방법을 익혀 독서토론 지도를 위한 기초적인 준비를 한다.
2. 게임과 놀이 형식의 토론에서부터 일반적인 토론 학습까지의 다양한 기법을 알고, 이를 독서토론에 적용할 수 있다.
3. 독서토론 후 아동들이 자신의 생각을 창의적으로 표현할 수 있는 글쓰기 지도 방법에 대해 안다.

■ 주요용어

토론－자기의 생각을 논리적인 설득 과정을 통해 주장하고, 상대의 주장을 반박하는 대화

논제－토론의 주제로 주장, 그 자체가 될 수 있음

입론－자신의 생각을 내세우는 것으로 토론 과정에서는 자신의 주장과 근거, 이유를 명확히 밝히는 단계

반론－다른 사람의 주장에 반대하는 새로운 주장을 제시하는 것

창의적 언어 표현－자신의 생각이나 느낌을 다른 사람과 공유할 수 있도록 의미를 재구성하여 말이나 글로 표현하는 것

I 토론의 기초

토론을 흔히 '규칙이 있는 대화'라고 한다. 개인적으로 나누는 대화와는 다르게 공식적인 상황에서 절차에 따라 나누는 대화이기 때문이다. 독서 후 토론을 하는 것은 책의 내용에 대한 이해를 높일 뿐 아니라 논리적, 비판적 사고력의 향상에 도움이 된다.

1. 토론의 개념 및 필요성

(1) 토의와 토론

• 토의(discussion):지식 · 정보 · 의견 · 경험 등을 교환하여 합리적인 문제 해결 방법을 찾아가는 과정
• 토론(debate):논제에 대해 논리적으로 주장하고, 상대의 주장에 반박하는 대화 형태로 '설득'에 목적을 둠

〈표 11.1〉 토의와 토론의 차이점

구분	토의	토론
목적	의논과 협의를 통해 해결책 찾기	자신의 주장을 설득 시키기
핵심요소	다양성	논리성
관계	상호 협조적	상호 경쟁적, 대립적

'발표 순서를 정하는 가장 좋은 방법은?' 주제로 논의를 할때 해결책을 찾아가는 과정은 토의지만 그 과정에서 '앉은 순서대로 한다'와 '가위 바위 보로 정한다'라는 의견이 대립하여 서로 설득하려는 과정이 있다면 토론이다. 그러나 이처럼 실제 상황에서 보면 토론과 토의는 명백하게 구분하기 어렵기 때문에 '토의

에서 시작하여 토론으로 끝난다' 라는 말도 있다. 현재 초등학교 교육에서는 토론의 개념을 토의를 포함한 넓은 의미로 사용하며 다음과 같이 정의 내리고 있다.

토론이란 토의를 포함한 광의의 개념으로, 논제에 대해 논리적으로
자신의 주장을 펼쳐 상대방을 설득시키려는 공식적인 대화 과정이다.

(2) 토론의 필요성

- 민주적으로 문제를 해결하는 방법과 태도를 배울 수 있다.
- 말하기에 자신감이 생기며 상대방의 말을 존중하는 태도를 기를 수 있다.
- 문제 해결력과 논리적인 사고력이 신장된다.
- 같은 의견을 가진 친구와 협력하는 과정에서 협동하는 태도를 배울 수 있다.
- 토론 예절과 규칙을 통해 상대방을 존중하고 배려하는 마음을 기를 수 있다.

토론은 그 결과뿐 아니라 과정 또한 중요하며 지적인 면과 행동, 인성 면에서도 토론을 통해 얻는 것이 많다.

2. 토론을 위한 기초 다지기

토론은 '지적 스포츠(intellectual sports)' 이다. 스포츠와 같이 규칙이 엄격하며 토론 용어를 명확하게 인식하고 써야 한다. 규칙이나 익숙하지 않은 용어로 인해 토론을 어려워하지 않도록 토론에 들어가기 전에 충분히 지도가 선행되어야 한다.

(1) 토론 용어 지도하기

① 입론

논제에 대한 입장을 정하여 주장하는 글로 상대방을 설득할 수 있도록 논리적으로 타당한 근거를 제시하여야 한다.

> **예** 저는 논제에 대해서 찬성합니다.
>
> 장발장을 감싸준 대주교의 행동이 옳다고 생각합니다. 왜냐하면 '죄는 미워하되 사람은 미워하지 말라'라는 말처럼 장발장의 행동은 잘못되었지만 한 사람으로 존중하여 주었기 때문에 스스로 잘못을 뉘우치고 새로운 사람으로 태어났기 때문입니다.

② 반론

상대방의 잘못된 점이나 근거의 모순을 찾아내어 자신의 주장이 타당하다는 것을 증명하는 것이다.

> **예** 찬성측에게 묻겠습니다.
> - 모두 대주교와 같이 생각하고 범죄자를 용서해 준다면 사회는 매우 혼란스러워지지 않을까요?
> - '죄는 미워하되 사람은 미워하지 말라'는 말을 사용하였는데 적절한 비유라고 생각하십니까? 그 말대로라면 죄는 미워해야 하므로 장발장의 잘못된 행동은 벌을 받아야 마땅한 것이 아닐까요?

③ 최종 변론

자신의 주장을 다시 한 번 다지는 과정으로 입론과 반론에서 한 주장을 바탕으로 하여 자기 주장의 타당성을 밝히고 상대방의 모순을 지적하는 것이다.

> **예** 저는 다시 한 번 논제에 대한 저의 생각이 옳다고 주장합니다. 지금까지 입론과 반론에서 분명하게 드러난 것처럼 다음과 같은 이유를 제시하겠습니다.
>
> 첫째, '죄는 미워하되 사람은 미워하지 말라' 는 말은 누구나 실수로 죄를 저지를 수 있으므로 용서하는 마음을 가지라는 뜻이라고 생각합니다. 따라서 이 말을 비유한 것은 적절했으며 대주교의 행동이 옳았음을 증명하는 좋은 예라고 생각합니다.
>
> 둘째 (생략)

④ 의견과 주장

의견이란 어떤 문제에 대해 마음에 일어난 생각으로 주장, 이유, 원인 등을 모두 포함하며 다른 사람으로부터 찬성을 받거나 받지 않아도 된다.

주장은 논증을 통해 자신의 생각이 옳음을 입증하려고 하는 것으로 다른 사람으로부터 반드시 찬성을 받아야 하는 생각을 의미한다.

(2) 토론 규칙

① 하나의 논제를 가지고 논의하여야 한다. 모든 논의는 주어진 논제에서 벗어나지 않아야 한다.

② 토론의 절차를 지켜야 한다. 정해진 토론 절차를 제대로 지켜서 논의를 진행하여야 한다.

③ 제한된 시간 안에서 논의를 하여야 한다. 시간의 제한이 없으면 비논리적으로 흐르기 쉬우므로 정해진 시간을 지켜 논의하는 연습을 반드시 하여야 한다.

④ 예의바른 행동으로 토론 예절을 지켜야 한다. 상대방을 무시하거나 감정을 상하게 하는 말이나 행동은 피해야 활발한 토론이 이루어질 수 있다.

⑤ 각 역할자의 역할과 의무를 명확하게 알도록 한다.

〈표 11.2〉 토론에서의 역할과 의무

사회자	토론자	판정인
– 공정하게 토론을 이끈다. – 토론이 주제에서 벗어나지 않도록 한다. – 되도록 말을 줄인다. – 포용적인 태도를 취한다.	– 주장을 간결하고 분명하게 말한다. – 상대방의 의견을 정중하게 듣는다. – 화를 내거나 목소리를 높이지 않는다.	– 개인의 의견과 같은 쪽에 점수를 많이 주지 않는다. – 판정인끼리 의견을 통일시키지 않는다. – 토론 판정표를 정리하며 듣는다.

3. 토론 논제 지도

논제란 '토론의 주제'로 논제에 따라 토론 참여도가 달라진다. 논제는 사고를 자극하는 쟁점을 분명히 갖고 있으면서 학생들의 생활과 밀접한 관계가 있는 것이 좋다.

〈논제를 만들 때 유의할 점〉

• 논제는 한 문장, 한 줄로 쓴다.

너무 길거나 두 문장으로 쓰면 논제를 명확하게 인지하지 못한다.

• 논제를 쓸 때는 평서문, 긍정문을 기본으로 한다.

부정문으로 쓸 경우는 찬성과 반대의 입장에 혼동을 가져 올 수 있다.

예 검정말에게 1등상을 주는 것이 바람직하다.(○)

임금님이 아기별을 내려가지 못하게 한 것은 옳지 않다.(X)

• 적극성을 유도하기 위해 의문문으로 제시할 수도 있다.

예 아기돼지 삼형제 중 셋째 돼지만 영리한가?

• 가치 판단이나 주관적인 평가가 드러나지 않도록 하여야 한다.

강조를 하거나 가치 판단이 들어간 용어를 쓰면 토론의 분위기가 한 쪽으로 몰릴 수 있다.

예 게으른 흥부는 정말 착한 사람인가?

4. 토론을 위한 기본 훈련

학생들은 왜 토론이 어렵다고 느낄까? 여러 가지 이유가 있겠지만 대체로 다음의 세 가지 이유 때문으로 분석된다.

① 말 잘 하는 소수의 학생들만 적극 참여한다.
② 상대방의 말에 집중하는 능력과 배려하는 능력이 부족하다.
③ 정보 및 자료를 찾고 활용하는 방법을 잘 모른다.

(1) 적극적 · 효과적으로 말하기 연습

1) 발표 태도 및 방법 익히기

① 존중하고 배려하는 분위기 조성
② 말하기 주제에 집중하기
③ 자신감을 가지고 자연스러운 자세로 상대방을 바라보며 말하기
④ 발표할 때 말하기 형식 익히기

〈표 11.3〉 발표하는 말하기 형식

수준 종류	저학년	고학년

일반적 의견	- "제가~에 대하여 발표하겠습니다.
	  ~라고 생각합니다."
		- "제가~에 대하여 발표하겠습니다.
		  ~라고 생각합니다. 그 이유는 OO라고 생각합니다."
		- "~의 의견에 보충하겠습니다."
		- "나도 그렇게 생각합니다. 그 까닭은 ~하기 때문입니다"

대립되는 의견	- "~의 의견에 반대 의견이 있습니다. 제 생각은 OO라고 생각합니다."	- "~의 생각도 옳지만 제 생각은 OO라고 생각합니다." - "OO주제에 대한 저의 생각은 OO라고 생각합니다."
질문을 할 때	- "~에 대하여 설명해 주십시오." - "~은 왜 그렇습니까?"	- "~라고 했는데, 그렇게 생각한 이유(근거)가 무엇인지 알고 싶습니다. 설명해 주십시오" - "~에 대하여 이해가 되지 않습니다. 설명해 주십시오." - "~에 대하여 구체적인 예를 들어주십시오."
보충을 할 때	- "~의견에 대하여 보충을 하겠습니다."	- "~의견에 대하여 구체적으로 설명을 하겠습니다." - "그 말을 달리하면 ~라고도 할 수 있습니다."

*발표하는 말하기 형식을 학생들이 통일하면 발표에 더 자신감을 가질 수 있다.

(2) 집중하여 정확하게 듣기

1) 듣기 놀이하기

듣기 태도가 좋지 않은 학생을 위해 재미있는 놀이를 통하여 집중하여 듣는 태도를 기르도록 한다.

〈표 11.4〉 듣기 놀이의 예

놀이	놀이 방법
들은 대로	- 글, 대화 등을 들려주고 따라서 행동하기 예) 바지의 오른쪽은 무릎까지 걷어 올리고, 머리는 왼쪽으로 넘기고 왼쪽 다리를 들고 학처럼 서 있다. - 들은 내용대로 그리고 서로 비교해 보기 예) 얼굴 모양은 둥글고 눈은 쌍꺼풀이 있다. 코 밑에 점이 있고, 눈썹은 반달 모양이다.
말 이어주기	- 들은 말은 그대로 다른 사람에게 정확하게 전달하기 (처음 전달한 말과 마지막에 전달 받은 사람의 말 비교하기) 예) 순이네 옆집의 아래 층에 개 복순이가 새끼를 낳았는데 두 마리는 검은색이고, 한 마리는 점박이, 또 한 마리는 흰색이래.
버릴 것은 버리고	- 교사가 들려주는 말 중에 관계없는 말을 찾아내기 예) 민정이가 놀이터에서 놀고 있어요. 시소, 미끄럼틀, 그네, 호랑이, 구름사다리, 기차를 신나게 타고 놀아요. *고학년의 경우는 주장에 대한 예시 문장을 들려주고 주제와 관계 없는 문장을 고르게 한다.

2) 주장과 근거 메모하며 듣기

'주장은 무엇일까?', '근거가 무엇일까?' 라는 물음을 마음 속에 담고 메모하며 상대방의 말을 듣는 연습을 한다.

3) 신체 언어 사용하기

다른 사람의 발표를 듣고 신체 언어를 표현하여 칭찬하고 자신의 의사를 밝히도록 한다.

예 친구의 주장과 근거가 명확하고 발표 태도가 좋을 때

- '브이(V)'자를 그려주거나 박수쳐 주기

(3) 정보 활용 능력 기르기

1) 자료 수집 방법 익히기

설득력있는 근거를 들기 위해서는 적절한 자료를 수집하는 방법을 익혀야 한다. 효과적으로 수집되고 정리된 자료를 가지고 토론에 참여할 때 적극적이고 발전적인 토론 학습을 할 수 있다.

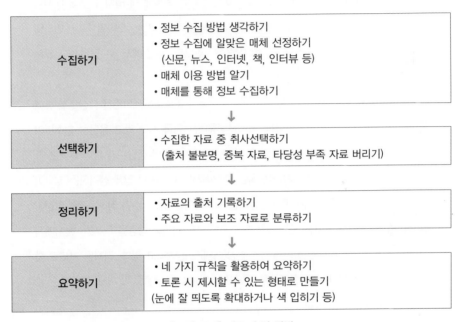

[그림 11.1] 자료 수집 방법

2) 자료를 요약하는 네 가지 규칙

① 중요하지 않은 자료는 삭제한다.

② 구체적인 낱말을 상위어나 일반적인 말로 대체한다.

③ 논제와 관련된 내용이 명확한 부분을 선택한다.

④ 논제와 관련된 내용이 명확하게 드러나지 않을 때 새롭게 창출한다.

> **예** '초등학생이 휴대폰을 사용하는 것은 바람직한가?' 라는 논제로 토론
> 을 위해 준비한 자료를 요약하였다.

휴대폰에 빠진 내 아이를 구하라[1]

휴대폰은 분명 편리한 이동통신 기기지만 중독에 이르면 문제는 달라진다. 전문가들이 말하는 휴대폰 중독 증상은 휴대폰을 집에 두고 왔을 때 하루 종일 불안하고 초조하거나, 울리지 않은 벨소리를 울린 것처럼 느끼는 환청, 두통 등 다양하다.

특히(삭제) 자제력이 부족한 청소년들은 이런 휴대폰 중독에 더 빠지기 쉽다. 메시지 보내기나 음성 통화 이외에도 사진이나 동영상 촬영, MP3 기능, 모바일 게임, 인터넷 접속 등 다양한 기능을 갖춘 첨단 휴대폰들은 청소년들의 손에서 쉬 떨어지지 않는다.(선택)

정보통신부와 한국정보문화진흥원이 올 초 전국 3,500명의 네티즌을 대상으로 휴대폰 중독에 대한 설문을 실시한 결과, 스스로 '휴대폰 중독 상태'라고 응답한 청소년이 10명 중 1명꼴인 것으로 나타났다.(삭제) 더 큰 문제는 청소년 상당수가 이미 휴대폰 중독에 깊이 빠져들어 있지만 당사자는 물론 주변에서도 대수롭지 않게 생각하는 경향이다. 휴대폰 과다사용은 인터넷 중독현상처럼 우울증이나 불안, 수면 장애, 금단 현상이 발생할 수 있다고 한다. 지나친 휴대폰 문자 전송으로 어깨에 통증을 느끼는 '문자메시지 통증(TMI : Text Message Injury)' 현상(대체)도 생겨나고 있다. 경직된 자세로 쉴 새 없이 단추를 누르다 보니 혈액순환 장애가 발생해 어깨 통증을 느끼게 되는 단순 반복 증후군의 일종이다.(삭제)

건강을 위협하는 휴대폰, 초등학생은 가지고 다니면 안 된다.(창출)

3) 신문기사 활용하기

구체적인 사실을 전해 주는 신문기사는 토론 논제를 찾는 자료가 될 수 있으며 주장에 대한 적절한 근거 자료로 사용할 수 있다. 또한 기사를 통하여 다양한

---

1) 매일신문(2007.11.27).

분야의 배경 지식을 넓힐 수 있으며 어휘력을 확장 시킬 수 있다.

4) 텔레비전 뉴스 활용하기

동영상을 볼 수 있는 텔레비전은 다른 매체보다 사실적이기 때문에 신뢰감을
더 줄 수 있다. 또한 뉴스 듣기를 통해서 듣기 훈련을 할 수 있으며 많은 뉴스 보
도 중 필요한 정보만을 선택하는 능력을 기를 수 있다.

〈표 11.5〉 토론을 위한 기본 훈련(요약)

적극적·효과적으로 말하기	집중하여 정확하게 듣기	정보 활용 능력 기르기
• 발표 태도 및 방법 익히기 • 의견과 이유 들어 말하기 　(주장하는 말하기 연습) • 메모하며 말하기	• 듣기 놀이하기 • 주장과 근거 메모하며 듣기 • 신체 언어 사용하기	• 자료 수집 방법 익히기 • 신문기사 활용하기 • 텔레비전 뉴스 활용하기

Ⅱ 생각을 나누는 토론 학습 지도

토론을 위한 기본적인 학습이 이루어지면 실제로 논제에 알맞은 토론 기법을
선정하여 토론 학습을 진행한다. 이때 일반적인 토론 기법을 먼저 적용하기 전에
놀이 형식의 가벼운 토론에서 시작하면 토론 학습에 대한 교사나 학생의 부담을
줄일 수 있다.

토론 학습에서 중요한 것은 자신의 생각을 마음껏 펼치고, 다른 사람의 생각
을 존중하는 열린 마음을 기르는 것이다. 처음 토론 학습을 접할 경우 토론의 규
칙이나 절차를 확실히 알고 있는 교사가 주도하는 것이 바람직하며 점차 학생들
에게 주도권을 주어 나가도록 한다.

1. 놀이로 즐기는 토론

형식과 절차를 중시하는 토론은 초보 단계의 학생들에게는 지루하고 적응하기 어려운 활동이 될 수 있다. 따라서 토론 학습을 처음 도입하거나 논제에 따라 가볍게 다루고자 할 때는 놀이 형식을 띤 토론을 하는 것이 좋다. 여기서는 간단하게 할 수 있는 신호등 토론과 PMI 기법을 활용한 토론을 소개한다.

(1) 신호등 토론

본격적인 찬반 토론 학습을 시도하기 전에, 학생들이 토론에 흥미를 느낄 수 있도록 시각적인 효과를 이용하는 초보적인 토론 방법이다.

신호등 토론 학습은 신호등의 초록, 빨강, 노랑이 갖는 의미를 응용한 것이다. 색깔을 통해 교통의 흐름을 조절하는 것처럼 빨강, 초록, 노랑의 카드를 하나의 세트로 학생 수만큼 준비하여 자신의 생각과 의견을 표현하게 한다.

논제에 대하여 찬성을 하면 초록색을, 반대하면 빨간색을, 잘 모르겠으면 노란색을 들어 자신의 의견을 표시하고 그에 대한 이유를 밝히는 활동으로 이루어진다.

1) 신호등 토론의 색깔별 의미

신호등			신호등 토론		
빨강	→	절대 정지	빨강	→	반대
노랑	→	일단 멈춤	노랑	→	판단 유보
초록	→	안전 진행	초록	→	찬성

2) 신호등 토론의 활동 과정

(2) PMI 토론 기법

PMI(Plus Minus Interesting) 기법은 '어떤 문제의 긍정적인 면과 부정적인 면을 모두 생각해 보고, 가장 바람직한 문제 해결 방법 또는 대안책을 찾는 것'이다.

P(Plus)는 아이디어에 대한 좋은 점을 찾아내는 활동이며, M(Minus)은 아이디어에 대한 나쁜 점 I(Interesting)는 P와 M의 의견 중에서 흥미로운 것을 찾아서 새로운 아이디어나 대안을 생각하는 활동이다.

PMI는 논제에 대한 양 입장에서 장단점을 생각함으로써 깊이 있는 해결책을 찾을 수 있다는 장점을 가진다.

1) PMI 약어의 의미

약 어	의 미
P	Plus – 좋은 점, 칭찬할 점, 배울 점, 본받을 점
M	Minus – 고쳤으면 하는 점, 더 노력했으면 좋은 점
I	Interesting – 다른 사람이 생각해 내지 못한 참신한 아이디어, 흥미 있는 의견

2) PMI 절차

1. 논제(주제)를 제시하고 모둠원들이 여러 가지 의견 내기

2. 여러 아이디어를 긍정과 부정으로 나누어 적기 　여러 의견들 중에서 겹치는 것들은 하나의 의견으로 만들고, PMI 학습지에 정리하기

3. 긍정, 부정으로 정리한 내용 중에서 흥미로운 의견을 찾기 　모둠원끼리 토론을 통해 긍정과 부정의 의견 중에서 흥미 있는 의견을 찾아 정리하거나 새로운 　해결책으로 발전시키기

2. 다양한 토론 학습 기법

토론 학습을 할 때 가장 중요한 것은 모든 학생이 즐겁고 적극적으로 참여하는 것이다. 이를 위해서는 토론 기법을 학생들의 수준에 맞게 적용하는 것이 중요하다. 토론의 형식적인 절차에 지나치게 매달리지 말고 과감히 응용해 보는 것도 바람직하다. 다음에 소개하는 두 가지 토론 기법(찬반 대립 토론, 피라미드 토론)은 자주 활용할 수 있는 기법으로, 이 외에도 논쟁 토론, 패널 토론, 모의 형사 재판 토론, 원탁 토론 등이 있다. 논제에 따라, 학생들의 수준에 따라 알맞은 기법을 적용하여야 한다.

(1) 찬반 대립 토론

가장 일반적인 토론으로 하나의 논제를 둘러싸고 대항하는 두 팀이 일정한 규칙에 따라 토론하고 승패를 결정한다. 토론자 모두에게 공평하게 발언의 기회를 주기 위해 규칙이 엄격하다. 학생들의 수준에 따라 단계별 시간이나 각 단계의 수를 적절히 변화시킬 필요가 있다.

1) 토론 참여자의 역할

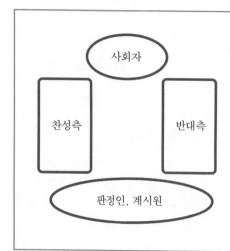

- **사회자** : 처음에는 지도교사가 역할을 맡고 익숙해지면 학생이 할 수도 있다.
- **찬성측과 반대측** : 논제에 대한 찬반 여부를 물어서 비슷한 수로 나누되, 만약 한 입장으로만 몰릴 경우 추첨을 통해 입장을 정하여야 한다.
- **판정인** : 기준에 의해 공정하게 심사하여 찬반 팀의 승패를 결정한다.
- **계시원** : 각 단계의 시간을 측정하고 알려주는 역할로 초시계를 준비한다.

2) 찬반 대립 토론의 절차

입론(주장 펼치기)	쟁점별로 나누어 발표(자료를 제시하며 발표함) : 찬성측이 먼저 발언하고 그 다음으로 반대측이 발언함.
협의(작전 타임)	1차 반론 목록 작성 : 입론 내용에 대한 핵심용어와 자료를 검증하고 오류를 찾아내며, 반론을 준비하는 시간임.
1차 반론(반론 펴기)	상대측의 논리적 오류에 대하여 비판적인 관점에서 지적 : 반대측이 먼저 반론 펴기를 하고 이어서 찬성측이 실시함.
협의(작전 타임)	2차 반론 목록 작성 : 입론과 반론 펴기를 통해 자신들의 주장과 상대방 주장의 차이점 을 비교해 보고 반론 펴기에서 심문한 내용을 근거로 2차 반론을 준비함.
2차 반론(반론 꺾기)	주도권을 가진 사람이 질문하면 상대방이 답변함.
협의(작전 타임)	최종 변론 작성 반론꺾기를 통해 수정되거나 재정립된 주장과 근거를 보충하여 최 종 변론을 하기 위한 협의 시간
최종 변론(주장 다지기)	반론 결과를 확인하고, 입론을 재구성함. 반대측에서 먼저 최종 변론을 발표하고, 이어서 찬성측이 최종 변 론함. 반론을 통해 검증된 사실을 참작하여 입론을 재구성하고, 자 신들의 주장의 타당성을 알맞은 이유를 들어 설명함.
판정인 논평과 심사	판정표에 의해 구체적으로 지적함 논리적이고 창의적인 측면에 대한 양쪽 팀의 장단점을 파악하여 판 정하도록 하며, 특히 학생들이 판정인이 될 때는 객관적인 관점을 가질 수 있도록 수시로 지도함.

3) 찬반 대립 토론의 일반적인 단계

토론 학습의 단계	참여자(주도권자)	시간	학습내용 및 유의점
마음 열기, 토론 준비	지도교사	5분	논제와 관련하여 자유 발언을 유도하고, 학습목표와 문제를 확인, 토론의 규칙 설명, 팀 구성, 역할 정하기
입론 (주장 펼치기)	찬성측	2분	입론을 미리 써 오도록 하는 것이 좋고, 다양한 자료를 제시하며 주장하기
	반대측	2분	
협의(작전 타임)	양팀	2분	반론 펴기의 목록 작성, 주로 2명이 한 팀을 이룸.
1차 반론 (반론 펴기)	반대측	2분	질문 없이 상대팀의 입론에서 발견되는 오류를 지적하는 데 주력함.
	찬성측	2분	
협의(작전 타임)	양팀	2분	반론 펴기의 내용을 듣고 반론 꺾기의 목록 작성
2차 반론 (반론 꺾기)	찬성측	5분	입론과 반론 펴기에서 발견되는 모순과 불명확한 점에 대해 상대측을 심문함. 준비한 자료는 반복하여 제시해도 됨.
	반대측	5분	
협의(작전 타임)	양팀	2분	반론을 통해 검증된 결과를 중심으로 상대의 모순을 부각시키고, 자신의 합리성을 강조하여 최종 변론을 재구성함. 모순이 드러난 자신의 주장이나 근거 자료는 과감히 버림.
최종 변론 (주장 다지기)	반대측	2분	반론 내용을 반드시 반영하여야 하고, 체계의 일관성을 유지하면서 한 사람이 또는 팀원이 나누어 발표함.
	찬성측	2분	
토론의 판정과 논평	판정인	2분	1명
토론의 심사	지도교사	5분	학습과정의 전반적인 평가와 적용
계		40분	

(2) 피라미드 토론

　모든 학생이 문제 해결 방안에 대한 자신의 생각을 두 가지(상황에 따라 다를 수 있음) 적고, 임의의 두 사람이 만나 네 가지 생각을 다시 두 가지로 줄이고, 또 다시 임의의 네 사람이 만나 네 가지 생각을 다시 두 가지로 줄이면서 최종적인 의사 결정을 한다. 대안의 수를 줄이는 과정에서 토론이 이루어진다.

　이 과정에서 모든 학생들이 적극 토론에 참여할 수 있으며, 각자의 생각에서 출발하여 전체 학급 학생들의 의견을 자연스럽게 하나로 모으는 의사 결정을 할 수 있다는 장점이 있다.

1) 피라미드 토론의 단계

논제 제시 → 자신의 생각 적기 → 모둠 만나 합의하기 → 최종 결과 발표하기 → 정리 및 평가

① 내 생각 카드에 적기

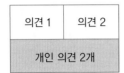

② 짝 토론하기

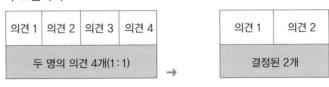

③ 전체 토론하기

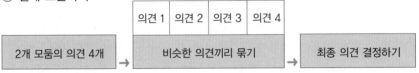

2) 피라미드 토론의 실제

논제 제시	교사는 논제를 제시하고, 모든 학생이 그 논제에 대해 자신의 생각을 두 장의 의견 카드에 각각 쓰도록 함.
다른 사람이나 모둠 만나 합의보기	다른 사람을 만나 두 사람이 적은 것을 늘어 놓고, 그 중 가장 적당한 두 가지를 선택함
최종 결과 발표하기	총 4명의 학생이 토론에 참여했다면 4명이 합의를 볼 때까지 진행하면 토론 활동은 끝나게 됨. - 전체 토의를 통해 최종 대안 1개를 결정함.

(3) 책과 친해지는 독서토론

구성원이 토론거리(현실 삶의 논쟁거리, 인생의 중요 문제 등)가 있는 동일한 도서를 읽고 논제를 정하여 토론을 하는 활동이다. 독자로서 주관적인 이해보다는

여러 사람과의 논의과정을 거쳐 자신의 이해의 폭을 넓히고 자신이 갖게 되는 의문점을 해결하는 과정인 것이다. 그러므로 읽은 책에 대한 이해에서부터 출발하므로 독서가 우선되어야 한다. 독서토론은 다음과 같은 과정으로 진행할 수 있다.

1) 독서토론 준비하기

① 독서토론을 위한 도서 선정

학생의 수준과 흥미를 먼저 고려하고, 토론거리가 있는 책을 선정하여야 한다. 이를 위해서는 학생과 협의 과정을 거치도록 하며, 교사는 반드시 책을 미리 읽어야 한다.

② 토론 방법 선택하기

먼저 전체 토론을 할 것인지 짝 토론을 할 것인지 정한다. 학생들이 충분히 토론에 대해 알고 있고 연습된 경우는 짝 토론을 하는 것도 무방하다. 또한 토론에서의 역할을 정하는 것도 중요하다. 사회자는 처음엔 교사가 하는 것이 좋지만 충분히 연습된 경우는 학생이 사회를 돌아가며 보게 하는 것도 참여도를 높이는 방법이다. 구체적인 독서토론 방법은 다음과 같다.

2) 독서토론 방법

〈표 11.6〉 독서토론 방법의 종류

이야기식 독서토론	자연스러운 분위기에서 대화를 나누듯이 토론을 하는 방법 ① 배경 지식에 대한 질문과 자신의 반응 적기 ② 작품 내용에 관련한 발문과 반응 적기 ③ 작품과 관련한 현실과 사회 문제 나누기
주제별 독서토론	대상 도서를 먼저 선정하여 토론을 진행하는 것과 달리 토론 주제를 정하고 주제에 맞는 도서를 택해 토의하는 방법으로 토의의 폭을 넓힌 독서토론 방법
찬반 대립 토론	논제에 대하여 상반된 두 집단으로 나누어 각 집단의 견해를 주장하면서 전개시키는 방법

3) 토론 논제 정하기

① 사전에 확인할 것

- 책의 내용을 확실하게 이해하고 있는가?
- 토론 도서의 사회, 시대적 배경이나 작가의 배경은?
- 책의 작가가 가지고 있는 문제의식은?
- 책의 주제는 무엇이고, 작가의 문제 해결 방식은?

② 논제로 좋지 않은 것

- 너무 포괄적인 주제

  예 별주부의 행동은 옳은가? → 토끼에게 거짓말을 한 별주부의 행동은 옳은가?

- 학생들 수준에 맞지 않은 주제

  예 질서 유지를 위한 독재는 필요한가? → 엄석대가 반장으로서 한 행동은 옳은가?

- 상식 수준에서만 이야기되고 문제의식을 발전시키지 못하는 주제

  예 자동차를 타고 다녀야 하는가? → 환경과 생활의 편리함, 어느 것이 우선되어야 하는가?

〈표 11.7〉 독서토론으로 적당한 논제의 예

책 제목	논제
『자전거 도둑』	수남이가 자전거를 가지고 간 행위는 도둑질인가?
『장발장』	장발장을 감싸 준 대주교의 행동은 옳은가?
『트리갭의 샘물』	샘물을 마시지 않은 위니의 행동은 바람직한가?
『아기돼지 삼형제』	셋째 돼지만 영리한 돼지인가? 늑대가 정말 나쁜 짓을 한 것인가?
『홍길동전』	부자들의 재물을 훔치는 것은 정당한 일인가?
『아낌없이 주는 나무』	사람에게 모든 것을 준 나무의 행동은 옳은가?
『개구리왕자』	공주는 정말 개구리와 사귈 수 있었나?
『토끼와 거북이』	거북이는 정정당당한 경기를 했는가?
『장화 신은 고양이』	주인을 위해 거인의 성을 뺏은 것은 옳은 일인가?
『마당을 나온 암탉』	잎싹이 마당을 나온 것이 옳은 것인가?

4) 독서토론의 실제

① 이야기식 독서토론

순서	독서토론 진행 방법	시간
독후감 발표 및 토론	① 발표자와 발표 주제를 제시 ② 작가와 주인공의 성격, 책의 줄거리 주제 등과 자신의 감상 발표 ③ 중요 사항을 메모하거나 토론하는 시간이 마련되면 발언함. ④ 발표자는 상대방에게 자기의 감상에 공감을 가질 수 있도록 감정과 태도를 나타도록 함.	5~7분 (1인당)
질의	친구의 발표를 듣고, 발표자에게 질문을 함.	3~5분
지도교사 강평	① 회의 진행 및 발표 내용에 대하여 소감과 평을 곁들임. ② 담임교사는 발표 의욕을 고취할 수 있도록 격려함.	2~3분

② 찬반 대립 독서토론

찬반 대립 토론의 일반적인 절차와 같으나 책의 내용을 파악하고 학생 개개인의 책에 대한 생각을 발표하는 단계가 추가된다.

〈표 11.8〉 찬반 대립 독서토론 절차

순	단계	활동 내용
1	토론 진행에 대한 설명	• 토론 규칙 설명
2	책 내용 알기	• 줄거리 및 중심생각, 느낀 점, 자신의 생각 발표하기 '함께 생각해 보기' 하기 지정 도서의 내용을 주관적으로 재구성하여 발표
3	자유 토론	• 논제 설명 • 찬/반 입장 정하기 • 논제에 대한 자신의 의견을 지정 도서를 기반으로 주장하고 다른 토론자의 의견에 대하여 반론하고 답변함. • 토론 절차 　① 입론 – 찬성측 토론자부터 1인씩 　② 반론 – 반대측 토론자부터 1인씩 　③ 반론꺾기 – 각 입장별로 5분씩 　④ 최종 변론 – 토론자 전원
6	판정	• 심사 결과 발표 • 토론자 격려하기

※ 즐거운 독서토론을 위한 조언

• 논제와 관련된 배경 지식을 사전에 충분하게 조사한다.

• 반대 심문의 내용을 정확하게 이해한다.

- 또박또박 정확하게, 짧게 간추려서 자신의 의견을 발표한다.
- 최종 변론에서 창의성을 발휘하여 여러 가지 방법으로 표현할 수 있다.
- 준비한 문장을 그대로 읽지 말고 말하듯이 자연스럽게 발표한다.

Ⅲ 창의적 언어 표현 능력을 기르기 위한 글쓰기 지도

> 주문만 하면 빛나는 접시에 담겨 나오는 빵과 같이 시(poem)를 주문할 수 없다.
> 시는 숨어 있다. 신발바닥에서 자고 있기도 하고, 천장에 그림자를 드리우고 있기도 한다. 삶에서 이런 시를 발견하는 것이 우리가 해야 할 일이다. 우리에게 주어진 삶을 재발견한다면 시를 찾을 수 있다.
>
> 〈Calkins〉

(1) 창의적 언어 표현 능력

글이나 말을 통해 다른 사람의 생각이나 감정을 이해하고 자신의 생각이나 느낌을 다른 사람과 공유할 수 있도록 의미를 재구성하여 표현하는 능력

(2) 창의적 언어 표현 능력 구성 요인과 발현 상황의 예

① 유창성 : '사고의 속도', 가능한 많은 아이디어를 산출하는 능력
   예 브레인스토밍, 크로키, 연상하기, 생각 그물 만들기
② 융통성 : '사고의 넓이', 고정적인 사고의 틀에서 벗어나 다양한 해결책을

찾는 능력

　　예 TOCEF 이론에 따른 사고하기

③ 독창성 : '사고의 새로움', 참신하고 독특한 아이디어를 산출하는 능력

　　예 다르게 생각하기, 기존의 생각을 부정하고 생각하기

④ 정교성 : '사고의 종합력', 산출된 아이디어를 다듬어 발전시키는 능력

　　예 추론하기, 유추하기, 비평하기, 자기 질문하기

⑤ 상상력 : '사고의 확장', 경험적인 세계를 벗어나 자기만의 상상의 세계를
만들어 내는 능력

　　예 동일시하기, 심상 형성하기, 상상하기

(3) 창의적 언어 표현 능력을 환경 조성하기

① 나는 말 할 것을 아주 많이 가지고 있다" "내 삶은 이야기로 가득 차 있다"
는 생각 심어주기 : 우리의 삶에서 쓰기와 말하기의 큰 힘을 설명해 주기

② 생각을 표현하고 담아둘 곳이 필요함을 각인시키기(글쓰기 공책)

③ 수업이나 과제에 의해서가 아니라 교사 자신의 삶을 통해 보여 주기

④ 모든 학생들을 한 사람의 작가로 인정해 주기(작가라는 호칭 사용, 칭찬)

⑤ 학습 공동체를 조성하기 : 관용적이고 서로를 존중하는 분위기를 만들기

〈표 11.9〉 창의적 언어 표현 능력을 기르기 위한 실제

내용 요소	활동 주제
사전 지식 활용하기	이야기 완성하기, 자유 연상하기, 예측하기, 생각 그물 만들기
조직하기	수수께끼나 스무고개, 다양한 방법으로 분류하기
바꾸어 생각하기	구성 요소나 글의 형식, 등장인물의 성격 바꾸기, 글의 시점 다르게 하기
확장하기	추론하기, 상상하기, 유추하기, 의문 갖기
비평하기	논리의 오류 찾기, 비판하기(다시 써 보는 심청전)
반응하기	등장인물과 동일시, 이야기 속으로, 심상 표현하기

〈표 11.10〉 토론 준비표(토론 전 미리 자신의 생각을 적어 오도록 함)

200 년 월 일		토론자 :	
논 제			
자신의 주장			
근거(이유) ① ② ③	예상되는 질문 ① ② ③		자신들의 반론 ① ② ③
상대의 주장			
예상되는 근거 ① ② ③		생각할 수 있는 문제점 ① ② ③	
최종 변론			

〈표 11.11〉 토론 판정표

200 년 월 일 판정인 :			
	입론	반대심문	최종변론
찬 성 측	1 2 3	1 2 3	1 2 3
반 대 측	1 2 3	1 2 3	1 2 3
판정 결과			
판정 이유			

〈표 11.12〉 계시원이 시간을 측정할 때 쓰는 표

내용	진행순서	규정시간	찬성측 사용 시간표(분.초)			반대측 사용 시간표(분.초)		
책 내용 소개하기	공동	2분/1인						
입론	① 찬성측 ② 반대측	1분/1인						
반론	① 찬성측 ② 반대측	1분/1인						
반론 꺾기	① 찬성측 ② 반대측	5분 5분						
최종 변론	① 찬성측 ② 반대측	1인/1분						
합 계								

1. 토론은 토의를 포함한 광의의 개념으로 논제에 대하여 논리적으로 자신의 주장을 펼쳐 상대방을 설득시키는 목적을 가진 공식적인 대화 과정이다. 이러한 공식적인 성격 때문에 토론은 '지적 스포츠'라고 불릴 만큼 규칙과 절차를 중시한다. 학생들에게 토론을 가르치기 위해서는 이러한 규칙이나 절차가 익숙하도록 기초 · 기본 학습을 철저히 다져야 한다.

2. 토론의 기본을 다지기 위해서는 먼저 적극적으로 말하기 훈련이 선행되어야 하며, 다른 사람의 말을 존중하는 마음과 집중하여 듣는 태도를 길러야 한다. 또한 토론의 승패를 좌우하는 자료를 수집하고 활용하는 방법도 익혀야 한다.

3. 토론에서의 논제란 '토론의 주제'를 의미한다. 좋은 논제는 학생들의 생활과 밀접한 관계를 가지고 있어야 하며 쟁점을 분명히 가지고 있어야 한다. 논제는 교사가 제시할 수도 있지만 어느 정도 학생들이 토론에 익숙해지면 직접 책을 읽고, 책에서 논제를 찾아보는 것도 토론 학습에 도움이 된다.

4. 본격적인 토론에 들어가기 전 토론에 대한 흥미를 높이기 위해서는 놀이처럼 토론을 즐겨보는 것이 좋다. 신호등의 색깔을 사고의 흐름과 빗대어 표현한 신호등 토론, 문제의 긍정적인 면과 부정적인 면을 모두 생각해 봄으로써 사고의 확장을 돕는 PMI 기법 등이 그것이다. 이러한 기법들을 통해 토론에 흥미를 가지게 하고 자신의 의견을 명확하게 밝히는 연습을 할 수 있다.

5. 찬반 대립 토론은 가장 일반적인 토론으로 하나의 논제를 둘러싸고 찬성과 반대로 나뉜 두 팀이 일정한 규칙에 따라 토론하고 승패를 가리는 형태이다. 토론자 모두에게 공평하게 발언의 기회를 주기 위해 규칙이 엄격하다. 하지만 학생들의 수나 수준에 따라 절차는 교사 재량껏 응용하여 진행할 수 있다.

6. 피라미드 토론은 모든 학생이 토론에 적극 참여할 수 있다는 장점을 가지고 있는 기법이다. 논제에 대한 자신의 의견을 명확히 밝히는 것에서 시작하여 토론에 참여한 모든 학생들의 의견을 하나로 모아가는 과정에서 적극적인 토론이 이루어진다.

7. 책을 읽고 책의 내용에서 논제를 찾아 생각을 나누어 보는 활동이 독서토론이다. 독서토론을 통해 학생들은 한 사람의 독자로서 이해했던 주관적인 사고에서 벗어나 여러 사람과의 논의를 거쳐 확장적인 사고를 할 수 있다.

8. 독서토론 후 토론 결과를 다양하고 창의적인 형태로 써보는 활동은 학생들의 창의적 언어 표현 능력을 신장시키는 데 도움이 된다. 창의적인 글쓰기를 하기 위해서는 우선 학생과 교사와의 관계에 신뢰가 있어야 하며 긍정적인 분위기가 조성되어야 한다.

■ 연구과제 및 해설

1. '토론'이라고 하면 일반적으로 '찬반 대립 토론'의 형태만을 생각한다. 실제로 텔레비전 토론 프로그램도 찬반 대립 토론으로만 진행된다. 텔레비전 토론 프로그램을 시청하고 찬반 대립 토론이 가지는 장점과 문제점을 찾아보고 학생들에게 어떤 방법으로 찬반 대립토론을 지도할 것인지 생각해 보자.

(해설) '찬반 대립 토론'은 자칫하면 흑백 논리에 휩싸일 수도 있다. 감정이 아닌 논리와 이성에 따라 토론을 진행해 나갈 수 있으려면 어떤 방법으로 학생들을 지도해야 할지 실제로 텔레비전 토론 프로그램을 보면서 생각해 본다. 토론 진행을 하는 사회자의 태도, 토론 참가자들의 태도, 준비 상태, 청중의 태도 및 반응 등을 관찰하면서 문제점과 긍정적인 면을 찾아 보면 도움이 될 것이다. '승'과 '패'를 결정짓는 것보다 자신의 의견을 논리적으로 설득하는 데 목적을 둔 토론임을 반드시 학생들에게 인지시킬 수 있는 지도 방법(토론 학습의 접근 방법)을 생각해 보자.

2. 독서를 하고 토론까지 했으나 그 결과를 글로 표현하기 싫어하는 학생이 있다면 어떻게
   할 것인지 그 지도 방법을 연구해 보자.

   (해설) 학생들은 대부분 국어 영역 중 '쓰기'를 가장 싫어한다. 그 이유가 무엇일까? 쓰
   기를 싫어하는 학생들은 이제까지 글을 쓸 때 타의에 의해 무목적적인 글쓰기를
   해 온 경우가 대부분일 것이다. 상황 맥락을 제공하고 뚜렷한 목적이 있는 글을
   써보게 하자. 예를 들어, 갯벌을 살리기 위해 간척지 개발을 막아야 한다는 입장
   에 있는 학생에게 자신의 의견이 드러나는 글을 쓰게 할 때 구체적으로 읽을 독
   자, 글의 장르, 관점, 글 쓰는 사람 등을 제시해 주면 훨씬 동기 유발이 잘 되며
   창의적인 좋은 작품을 산출할 수 있을 것이다. 이처럼 학생들의 생각을 자연스럽
   게 끌어내면서도 글쓰기를 즐겨할 수 있는 구체적인 방법을 찾아보자.

■ 참고문헌

• 서울초등토론교육연구회(2003), 『생각 기르기』 2집.
• 서울초등토론교육연구회(2005 춘계 세미나), 『토의토론학습의 다양한 기법』.
• 서울특별시교육청(2007). 『생각을 나눠봐요, 초등 토론』, 서울특별시교육청
• 성북교육청(2005), 『토의 · 토론학습의 이론과 실제』, 성북교육청.
• 이연택(2003), 『토론의 기술』, 21세기북스.
• 전영우(2003), 『토론을 잘 하는 법』, 거름.

• 초등토론교육 연구회 http://cafe.daum.net/debateedu

제 12 장

독후 활동의 실례

■ 학습목표

1. 포트폴리오를 활용한 다양한 독서이력 관리 방법을 알고 지도할 수 있다.
2. 학년별 발달 단계를 고려하여 학생들의 흥미와 수준에 알맞은 독후 활동을 지도할 수 있다.
3. 교육 연극의 개념과 적용 방법을 이해할 수 있다.
4. 교육 연극을 활용한 독후 활동을 구안하여 지도할 수 있다.

■ 주요용어

독서이력–언제, 누가 지은, 어떤 제목의 책을 어떻게 읽게 되었으며, 어떤 느낌을 받았는지 등에 대한 누가적인 기록

서지 사항–책이름, 지은이, 그린이, 옮긴이, 출판사, 쪽수, 책의 종류 등에 대한 내용

독후 활동–독서감상을 움직임, 그림, 조형, 말, 일기형식, 편지글, 기사문, 퀴즈 등을 활용하여 다양하게 표현해 보는 활동

교육 연극–말과 글 이외에도 신체 언어와 이미지 언어처럼 세계를 이해하고 표현하는 것은 모두 언어라는 관점에서 장면을 상상으로만 그려보는 것이 아니라 자신이 직접 실연해 보고 공간화해 보도록 하는 활동

I 독서이력을 관리하는 포트폴리오의 실제

1. 독서이력 관리의 필요성

책을 선정해서 읽고 난 뒤, 혹은 읽으면서 충분히 토론이나 대화의 과정을 거친 후에는 간단히 기록을 남겨 놓는 것이 좋다. 독서기록은 심리적인 부담을 주면서 꼭 독후감상문을 억지로 쓰게 하기보다는 간단한 서지 사항(책이름, 지은이, 그린이, 옮긴이, 출판사, 쪽수, 책의 종류 등)과 줄거리, 느낌을 기록하도록 하여 후에 자신이 읽은 책에 대한 기억을 재생시킬 수 있도록 하여야 한다.[1]

이와 같은 간단한 독서기록은 앞으로 자신의 독서계획을 수립하는데, 그리고 독서상담을 할 때나 독후감상문을 쓰고 싶을 때 기초 자료로 이용할 수 있어서 좋다.

2. 독서이력을 관리하는 방법

독후감상문을 쓰는 일은 독후 정리의 가장 전통적인 방법으로 효과적이기는 하나 부담스러운 일임에는 틀림없다.

책읽기를 좋아하던 어린이가 초등학교에 들어가 독서에 대한 흥미를 잃게 되는 경우가 있는데 독후감상문 쓰기가 그 원인이 되는 사례가 있다. 다시 말해서 책읽기는 좋아하지만 독후감상문을 써야 하기 때문에 책읽기가 너무 싫다고 말하는 어린이들이 이외로 많다는 것이다. 이는 독후감상문 쓰기가 독서를 장려하기 위한 방법으로 그 효용 가치를 발휘해야 하는데, 주객이 전도되어 독후감상문 숙

---

1) 송영숙(2005: 58).

제를 해결하기 위해 책을 읽게 되는 경우가 많기 때문이다. 따라서 독후감상문이 독서의 즐거움을 방해하거나 독서 기피 현상을 일으키지 않도록 세심한 주의가 필요하다. 그래서 부담스러운 독후감상문 쓰기는 가장 마지막 단계로 보류하는 것이 바람직하다.

그리고 우선적으로는 간단한 서지적 사항(저자, 서명, 출판사, 쪽수 등)과 느낌 및 줄거리를 기록하는 개인 독서카드를 활용하고 저학년 때는 어린이들의 발달단계와 특징을 고려하여 독서감상화와 같은 형식으로 자신의 느낌을 표현하게 하는 등 다양한 방법을 활용하여 어린이들이 점차 독서감상문 쓰기 활동에 흥미를 갖도록 한다.

3. 독서이력 관리의 실제

(1) 개인 독서카드의 다양한 활용 방법

1) 나의 독서역사 카드

책을 읽고 난 후 간단한 서지 사항(책이름, 지은이, 출판사, 쪽수)등을 읽은 날짜와 함께 누가 기록해 나가는 방법이다. 이 방법은 책의 줄거리나 읽고 난 후의 느낌과 생각을 반추해 보는 자료로는 미흡하지만 1학년부터 6학년까지 또는 그 이후까지 자신의 독서 이력을 지속적으로 기록함으로써 독서능력이나 독서성향을 한눈에 알아볼 수 있다는 특징이 있다.

〈표 12.1〉 '나의 독서역사 카드'의 양식

순	책이름	지은이	출판사	읽기 시작한 날	읽기 끝난 날	비고

[그림 12.1] '나는 독서왕' 양식의 예

2) 나는 독서왕

책을 읽은 수만큼 확인 도장을 누가해서 찍어나가는 방법이다. 독서기록에 대한 정보는 전혀 알아볼 수 없으나 어린이들이 독서에 흥미를 갖고 열심히 책을 읽도록 하는 동기를 부여해 줄 수 있다.

3) 책 속의 주인공

책을 읽고 주인공에 대해 인상 깊었던 생각이나 느낌을 그림으로 표현하여 기록해 두는 방법이다. 이는 책의 줄거리는 정리되어 있지 않지만 주인공의 이미지를 통해 읽은 책에 대한 기억을 재생시켜 볼 수 있다.

[그림 12.2] 책 속의 주인공을 그린 독서카드

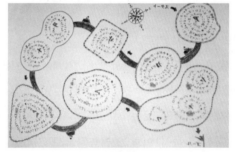

[그림 12.3] 주인공의 이름을 분류해서 기록한 독서카드

4) 인물 여행

책을 읽고 나서 다른 사람에게 이야기의 줄거리를 말해 줄 때 이야기 내용은 생각나는데 주인공 이름이 떠오르지 않는 경우가 있다. 이 기록 방법은 책을 읽고 주인공의 이름을 분류해서 기록해 놓는 방법인데, 'ㄱ'으로 시작하는 인물 이름, 'ㄴ'으로 시작하는 인물 이름 등 가나다순으로 책 속의 인물들의 이름을 분류하여 기록해 놓는 방법이다.

5) 한 줄 독서록

특히 1, 2학년 어린이들에게 독서감상문 쓰기는 부담스러울 수 있다. 이렇게 아직 자기의 생각을 논리적으로 정리하는 힘이 부족한 저학년 어린이들이 자신의 독서이력을 한 줄 또는 두 줄로 기록해 놓는 방법이다. 즉 독서카드 쓰기의 초기 단계로 읽은 날짜와 책제목, 지은이, 감동적인 문장이나 줄거리를 한 두 문장으로 정리해 두는 방법이다.

순	날짜	책 제목	지은이	감동적인 문장이나 간단한 줄거리 쓰기
1	4/2	살아 움직이는 그림	신충행	희웅이가 살아움직이는 그림을 그리자고 해서 병우가 희웅이 얼굴위에다 그림을 그리고 희웅이는 병우 얼굴위에다 그림을 그리다 선생님께 들켰다 (9쪽)
2	4/8	세상에서 가장 유명한 미술관	메러디스 후퍼	개들이 그림에서 빠져나와 파티를 열고 자기자리를 잘못 찾아서 사람들이 이상해 하는 장면이 제일 재미있었다. (52쪽)
3	4/?	숲속 마을 이야기	허은순	조용하던 숲속 마을이 '울트라 슈퍼 골드타운' 으로 바뀌었어요. 그런데 이상한 일은 숲속 마

[그림 12.4] 한 줄 독서록 양식

6) 내가 읽은 책

책을 읽고 난 후 개인 독서록 맨 앞쪽에 '내가 읽은 책'이라는 제목 아래 간단히 책이름, 지은이, 출판사, 쪽수, 책의 종류, 중심인물과 줄거리와 느낌을 정

〈표 12.2〉 '내가 읽은 책'의 양식

책 이 름		지은이	
출판사		읽은 날짜	년 월 일 ~ 년 월 일 ( )일간
쪽수		책의 종류	
중심인물			
줄거리 (1,2학년은 그림 그리기)			
나의 생각과 느낌			

리해 두는 방법이다. 책에 대한 정보와 줄거리, 읽고 난 후의 생각이나 느낌도 간단하게 기록되어 후에 독서감상문을 쓰고 싶을 때나 꼭 써야 할 때 독후감상문의 기초 자료로 이용할 수 있어서 좋다.

이때 책의 종류를 기록하도록 하는 것은 편독을 막아주는 데 중요한 참고 자료가 될 수 있다. 다시 말해서 어린이들은 개개인의 관심사에 따라 선호하는 책이 다를 수 있다. 어떤 어린이는 과학도서를 많이 읽는가 하면 어떤 어린이는 역사 소설을 즐겨 읽는 어린이가 있다는 것이다. 물론 개인의 능력이나 흥미에 따라 책을 선정함으로써 독서의 즐거움이 더해질 수 있으나 자라나는 과정에서 균형 있는 독서가 이루어지도록 세심하게 배려하는 것도 중요하다. 책의 종류는 여러 가지 방법으로 구분할 수 있으나 일반적으로는 그림동화, 전래동화, 창작동화, 위인전, 역사소설, 과학도서, 설화, 상식, 동시 등으로 분류할 수 있다.

(2) 독서학습장을 활용한 독서 포트폴리오

[그림 12.5] 독서이력을 정리하는 독서학습장

독서 포트폴리오는 파일이나 사진첩 등 다양한 틀로 정리할 수 있다. 그러나 독서 후에 매 번 한 장씩 기록한 기록물을 포트폴리오로 정리하는 일은 번거로운 일이다.

이에 학생들이 독서 후 해 볼 만한 다양한 활동들을 모아 한 권의 책으로 제작한 독서학습장을 활용하는 경우가 있다. 물론 독서학습장은 학생들이 독서 후 자신의 느낌과 생각을 주어진 활동의 틀 안에서 표현하여야 한다는 제한점을 가지고 있지만 독서 후 자신의 이력을 어떻게 정리해 놓아야 하는지 난해해 하는 학생들에게는 길잡이의 역할까지 할 수 있다는 장점을 갖고 있다.

독서학습장에 들어갈 만한 내용을 '독서학습장 내용 목차'를 예시로 하여 정리해 보면 다음과 같다.

독서학습장 내용 목차의 예

(3) 모둠별 활동을 통한 독서토론장 활용

독서 후 읽은 내용을 바탕으로 하여 다른 친구들과 이야깃거리를 정하여 토론을 해 보도록 한다. 그리고 토론 후 자신의 생각을 정리하여 독서토론장에 간단히 기록해 보도록 하는 것이다.

1) 1, 2학년

저학년 학생들은 상상력은 풍부하나 자신의 생각을 논리적으로 정리하고 종합·비판하는 사고력은 부족한 시기이다. 따라서 이솝우화, 그림책, 옛날이야기 등을 많이 읽고, 이야기 속의 주인공이 되어 인물이 한 행동에 대하여 나라면 어떻게 했을지 상상해 보는 활동에 주안점을 두도록 한다.

예컨대, 『토끼의 간』(서정오)을 읽고, '내가 토끼라면 어떻게 했을까?' 라는 이야깃거리로 서로 자신의 생각을 주고 받아보는 시간을 갖도록 한다. 이때 학생들이 이야기 속의 주인공이 되어 자신의 생각을 말할 때 저학년다운 상상력을 동원하여 비현실적인 의견을 말하더라도 학생의 생각이 분명하고 그 생각에 대한 이유나 근거가 타당하면 도덕성이나 논리성에 상관 없이 그 생각을 수용해 줄 필요가 있다. 도덕적인 가치에 대한 판단은 성장해 가면서 주입이 아닌 다양한 삶의 비교를 통해 학생들이 스스로 깨닫도록 조력해 주는 것이 중요하며, 저학년에서의 상상력은 학년이 올라가면서 주어진 문제 상황을 독창적으로 풀어나가도록 하는 데 중요한 역할을 한다는 점에서 매우 중요시 되어야 한다.

2) 3, 4학년

중학년 학생들은 친구들과의 사귐의 폭이 넓어지고 다양한 경험을 하게 되면서 생활 속에서 일어나는 여러 가지 문제 상황에 대해 자신의 생각을 정립시켜 나가기 시작한다. 따라서 중학년 학생들은 신화와 전설이 담긴 책, 공상 과학이야기, 과학소설, 또래의 우정을 그린 창작동화, 모험의 세계가 담긴 책을 주로 읽도록 하고 독서토론의 이야깃거리도 어린이들의 이러한 성향을 바탕으로 하여 어린이들이 생활 속에서 접하게 되는 여러 가지 문제 상황에 대해 문제점을 파악해 보거나 문제의 원인을 분석하거나 문제 상황의 결과를 예측해 보거나 문제의 원인을 분석하여 해결책을 제시해 보는 '문제 해결형'으로 정하여 토론해 보도록 한다. 그러기 위해서 평소에 책을 읽을 때 빨리 많이 읽는 것보다 한 권을 읽더라도 천천히 정독하는 습관을 기르도록 지도한다. 왜냐하면 책을 빨리 읽는 대부분의 학생들은 책의 내용만 파악하는 데 그치기 쉽고 책을 읽으면서 상상을 하거나 추리를 하거나 기발한 생각을 해 보거나 경우에 따라서는 인물의 행동에 대해 비판적인 관점에서 문제점을 찾고, 나라면 그 문제를 어떻게 해결할지 등의 차원 높은 사고 과정을 놓치게 되기 때문이다.

3) 5, 6학년

고학년 학생들은 내적이고 심리적인 것을 추구하고 고독을 느끼기 시작하므로 다른 사람의 인생을 엿볼 수 있는 전기, 순정소설, 연애소설, 탐정 이야기, 추리소설, 역사소설 등을 읽도록 한다. 그리고 책을 통해 여러 삶을 비교해 보고 비판적이고 주관적인 입장에서 자신의 삶, 인생관, 세계관 등에 대하여 깊이 있게 생각해 보도록 한다. 한 예로「연어의 꿈」을 읽고, 우리 삶의 이유에 대하여 말해 보도록 한다. 이때 중요한 것은 사람마다 자라온 환경과 가치관, 희망 등이 다르므로 삶의 이유도 다를 수 있다는 점이다. 따라서 『연어의 꿈』에 나오는 인물들의 독특한 삶의 이유에 대해 분석하고 비판해 보면서 다른 사람과 다른 자신만의 독특한 삶의 이유를 그렇게 생각하는 근거를 들어 논리적으로 말해 보도록 한다. 이와같은 독서토론은 독서를 통해 간접 경험한 여러 사람들의 다양한 삶에 대해 생각해 보도록 함으로써 자신의 삶에 대한 가치관과 자아 의식을 바르게 정립시켜 나가는 데 도움이 될 수 있다.

4. 독서 포트폴리오의 활용

독서 포트폴리오는 개개인의 독서량과 독서성향, 독서수준 등을 알 수 있는 자료가 되며 독서상담이나 독서토론 시 기초 자료가 되며 독서감상문을 쓸 때도 기초 자료로 활용할 수 있다.

　　독서감상문을 쓰는 방식은 특별한 형식과 틀을 강요하여 줄거리 및 느낌 등을 기재하는 방법으로 고정화해서는 안 된다. 어린이들이 자연스럽게 자신의 생각을 다양한 방식으로 표현하도록 함으로써 독서감상문 쓰기에 지루함을 갖지 않도록 한다. 즉, 틀에 박힌 독서감상문 형식이 아니더라도 독서감상을 그림, 일기 형식, 편지글 형식, 기사문 형식, 퀴즈 형식 등을 활용하여 다양하게 표현하고 포트폴리오로 정리해 볼 수 있다. 이에 학년별 독서교육의 목표와 어린이들의 발달 단계를 고려하여 학년별로 해 볼 만한 독후 활동을 소개해 보면 다음과 같다.

1. 1, 2학년

　　이 시기의 독서교육은 독서에 흥미를 갖고 바른 자세로 쉬운 읽을거리를 즐겨 읽도록 하는 데 목표를 두고 있다.[2] 그리고 아직은 긴 문장으로 자신의 생각과 느낌을 정리한다는 것이 어렵고 부담스러운 시기이다. 따라서 책을 읽고 난 느낌이나 생각을 그림이나 흉내내는 말 또는 꾸미는 말, 간단한 문장 등으로 표현해 보도록 하는 방법을 주 활동으로 하여 다음과 같은 활동을 해 보도록 한다.

- 가장 기억에 남는 장면을 그림으로 표현하기
- 그림의 내용을 흉내 내는 말을 넣어 쓰기
- 주인공의 모습을 특징을 살려 그리거나 새롭게 상상하여 그리기
- 표지 그림을 새롭게 그리고 그림에 대한 설명 쓰기
- 책을 읽고 새로 알게 된 낱말이나 인상 깊었던 낱말을 골라 짧은 글짓기
- 생각이나 느낌을 시로 쓰고 시화 그리기

---

2) 서울특별시교육청(2005: 22).

- 기억에 남는 장면이나 내용을 생각 그물로 나타내기
- 등장인물에게 묻고 싶은 말 쓰기
- '나라면 이렇게 했을 텐데' 하고 생각한 부분을 찾아 쓰고, 나라면 어떻게 했을지 쓰기
- 등장인물의 입장이 되어 주인공의 일기 쓰기
- 책을 읽고 난 후의 생각과 느낌을 글로 쓰기

[그림 12.6] 인상적인 장면을 그림과 흉내내는 말로 표현한 예

[그림 12.7] 기억에 남는 인물을 그림으로 그리고 까닭을 쓴 예

[그림 12.8] 읽고 난 느낌을 동시와 시화로 표현한 예

[그림 12.9] 기억에 남는 내용을 두 장면의 만화로 그린 예

2. 3, 4학년

이 시기의 독서교육은 다양한 독서에 주안점을 두고 읽을거리를 스스로 찾아 읽고, 바람직한 독서습관을 기르며, 시의 글감과 주제를 알아보고 잘된 표현을 찾아보며 문학작품에서 얻은 교훈이나 감동을 글로 쓰는 습관을 기르는 데 두고 있다.[3] 한편 3, 4학년 어린이들은 점차 근거를 들어 자신의 생각을 말하고 뒷이야기 꾸미기 등을 재미있게 할 수 있다. 이에 3, 4학년 어린이들이 해 볼 만한 활동을 소개해 보면 다음과 같다.

- 가장 기억에 남는 장면을 그림으로 표현하기
- 가장 기억에 남는 장면을 그림으로 그리고 그림의 내용을 원인과 결과의 관계로 설명하기
- 가장 기억에 남는 등장인물을 그림으로 그리거나 새롭게 상상하여 그리기
- 책을 광고하는 표지 그림 그리고 광고문 쓰기
- 생각이나 느낌을 선이나 도형, 또는 색으로 표현하기
- 생각이나 느낌을 노래 가사로 만들기
- 기억에 남는 내용을 네 장면의 만화로 그리기
- 책 속에 나오는 등장인물, 장소를 나타내는 낱말로 네 행시 지어보기
- 가장 기억에 남는 생각을 생각그물로 나타내고 줄거리 정리하기
- 등장인물들의 성격이나 모습을 생각하여 각각에게 알맞은 별명 붙이고 그렇게 생각하는 까닭 쓰기
- 책 속의 인물 중 특별히 좋아하게 된 등장인물과 좋아하게 된 까닭 쓰기
- 등장인물에게 상장 만들어 주기
- 책 속의 주인공에게 편지 쓰기
- 꼬마 작가가 되어 뒷이야기 꾸며 쓰기
- 책을 읽고 새롭게 알게 된 사실과 더 알고 싶은 내용 정리하여 쓰기
- 책을 읽고 일이 일어난 차례에 따라 줄거리 간추려 쓰기

---

3) 앞의 책(2005: 22).

- 책을 읽고 누가, 언제, 어디서, 무엇을 어떻게, 왜 했는지 6하 원칙에 따라 줄거리 간추려 쓰기
- 책을 읽고 난 후의 생각과 느낌을 글로 쓰기

[그림 12.10] 생각이나 느낌을 선,
도형, 색으로 표현한 예

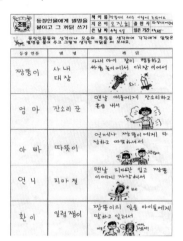

[그림 12.11] 등장인물의 특징을 살려
별명을 붙인 예

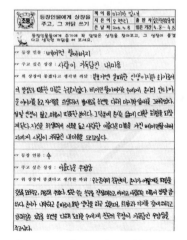

[그림 12.12] 등장인물이 한 일을
생각하여 상장을 만든 예

[그림 12.13] 인상적인 장면을 만화로
표현한 예

3. 5, 6학년

이 시기의 독서교육은 좋은 책을 골라 읽고 독서의 습관을 이루는데 주안점을 두고 다음 사항을 목표로 하고 있다.[4]

(1) 5학년

① 참고 자료를 사용하여 조사하면서 읽을 수 있다.
② 사전을 활용하여 책을 읽을 수 있다.
③ 한 편의 글에서 감동적인 부분을 찾아보고 느낀 점을 말할 수 있다.

(2) 6학년

① 글을 음미하며 읽어 잘된 표현을 알 수 있다.
② 주체적, 비판적으로 읽을 수 있다. 읽기의 목적이나 읽을거리의 형식에 알맞은 방법으로 읽을 수 있다.

(3) 5, 6학년 어린이들이 해 볼 만한 활동

따라서 5, 6학년에서는 책을 읽고 등장인물의 생각과 자신의 생각과 비교하여 주체적, 비판적으로 써 보는 활동이나 글을 읽고 난 느낌이나 생각을 다른 종류의 글로 표현해 보는 활동을 새롭게 시도해 볼 만하다.
- 책을 읽고 기억에 남는 내용을 네 장면의 만화로 표현하기
- 가장 기억에 남는 장면을 그림으로 그리고 비유적인 표현을 넣어 설명하기
- 가장 기억에 남는 등장인물의 특징을 인상적인 표현을 살려 쓰고 그림으로 그리기

---

4) 앞의 책(2005: 22).

- 책을 광고하는 표지그림 그리고 광고문 쓰기
- 생각이나 느낌을 선이나 도형, 또는 색으로 표현하기
- 등장인물의 입장이 되어 가장 기억에 남는 감동적인 사건을 감각적인 표현을 넣어 일기로 쓰기
- 책을 읽고 등장인물의 성격을 달리 하여 이야기 바꾸어
- 책을 읽고 사건이 일어난 장소나 시간을 달리하여 이야기 바꾸어 쓰기
- 내가 읽은 책의 한 장면을 골라 등장인물이 한 말과 행동을 극본으로 꾸며 쓰기
- 책 속의 등장인물들의 생각과 나의 생각을 비교하여 쓰기
- 책 속의 인물 중 특별히 좋아하게 된 등장인물과 좋아하게 된 까닭 쓰기
- 책을 읽고 알게 된 내용을 독서퀴즈로 만들어 보기
- 책을 읽고 책 속의 주인공과 나의 비슷한 점과 다른 점 비교하여 쓰기
- 책을 읽고 새롭게 알게 된 사실과 더 알고 싶은 내용 조사하여 쓰기
- 책을 읽고 이야기의 줄거리를 신문기사로 꾸며서 쓰기
- 이야기에 나오는 인물과 닮은 인물을 우리 주변에서 찾아 그렇게 생각한 까닭을 넣어 쓰기
- 책을 읽고 읽은 내용이나 주인공에 대한 비평하는 글쓰기
- 책을 읽고 난 느낌이나 생각을 신문이나 잡지의 그림을 이용하여 표현하기
- 책을 읽고 난 후의 생각과 느낌을 글로 쓰기

[그림 12.14] 기억에 남는 내용을 4컷 만화로 표현한 예

[그림 12.15] 읽고 난 느낌을 신문, 잡지를 이용해 표현한 예

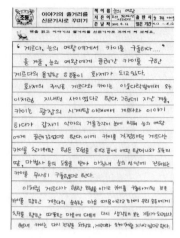

[그림 12.16] 읽은 내용을 독서퀴즈로 정리하며 확인한 예

[그림 12.17] 이야기의 줄거리를 신문 기사로 꾸민 예

Ⅲ 교육 연극을 통한 독후 지도 방법

1. 교육 연극을 통한 동화 지도의 필요성

동화는 동심의 반영이라고 할 수 있다. 흔히들 동심은 어린이들만이 가지고 있는 독특한 심리적 특성이라고 생각하고 있다. 그러나 동심은 어린이들만이 가지고 있는 것이 아니라 모든 인간이 지니고 있는 원형적 심상으로서 인간 모두가 가지고 있는 것이라고 할 수 있다. 다만 어른들은 성장하면서 환경과의 접촉을 통해 이 동심을 잃어가고 있을 뿐이다. 따라서 인간 모두에게 잠재되어 있는 동심을 대상으로 하는 동화는 일차적으로 동심이 풍부한 어린이들을 대상으로 하는 것은 분명하지만 성인들에게는 잃어버린 천상계의 논리를 환기시켜 주는 중요한 역할을 한다고 할 수 있다.

이와 같이 동화는 인간의 원형적 심상으로서의 동심, 즉 시공을 초월한 무한한 우주 공간과 자연 현상을 다루고 있기 때문에 이러한 초논리적이며 초인지적인 동화의 세계는 인간에게 내재해 있는 동화적 상상력을 통해서만이 인식이 가능하다고 할 수 있다.

이런 점에서 동화를 읽고 난 후 자신의 생각과 느낌을 표현하는 활동은 어린이들의 잠재되어 있는 감수성을 환기시켜 동화적 상상력을 계발하는 것이라고 할 수 있다. 그런데 동화가 갖고 있는 판타지의 특성으로 인하여 동화는 언어로만 표현하고 수용하는 데는 한계가 있다. 즉, 동화는 수많은 음성상징어나 색채어로 구성되어 있으며, 움직임을 구체적으로 드러내는 감각어나 환상적 배경과 시각적으로 명확한 인물을 묘사하고 있어 문자 매체만을 통해서는 전달할 수 없는 다양한 매체를 내포하고 있다는 것이다. 따라서 상상력을 계발하기 위해서는 동화에 내재하고 있는 다매체 활용이 필요하다. 여기서의 다매체는 어린이들의 감수성을 활성화하고 생각과 느낌을 표현하는 넓은 의미의 언어로 기존의 음성언어와 문자언어 이외에 시각적 매체, 청각적 매체, 신체적 매체 등을 포함한다.

예컨대 자기 표현에 있어 진흙이나 파스텔, 물감, 종이 접기 등과 같은 원초적인 시각적 매체는 특별한 기술이나 규칙 및 재능 등이 없어도 사상이나 감정을 쉽게 발견하게 한다. 그래서 어린이들에게 이미지 만들기는 상상력과 창조력, 느낌, 생각들을 재발견하는 데에 사용하는 중요한 도구가 된다. 또 소리 표현은 특정한 감정을 나타내는 이미지의 기호화로서 어린이들은 이런 소리의 기호를 통해 언어로 표현할 수 없는 의미를 탐구하게 된다. 한편 신체적 매체의 움직임 활동은 언어 능력을 촉진하고 창의성을 키우며, 억눌린 에너지를 풀어주고 신경 계통의 영양분을 준다. 그래서 어린이들로 하여금 언어 없이도 감정을 계발하고 표현할 수 있게 해 준다.

한편, 이러한 동화의 특질을 이루는 '판타지'나 '물활론' 혹은 '자연물의 유의식론' 등은 단순한 동화의 창작 기법이 아니라 동화의 본질을 구현하는 일종의 어린이들의 세계 인식의 방법이라고 할 수 있다. 따라서 발달 특성상 역동적이며 움직임을 좋아하며 감각적이고 이미지 중심으로 세계를 인식하는 어린이들에게 동화의 수용은 문자언어를 통한 접근보다 신체적 특성과 놀이적 특성을 활용한 교육연극적인 접근이 훨씬 더 효과적일 것이다.

실제로 제7차 교육과정에서의 문학교육은 다양한 문학적 체험을 음성언어나 문자언어뿐만 아니라 신체적, 음악적, 회화적 활동을 통해 직접 경험하게 함으로써 자아와 타인을 이해하고 삶을 바라보는 안목을 기르도록 하는 데 주안점을 두고 있다.

이에 교육 연극은 장면을 상상으로만 그려보는 것이 아니라 자신이 직접 실연해 보고 공간화해 보게 함으로써 인지 발달 과정에 있는 학생들에게 공간 지각력을 높이고 상상이 눈앞에서 실현되는 충족감, 만족감을 주기 위한 교육 활동이라는 점에서 우리가 지향하고 있는 문학교육의 기본 방향과 일맥 상통하는 교육 방법 중의 하나라고 할 수 있다.

따라서 교육 연극의 적용은 다음과 같은 관점에서 그 적용의 의의를 찾을 수 있다.

첫째, 교육 연극은 행위지향의 교육방법이라는 점이다.

교육연극을 통한 동화교육은 학생들의 흥미와 능동적인 참여를 바탕으로 언어적 행위와 비언어적 행위를 통해 동화를 수용하고 창작하도록 한다는 점에서 독후 학습의 효율성을 높일 수 있다는 것이다.

둘째, 교육 연극은 의사 표현으로서의 심미적 체험이라는 점이다.

교육 연극에서는 말과 글 이외에도 신체 언어와 이미지 언어처럼 세계를 이해하고 표현하는 것은 모두 언어라고 본다. 따라서 이러한 관점에서 초등학교 학생들의 상상력과 창의력을 더 많이 자극하고 발달시키는 언어는 초등학교 학생들의 발달 단계와 발달의 특성에 가장 맞는 신체 언어라는 것이다. 초등학교 학생들은 신체 발달, 심리 발달, 언어 발달 면에서 볼 때 비언어적 활동을 통해 자신의 생각이나 느낌을 표현하는 특징이 있으므로 독후 학습에도 학습자들의 비언어적 활동이 적극적으로 활용되도록 하여야 한다는 것이다.

셋째, 교육 연극은 교류를 통해 문학적 체험을 공유하게 한다는 점이다.

친구들과 동화에 대한 체험을 공유하는 것은 동화에 대한 자기 중심적 인식에서 벗어나 자신과 다른 관점에서도 동화를 볼 수 있게 해 준다. 이를 통해 학생들은 동화뿐만 아니라 세상에 대한 인식의 지평도 함께 넓어진다. 동화 텍스트에 대한 체험은 개인적인 것이지만 교사, 친구들과 교류하는 과정을 통해 사회적인 반응으로 승화될 수 있다는 것이다.

2. 교육 연극을 통한 동화 지도 방법

교육 연극을 통한 동화 교육의 방법은 비언어적 활동을 통한 동화 교육 방법과 언어 활동을 통한 동화 교육 방법으로 나누어 볼 수 있다.

〈표 12.3〉 비언어적 활동을 통한 동화 교육 방법

구분	활동명	활동 방법
움직임 활동	팬터마임	대사 없이 몸짓과 표정만으로 극의 내용을 표현하기
	공간 만들기	몸짓만을 사용하여 가상적인 방이나 공간을 창조하기
	멈추는 팬터마임	상대방의 몸짓을 보고 무엇을 표현하는지 추측하기
	얼음조각 만들기	주어진 장면을 몸으로 표현하고 적당한 위치에서 얼음상태 되기
	즉흥 장면 꾸미기	극본이나 간단한 개요를 제시하면 즉흥적인 팬터마임이나 대화가 있는 연극하기
	거울 놀이	두 아이가 마주보고 한 아이가 거울을 바라보는 것처럼 행동하면 마주보는 아이가 거울이 되어 그 아이의 행동을 따라 하기
	해설이 있는 팬터마임	동화의 한 장면을 다듬거나 편집하여 한 학생이 해설을 하면 다른 학생들은 해설내용을 대화를 넣지 않고 팬터마임으로 표현하기
	소리 없는 음향	함성, 환호, 기침 같은 음향을 소리도 내지 않고 몸으로만 표현하기
시각적 표현 활동	그리기	· 자신이 선택한 장면의 등장인물에 대한 이미지 그리기 · 자신이 선택한 인물의 시점에서 본 배경의 이미지 그리기 · 절정에 대한 이미지 그리기 · 동화 안에 넣기를 원하는 장면의 이미지 그리기
	만들기	· 특정한 순간의 인물에 대한 이미지 만들기 · 자신이 선택한 인물의 이미지를 조각하여 배경 속에 넣기 · 개개인이 만든 인물의 이미지로 전체 이야기 이미지화하기
청각적 표현 활동	목소리와 신체 및 도구를 사용한 방법	· 목소리나 신체, 도구로 다양한 음향 효과 내기 · 다른 친구의 팬터마임을 보고 음향으로 표현하기 · 목소리, 사물을 활용하여 음향으로 이야기 만들기
	악기를 사용한 방법	· 이야기의 흐름에 따라 즉흥적으로 배경 음악 만들기 · 특정 장면이나 절정 부분의 효과음 만들기

(1) 비언어적 활동을 통한 동화 지도 방법

비언어적 활동은 움직임 활동과 이미지 표현을 통한 활동, 소리 표현을 통한 활동으로 크게 나눌 수 있다. 이 세 가지 활동은 모두 음성언어나 문자언어를 통하지 않고 느낌이나 생각을 근 감각, 시각, 청각적인 매체로 이해하고 표현한다는 공통점이 있다. 이러한 매체적 특성은 언어적 매체의 표현의 한계를 극복할 수 있고 자유롭게 상상하게 한다는 것이다. 즉, 언어로 표현할 수 없는 감정이나 생각을 몸짓이나 이미지 혹은 소리로 표현하도록 함으로써 동화의 내용을 보다 깊이 있게 이해하게 한다는 것이다.

(2) 언어활동을 통한 동화 지도 방법

인간은 언어를 통해 세계에 질서를 부여하고 해석해 내고 그것을 다시 재해석하며 새로운 세계를 끊임없이 창조해 나가는 것이다. 결국 창의적인 언어 활동은 창의적인 사고 활동에서 비롯된다고 볼 수 있다. 그렇다면 창의적인 언어 활동은 창의적인 사고를 계발하는 방향으로 전개되어야 할 것이다.

이에 교육 연극에서의 언어활동은 이러한 관점에서 아래와 같은 세 가지 축을 중심으로 전개하되 언어 교육 차원을 넘어서서 다양한 사고력 계발을 목표로 한다.

첫째, 학생들이 좋아하는 이야기를 사용한다.

둘째, 이야기를 다루는 예술적 방법, 특히 학생들의 활동을 중심으로 하는 연극적 방법을 활용한다.

셋째, 이야기와 연극적 방법의 결합으로 언어기능 간의 통합과 교과 간의 통합을 통하여 언어 사용 기능 신장뿐만 아니라 상상력, 창의적 사고력, 추리력, 문제 해결력, 의사 결정력 등을 향상시키고자 한다.

〈표 12.4〉 언어활동을 통한 동화 지도 방법

음성언어 활동	대화하기	모둠을 나누어 등장인물에 어울리는 느낌과 생각을 표현하면서 주어진 화제에 대해 이야기 나누기
	토론하기	이야기의 내용이나 장면을 선택하여 그것에 대해 서로 찬반 의견 내세우기
	전문가 활동	패널게임으로 교사가 제시한 주제에 대해 몇 명의 학생들이 전문가가 되어 교실 앞 쪽에 앉고 자기 분야에 대해 다른 친구들의 질문을 받고 대답하기
	상상놀이	소품, 혹은 천 조각을 보여 주고 그 물건의 주인, 새로운 사용방법, 등장인물이 되어 사용하는 모습 표현하기
	즉흥 장면 꾸미기	제시된 간단한 플롯의 개요를 대화 있는 즉흥극으로 꾸며서 표현하기
	인터뷰	이야기 속 인물에게 인터뷰하는 형식으로 질문하고 답하기
문자언어 활동	다양한 문학 형식을 활용한 글쓰기	그림일기, 편지, 신문기사, 광고문, 설명문, 논설문, 시 등이 형식으로 이야기의 내용을 표현하거나 각색하기

(3) 통합 교과 활동으로서의 동화 지도 방법

통합 교과 활동	이야기와 교과 학습의 접목	이야기의 내용을 각 교과의 학습 요소와 접목하여 통합적인 학습 활동 전개하기

(4) 교육 연극 방법의 단계적 적용

초등학교 저학년 학생들의 상상력과 창의력을 더 많이 자극하고 발달시키는 언어는 발달 특성상 신체 언어이다. 따라서 언어 발달 면에서 볼 때 저학년에서는 비언어적 활동을 통해 자신의 생각이나 느낌을 표현하도록 하고 점차 언어적 활동으로 확충하며 단계적으로 적용시키는 것이 바람직하다.

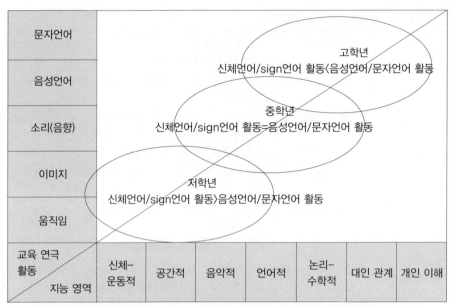

문자언어							
음성언어							
소리(음향)							
이미지							
움직임							
교육 연극 활동 지능 영역	신체- 운동적	공간적	음악적	언어적	논리- 수학적	대인 관계	개인 이해

고학년
신체언어/sign언어 활동<음성언어/문자언어 활동

중학년
신체언어/sign언어 활동=음성언어/문자언어 활동

저학년
신체언어/sign언어 활동>음성언어/문자언어 활동

[그림 12.18] 다중지능이론과 교육 연극에 기초한 동화 교육 방법의 학년별 적용 영역

Ⅳ 교육 연극을 통한 독후 지도의 실제

1. 6차시의 활동으로 전개되는 교육 연극을 통한 독후 지도

동화를 단순히 지식적인 측면에서 분석하는 데서 벗어나 동화 속의 인물의 이미지나 장면을 움직임으로 표현해 보거나 그리기나 만들기, 청각적 또는 언어적인 표현 활동을 통해 적극적으로 즐기고 다양한 문학적 체험을 통해 동화를 수용하고 창작해 보도록 하는 학습 모형이다. 다음은 동화 「심심해서 그랬어요」를 총 6차시 학습 활동으로 재구성하여 실제로 수업에 적용해 보았던 사례를 소개해 본다.

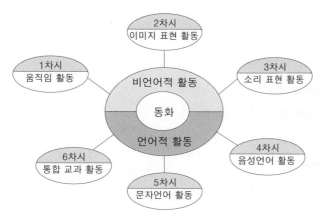

[그림 12.19] 교육 연극을 통한 독후 지도를 6차시로 계획하는 방법

(1) 『심심해서 그랬어』(윤구병) 이야기 들려주기

엄마랑 아빠는 호미 들고 밭 매러 가고, 돌이랑 복실이랑 집을 봅니다.

"아이, 심심해."

'슥슥 삭삭.'

'매앰 매앰 스르르르.'

매미들만 귀 따갑게 울어 댑니다.

돌이랑 복실이는 뒷마당으로 갑니다.

'꿀꿀꿀, 꼬꼬꼬 꼬꼬꼬, 음매애, 매애애……."

동물들이 돌이를 보고 반가워합니다.

"애들아, 나랑 놀자."

돌이는 염소 고삐도 풀어주고, 토끼장도 열어 줍니다. 닭장도 열고 돼지우리랑 외양간 문도 따 줍니다.

펄쩍펄쩍, 깡충깡충, 겅중겅중, 푸드덕푸드덕,

동물들이 신이 나서 뛰어나옵니다.

‘매애애.’

염소는 호박밭으로 달려갑니다.

‘으적으적 냠냠냠.’

염소는 호박잎을 마구 뜯어 먹습니다.

“저리 가. 엄마한테 혼나.”

‘매애애애.’

염소는 들은 척도 안합니다.

‘댁 꼬꼬꼬꼬.’

닭들은 고추밭으로 몰려갑니다.

‘토독토독.’

닭들은 고춧잎을 쪼아 댑니다.

“훠이훠이.”

돌이가 고추밭으로 달려갑니다.

‘푸드덕푸드덕.’ ‘꼬꼬댁 꼬꼬.’

닭들은 이 고랑 저 고랑으로 흩어집니다.

‘꿀꿀꿀.’

돼지들은 감자밭을 파헤칩니다.

‘우그적 우그적’

돼지들은 감자를 마구 파먹습니다.

“안 돼, 안 돼.’

돌이는 밭둑에서 발만 동동 구릅니다.

‘깡충깡충.’

토끼들은 무밭으로 달려갑니다.

‘오물오물.’

토끼들은 무잎을 맛있게 뜯어먹습니다.

“아휴, 그걸 먹으면 어떻게 해.”

돌이가 토끼를 뒤쫓아 갑니다.

'음매애 음매애.'

엄마소랑 송아지는 배추를 뜯어먹습니다.

"안 돼. 저리가."

돌이가 배추밭으로 달려갑니다. 송아지는 깜짝 놀라서 펄쩍 뛰어 달아납니다.

그러더니 그만 오이밭으로 들어갔습니다. 오이밭은 엉망이 되고 말았습니다.

"앙앙앙, 난 몰라."

돌이는 울면서 집으로 돌아옵니다. 울다가 울다가 어느 새 잠이 들고 말았습니다. 엄마랑 아빠가 돌아왔습니다.

"아니, 이게 무슨 일이야?"

엄마랑 아빠는 눈이 휘둥그레집니다.

"이랴, 이랴. 워워워."

엄마랑 아빠는 동물들을 다시 우리에 몰아넣습니다.

"돌아, 돌아."

엄마가 큰소리로 돌이를 부릅니다.

"엄마아 ……"

돌이가 울먹이면서 달려옵니다.

"이 녀석, 채소밭이 엉망이 되었구나."

엄마가 야단을 쳤습니다.

'음매애, 꿀꿀꿀, 꼬꼬댁 꼬꼬, 매애애애 ……'

동물들은 돌이를 보고 반갑다고 울어 댑니다.

(2) 『심심해서 그랬어』 독후 지도의 실제

1) 비언어적 활동으로 전개된 1차시~3차시 활동의 개요 및 내용

〈표 12.5〉 1차시 : 움직임 활동

구분	활동명	활동내용
일인 활동	일인 팬터마임	혼자서 집을 보는 돌이가 너무 심심해서 어떤 놀이를 해 보았을지 상상하여 몸으로 표현해 보기
		염소와 놀기 위하여 염소고삐를 풀어주는 순간 도망가는 달려 나가는 염소 돌이의 모습을 움직임으로 표현해 보기
		염소고삐가 풀려 염소가 뛰쳐나가는 순간 돌이의 모습을 상상하여 몸짓과 표정으로 표현해 보기
짝 혹은 모둠 활동	거울 놀이	동물들을 잡으러 이 밭 저 밭으로 뛰어다니던 돌이가 복실이와 함께 집으로 돌아오는 모습을 두 사람이 움직임으로 표현하면 그대로 따라 하기
	빠른 움직임 팬터마임	돌이가 토끼장, 닭장, 돼지우리랑 외양간 문을 열었을 때 동물들은 어떤 표정과 모습으로 뛰어나왔을지 상상하여 움직임으로 표현해 보기.
	변형과 느린 동작 팬터마임	돌이 아버지와 어머니께서 돌아오셔서 동물들을 다시 우리에 몰아넣으실 때 돌이 아버지와 어머니의 모습과 동물들은 어떻게 움직였을지 동물들의 입장이 되어 움직임으로 표현해 보기
	공간 만들기	놀란 송아지가 뛰어다녀서 엉망이 된 배추밭을 몸으로 표현해 보기.

[그림 12.20] 동화 듣는 장면

[그림 12.21] 동물들이 달아날 때의
돌이 모습 표현

[그림 12.22] 외양간이 열렸을 때   [그림 12.23] 동물들이 뛰어다녀서
달아나는 동물 표현   엉망이 된 배추밭

⟨표 12.6⟩ 2차시 : 이미지 표현 활동

구분	활동명	활동내용
그리기	특정한 순간 그리기	이야기 가운데 가장 감동적이라고 생각되는 부분 그리기
	자신이 선택한 장면에서 자신이 고른 등장인물에 대한 이미지 그리기	달아나는 동물들과 쫓아가는 돌이의 모습과 표정 그리기
	동화 안에 넣기를 원하는 장면의 이미지 그리기	울다가 잠든 돌이는 어떤 꿈을 꾸었을지 상상하여 그려 보기
만들기	자신이 선택한 인물의 이미지를 조각하고 그 인물을 배경 속에 놓기	무밭에서 무잎을 맛있게 뜯어먹는 토끼와 토끼를 잡기 위해 쫓아다니는 돌이 찰흙으로 표현하기
	특정한 순간의 느낌 이미지로 표현하기	외양간 문이 열렸을 때 신이 나서 뛰어다니는 동물들의 모습 상상하여 느낌을 색으로 표현하기

[그림 12.24] 달아나는 동물과   [그림 12.25] 뛰어다니는 토끼를 찰흙으로
쫓아가는 돌이 모습 그리기   표현하는 모습

〈표 12.7〉 3차시 : 소리(음향) 표현 활동(목소리, 신체로 표현하기)

구분	활동명	활동내용
목소리 표현	음향 효과	돌이가 외양간 문을 열었을 때 동물들이 신이 나서 뛰어나오는 소리를 목소리로 표현하기
악기나 도구로 표현	마임을 음향으로 표현	돌이가 동물들을 잡으러 이 밭 저 밭으로 뛰어다니는 모습을 마임으로 보이면 그에 맞는 소리를 여러 가지 도구로 표현해 보기
		동물들을 잡으러 이 밭 저 밭으로 뛰어다니다 끝내 잡지 못하고 돌아오는 돌이의 모습을 마임으로 보이면 그에 맞는 소리 악기로 만들기

[그림 12.26] 동물들이 뛰어나오는 소리
목소리로 표현

[그림 12.27] 동물을 잡으러 뛰어다니는
모습 악기로 표현

2) 언어적 활동으로 전개된 4차시~6차시 활동의 개요 및 내용

〈표 12.8〉 4차시 : 음성언어 활동

구분	활동명	활동 내용
일인 활동	혼자 말하기	밭으로 달아나 버린 동물들을 쫓아다니다 집으로 돌아오는 돌이는 혼자서 무슨 말을 하였을지 상상하여 말해 보기
모둠 활동	대화하기	돌이가 동물들을 풀어 줄 때 이 모습을 보고 있는 매미와 나무는 어떤 대화를 나누었을지 상상하여 말해 보기
	즉흥 장면 꾸미기	돌이가 심심하다는 것을 알고 동물들은 돌이가 우리를 열 수 있도록 어떤 말로 설득하였을지 상상하여 말해 보기
	인터뷰하기	토끼장, 닭장, 돼지우리랑 외양간 문을 열었을 때 동물들은 왜 달아났었는지 동물들의 입장이 되어 말해 보기
		돌이를 야단치신 어머니에게 무엇을 묻고 싶은지 인터뷰하여 보고 어머니의 입장이 되어 말하기

〈표 12.9〉 5차시 : 문자언어 활동

활동명	활동 내용
그림일기 쓰기	돌이의 입장이 되어 오늘 있었던 일을 그림일기로 써 보기
편지 쓰기	동물들이 돌이에게 미안한 마음을 담아 보내는 사과하는 편지 써 보기

〈표 12.10〉 6차시 : 통합 교과 활동

활동명	활동 내용
즐거운 생활 · 슬기로운 생활과의 통합	동물의 움직임을 흉내내는 놀이하기
	우리에서 나온 동물들이 자유롭게 뛰어다니며 즐겁게 놀고 있는 모습을 상상하며 '작은 동물원'의 가사를 바꾸어 부르기
	돌이가 혼자 있어도 재미있는 마을을 상상해 보고 내가 꿈꾸는 재미있는 마을을 여러 가지 재료를 활용하여 만들어 보기
바른 생활과의 통합	내가 돌이처럼 혼자서 집을 보게 된다면 나는 어떤 활동을 할 계획인지 혼자서 할 수 있는 놀이를 쓰고 일요일 나의 하루 생활도 계획하여 보기

[그림 12.28] 나의 하루 생활계획표 짜기

[그림 12.29] 내가 살고 싶은 마을 꾸미기

2. 교육 연극을 통한 통합 학습으로서의 독후 지도

『흥부와 놀부』를 읽고 재미있는 장면을 음악과 소리로 표현해 보기, 역할 놀이에 필요한 소품을 만들어 직접 역할놀이 해 보기, 무대 꾸미기, 『흥부와 놀부』를 읽고 느낀 점을 가사로 만들어 가사 바꾸어 부르기 등으로 교육 연극을 통한 통합 학습을 계획해 볼 만하다.

〈표 12.11〉 교육 연극을 통한 학습 계획표

일시	2005년 9월 26일 월요일		활동시간	9:00~12:00 (180분)	
단 원	(즐생) 2. 옛날 옛적에 (읽기) 셋째 마당-1. 재미가 솔솔		교과서 쪽 수	(즐생) 26~39 (읽기) 56~59	
학습주제	'흥부와 놀부'를 읽고, 느낌을 다양한 방법으로 표현하기				
단계	학습 요소	교수 · 학습 활동		시간	관련활동 및 학습자료
도입	학습 분위기 조성	마음 열기 및 동기유발 • '이 박 저 박' 노래 부르며 떠오르는 장면 말하기		10분	* 배경음악 • 카세트
전개	(비언어적인 활동) • 인상적인 장면 표현하기 • 무대 꾸미기 • 해설이 있는 팬터마임으로 표현 (언어적인 활동) • 인물이 한 말 찾아 역할 놀 이하기 • 가사 바꾸어 부르기	○ '흥부와 놀부' 감상곡 듣고 표현하기 • 인상적인 장면 빠르게 그리기 • 동화에 알맞은 소리 만들어 보기 ○모둠별로 협동하여 무대 꾸미기 • 배경 그림 그리기와 소품 만들기 ○인상적인 장면 움직임으로 표현하기 • 선생님의 해설을 듣고 움직임으로 표현하기 ○인물이 한 말을 찾아 극본 만들기 • 인물이 한 말을 찾아 쓰고 외우기 • 인물이 한 말의 느낌을 살려 역할놀이하기 ○ '이 박 저 박'의 가사 바꾸어 부르기 • 가장 인상적인 장면을 가사로 만들어 부르기		20분 60분 20분 30분 20분	* 이미지 그리 기, 청각적 표현 • 감상곡 * 공간 만들기 • 도화지, 크레파스 * 팬터마임 • 대화하기 • 학습지, 무대, 소품 * 다양한 문학 적 글쓰기
정리 및 평가	· 동화 속 인물되 어 편지 쓰기 · 자기 평가하기	○내가 놀부였다면 흥부에게 무슨 말을 하였을 지 상상하여 편지 쓰기 ○오늘 활동 반성하고 느낌 말하기		20분	* 다양한 문학 적 글쓰기 • 자기 평가지

[그림 12.30] 모둠원이 협동하여
무대 꾸미기

[그림 12.31] 인상적인 장면
움직임으로 표현하기

[그림 12.32] 가면을 쓰고 역할 놀이하기

☾ 요 약

1. 독서이력은 간단한 서지 사항을 기록한다.

2. 독서감상문에 대한 부담감으로 오히려 독서를 기피하는 일이 없도록 독서역사 카드, 나는 독서왕, 내가 읽은 책, 책 속의 주인공, 인물 여행, 한 줄 독서록 등 다양한 방법을 활용하여 학생들이 독서에 흥미를 갖도록 한다.

3. 학생들의 발달 단계를 고려하여 흥미와 수준에 알맞은 독후 활동이 이루어지도록 한다. 예컨대 1, 2학년은 그림이나 흉내내는 말 또는 꾸미는 말, 간단한 문장 등으로, 3, 4학년은 주제 알아보기, 잘된 표현 찾기, 교훈이나 감동을 글로 쓰거나 뒷이야기 꾸미기 등으로, 5, 6학년은 등장인물의 생각과 자신의 생각을 비교하여 주체적, 비판적으로 써 보기, 글을 읽고 난 느낌이나 생각을 다른 종류의 글로 표현해 보기 등으로 자신의 느낌과 생각을 표현해 보도록 한다.

4. 교육 연극은 장면을 상상으로만 그려보는 것이 아니라 음성언어와 문자언어외에도 신체적, 청각적, 시각적 표현 활동을 통해 자신이 직접 실연해 보고 공간화해 보도록 함으로써 보다 적극적으로 동화를 수용할 수 있도록 하는 교육 방법이다.

5. 교육 연극을 통한 동화 지도 방법은 움직임 활동, 시각적 표현 활동, 청각적 표현 활동 등의 비언어적 활동과 음성언어 활동, 문자언어 활동, 통합 교과 활동 등과 같은 언어적 활동으로 나누어 볼 수 있다.

6. 교육 연극은 저학년에서는 비언어적 활동을 주로 사용하고, 점차 언어적 활동으로 확충하며 단계적으로 적용시키는 것이 바람직하다.

7. 교육연극을 통한 독후활동을 6차시로 계획할 때는 〈1차시〉움직임 활동 → 〈2차시〉시각적 표현 활동 → 〈3차시〉소리 표현 활동 → 〈4차시〉음성언어 활동 → 〈5차시〉문자언어 활동 → 〈6차시〉통합 교과 활동 순으로 구안해 볼 수 있다.

■ 연구과제 및 해설

1. 학생들이 쓴 독서 감상문의 내용이 거의 비슷한 까닭을 알아보자. 그리고 학생들의 다양한 상상력과 사고력을 개발시키는 데 효과적인 독후 활동으로는 어떤 방법이 있는지 새로운 방법을 구안하여 적용해 보고 그 효과에 대해 살펴보자.

(해설) 독서논술, 독서감상문에 대한 부담감은 오히려 독서에 대한 흥미를 저하시키는 원인이 될 수 있다. 학생들이 자신들의 잠재되어 있던 상상력과 사고력을 개발하여 자신의 생각과 느낌을 풍부하게 표현하고 그에 대해 스스로 감동하고 만족감을 느낄 수 있을 때 점차 글쓰기에도 흥미를 갖게 된다. 이에 학생들이 다양한 관점에서 생각해 보고 다른 친구들과의 의견 교류 과정을 통해 서로 다른 생각을 비교도 해 보면서 보다 발전적이고 비판적인 사고로 새로운 생각을 만들어 낼 수 있도록 다양한 활동을 구안해 볼 만하다. 학생들을 지도하는 과정에서 간과되기 쉬운 발상 지도 활동, 독서감상문을 쓴 후의 돌려 읽기와 고쳐 쓰기 등의 활동에 주안점을 두고 구안해 보도록 한다.

2. 신간 서적 중 필독 도서로 추천할 만한 책을 한 권 골라 읽어 보자. 그리고 그 책은 어떤 학년에 알맞은 책인지 생각해 보고, 교육연극을 활용한 독후 활동을 구안해 보자.

> (해설) 교육연극을 활용한 독후 활동은 학생들이 책 속의 인물이 되어 가상의 공간에서 직접 주인공이 한 말이나 행동을 실연해 보면서 읽은 내용을 보다 심층적으로 이해하고 더 나아가 자신의 생각과 느낌을 정리하여 자연스럽게 표현하도록 도와주는 교육 활동이다. 따라서 학생들의 상상력과 사고력을 확충시키고 나아가 자기 자신의 생각과 느낌을 보다 창의적으로 표현하도록 조력하는 의미 있는 활동이어야 한다는 점에 주안점을 두고 학생들이 흥미를 갖고 적극적으로 참여할 수 있는 다양한 방법을 생각해 보도록 한다.

■ 참고문헌

• 김지도(1997), 『초등학교 독서교육』, 교학사.
• 김효정 외(1997), 『독서교육의 이론과 실제』, 한국도서관협회.
• 서울교육대학교부설초등학교(2005), 독서학습장 1, 2학년용.
• 서울교육대학교부설초등학교(2005), 독서학습장 3, 4학년용.
• 서울교육대학교부설초등학교(2005), 독서학습장 5, 6학년용.
• 서울독서교육연구회(2004), 『독서교육정보』제32호.
• 서울독서교육연구회(2004), 『독서교육정보』제33호.
• 송영숙(2005), 『독서교육 이야기』, 책고리.
• 임영규 외(2005), 『독서는 힘이 세다(독서교육법)』, 다산북스.

제 **13** 장

통합매체 활용 교육(1)

–NIE 독서지도

■ **학습목표**

1. 신문 활용이 교육적으로 어떤 효과가 있는지 알 수 있다.

2. 신문을 활용한 독후 활동 자료를 만드는 방법을 알 수 있다.

3. 신문을 활용한 다양한 창의력을 신장시킬 수 있는 방법을 알 수 있다.

■ **주요용어**

신문활용교육(NIE) – NIE는 신문을 교육에 활용한다는 뜻으로 '신문을 활용한 교육' 이며, 줄여서 '신문활용교육' 이라고 쓴다. 세계신문협회(WAN)는 'NIE란 신문을 활용한 교육(Newspaper In Education)의 영문 이니셜로 신문업계와 각급 학교 간의 교육적 파트너십을 나타내는 표현' 이라고 설명하고 있어서 NIE를 정확히 규정하자면 신문 업계와 연계하여 각급 학교에서 신문을 활용하여 교육을 하는 것을 뜻한다.

NIE 독서지도 – 독서의 효과를 높이기 위한 방법으로 독후 활동을 할 때 신문 자료를 함께 활용하는 것이다.

신문 독서 – 신문 독서에서 '독서' 의 뜻은 '글을 읽는다' 의 뜻으로 신문 읽기이다.

비판적 사고력 – 옳고 그름을 판단하는 능력

Ⅰ NIE와 독서

1. NIE(신문활용교육)란 무엇인가?

(1) NIE란?

NIE(Newspaper In Education)는 '신문을 교재 또는 보조 교재로 활용해 지적 성장을 도모하고 학습 효과를 높이기 위한 교육'이라고 두산대백과사전에서 정의하고 있다.

세계신문협회(WAN)는 'NIE란 신문을 활용한 교육(Newspaper In Education)의 영문 이니셜로 신문 업계와 각급 학교 간의 교육적 파트너십을 나타내는 표현'이라고 정의하고 있다('재미있는 신문 놀이', 조선일보사, 2007).

우리나라에서는 신문 업계에서 교사들과 학부모들에게 NIE 연수를 통하여 NIE를 보급하기도 하였고, NIE의 교육적인 효과를 아는 교사들과 학부모들이 스스로 신문을 교육에 활용하기도 하였다. 그러므로 꼭 신문 업계와 연계하여 각급 학교에서 신문을 활용하여 지도하는 것만을 NIE라고 정의할 필요는 없다고 판단된다. 누구든지 신문을 교육에 활용하면 NIE라고 볼 수 있는 것이다. 즉, NIE(Newspaper In Education)는 신문을 교육에 활용한다는 뜻으로 '신문을 활용한 교육'이며, 줄여서 '신문활용교육'이라고 쓴다.

1990년대 중반 NIE가 적극적으로 보급되기 이전에는 학교에서 시사 교육이라는 코너를 만들어 신문 자료를 교육에 활용하였고, 교사들은 교육적으로 가치가 있는 신문기사를 학생들에게 소개하며 신문을 활용한 교육을 하기도 하였다. 1990년대 중반 NIE가 본격적으로 소개되면서 교육적인 효과가 큼이 입증되었고, 대학교에서 논술시험을 보면서 NIE는 급격히 보급되었다.

(2) 신문의 교육적인 효과

'신문은 살아 있는 교과서'라고 흔히 말한다. 교과서는 신문에 비하여 출판되어 나온 지가 오래되었고 교과서에 실린 내용은 신문에 나오는 기사에 비하여 오래된 것이기 때문에 표현하는 말이다. 신문에는 세상 돌아가는 모습이 언제나 최신 소식들로 가득하고, 특히 과학이나 사회과와 관련된 신문 자료는 교과서에 나오는 내용에 비하여 변화된 모습을 바로 알게 한다. 교과서에 환경 오염에 관한 내용을 공부할 때 환경과 관련된 기사를 아이들이 보게 되면 환경 오염의 심각성을 더욱 잘 깨닫게 된다. 또한 다양한 통계적인 자료가 신문에 많이 실리는데, 그런 신문 자료와 함께 학습을 하면 학습 효과는 배가 된다. 더불어 신문에 게재되는 광고 사진이나 기사, 기사에 관한 사진 등을 활용하여 창의적인 사고력을 신장시키는 학습을 하기도 한다. 신문을 꾸준히 보면 다양한 사회 현상에 관심을 많이 가지게 되고 여러 지식을 많이 습득하게 되며 비판적인 사고력이 많이 신장된다.

신문에는 모든 교과와 관련된 기사들이 실린다. 그러므로 신문을 꾸준히 보게 되면 최신의 기사들로 다양한 방면의 학습을 하게 되어 통합적인 사고력이 신장된다. 그래서 신문을 살아 있는 교과서라고 하는 것이다.

1) NIE의 효과
① 독서능력 향상
신문에 실린 기사를 읽어 나가는 도중 문자와 친숙하게 되고, 관련 기사를 독서하는 내용과 연관지어 책을 읽기 때문에 독서능력 향상에 도움이 된다.
② 어휘력과 독해 능력 향상
신문을 읽으며 모르는 어휘를 문맥을 통하여 이해하여 나가게 되고 그런 과정을 통하여 어휘력과 독해 능력이 향상된다.
③ 통합적인 지식 습득 및 통합적인 사고력 향상
신문에는 다양한 정보 및 기사들이 실려 있다. 유용한 지식이나 삶에서의 유용한 정보, 발명이나 발견과 관련된 기사, 문제점 및 문제점의 원인과 대비책 등을 제시한 기사 등이 실려 있어서 통합적인 지식을 쌓을 수 있다. 그리고 그런 기사들을 읽는 과정에서 통합적인 사고력이 향상된다.

④ '세계'를 바라보는 시각 형성

신문에는 세계 여러 나라의 다양한 소식들이 실린다. 세계 여러 나라의 정치, 경제, 사회, 문화 등이 망라되어 있다. 세계 여러 나라들과 우리나라와의 관계도 실린다. 이런 기사들을 읽으며 세계를 바라보는 시각이 형성된다. 이런 시각의 형성은 관련 교과 학습에 커다란 도움이 된다.

〈표 13.1〉 신문의 특성에 따른 NIE의 특성[1]

신문의 특성	NIE의 특성
• 뛰어난 기록성	• 지나간 신문도 교재로 활용 가능
• 상세한 정보	• 사회 현상의 총체적 이해 가능
• 자신의 호흡에 맞추어 이용 가능	• 학습자의 능력에 따른 개별학습 가능
• 휴대의 간편성 및 읽은 후 폐기	• 교재 준비가 비교적 용이 • 재편집, 스크랩 용이
• 매일 발행	• 매일 새로운 소식으로 흥미 유발
• 실제 사회의 다양한 사례 보도	• 교과지식 이론을 실사회에 응용(적용)해 이해 가능
• 당대에 사용되는 언어로 표기	• 언어문화에 대한 성찰 • 자신과 동료의 언어 생활에 대한 반성적 사고
• 평면적이고 일차원적인 종이 신문	• 의도하지 않아도 다양한 정보 접촉 가능
• 매일 매일 역사를 기록	• 역사 학습, 특히 근현대사 학습에 유용 • 역사를 보는 안목 형성
• 다양한 쟁점 보도	• 토론의 기회 제공 • 쟁점을 통한 교육과정 통합

(3) 신문의 다양한 활용

종이가 귀했던 시절에는 벽지를 대신하여 신문을 활용하기도 하였고, 교과서가 훼손되지 않도록 책을 싸는 곳에 활용하기도 하였다. 이런 학습 외적인 활용

---

1) 조선일보사, '재미있는 신문 놀이', 2007.

에서부터 요즘에는 신문의 광고를 활용한다든지 기사를 활용하여 학습에 직접 활용하여 교육적인 효과를 크게 보고 있다.

다음의 신문 자료를 활용한 학습방법은 끝 부분에서 활용 사례와 함께 제시할 것이다.

1) 신문기사를 활용한 학습
① 읽은 책의 주제와 관련된 기사 찾기
② 신문기사를 요약하고 자기 주장을 쓰는 신문 일기 쓰기, 쓴 내용을 보지 않고 여러 사람 앞에서 발표하기
③ 기사를 육하원칙으로 분류하기
④ 기사를 요약하기
⑤ 기사를 읽고 원인과 결과 찾기
⑥ 신문기사를 좋은 방향으로 재구성하기
⑦ 신문기사에서 쟁점을 찾아 토론하기

2) 기사와 관련된 사진을 활용한 학습
① 사진을 보고 어떤 내용인지 문장 만들기
② 관련이 없는 2~3개의 사진을 보고 내용이 이어지도록 이야기 꾸미기
③ 인물이나 동물들의 사진의 위에 말주머니를 그리고 이야기 꾸며 넣기

3) 신문의 사설이나 칼럼을 활용한 학습
① 사설과 칼럼을 요약하기
② 주장에 대한 근거 찾기, 근거 보충하기

4) 신문 스크랩
① 주제를 정하여 일정 기간 관련 기사를 스크랩하여 나가기
② 학습에 관련된 여러 기사를 스크랩하여 나가기

5) 독서지도와 관련 활동

'NIE 독서활동의 예'에서 자세히 소개함.

6) 광고를 활용한 학습

① 광고 사진을 보고 떠오르는 생각이나 낱말 적기, 이 낱말들을 이용하여 짧은 글짓기
② 광고 사진을 보고 더 좋은 아이디어 떠올리기
③ 광고 사진을 패러디하여 읽은 책을 광고하기

(4) NIE를 할 때의 유의점

신문기사를 찾고, 찾은 기사나 사진 등을 오리고, 오린 것을 붙이는 과정에서는 시간이 많이 걸린다. 그런데 이렇게 스스로 찾고 오리고 붙이는 과정에서 신문을 읽게 되므로 이해력도 높아지고 창의적인 사고력도 신장된다. 어린이들이 신문 자료를 찾고 오리고하는 속도는 점점 짧아지게 된다. 그러므로 어린이들이 신문 자료를 찾는 데 시간이 많이 걸린다고, 오리는 데 시간이 많이 걸린다고 답답해하지 말고 지도교사들은 기다릴 줄 알아야 한다.

어린이들은 가위를 사용하는 손동작이 예민하지 못하기 때문에 자료를 찾아 오릴 때 바르게 오리지 못하는 경우가 많다. 가위를 사용하여 신문을 오리는 경험을 많이 하면 잘 오릴 수 있겠지만 그러기 전에 지도교사가 신문을 어떻게 오리는지 시범을 보여 주며 지도하여야 한다.

신문을 가지고 공부를 할 때 특히 잘 지도해야 하는 한 가지는 정리를 하게 하는 일이다. 오리고 남은 신문이 널려 있으면 보기에도 좋지 않을 뿐만 아니라 정리정돈을 하는 바른 생활 습관과도 거리가 멀게 된다. 그래서 남은 신문은 잘 접어서 정리하고 주변을 잘 청소하게 하여야 한다. 남은 신문 자료들은 다음에도 쓸 수 있으므로 정리해 두면 좋다.

(5) NIE와 독서의 만남 효과

1) 현실감 있는 접근

도서들 가운데에는 현실적인 문제점을 다룬 책들이 많이 있다. 인종을 차별해서는 안 된다는 주제를 가진 도서이거나 급우를 따돌리지 말자는 주제를 가진 책들은 동화나 소설 등의 형식으로 구성된다. 책을 읽어 나가다 보면 주제를 알게 되고 주제가 요구하는 쪽으로 아이들의 마음을 변화시킨다. 예를 들면『썩은 모자와 까만 원숭이』를 읽고 나면 '피부색이 다르다고 차별하면 안 되겠다, 코시안들과 잘 어울려 지내야겠다' 등의 결심을 하게 된다. 책을 읽으면 그런 마음을 갖게 되는데, 여기에 더하여 신문기사에서 우리나라의 코시안이 몇 명이고 그들이 겪는 어려움은 어떤 것들이 있는가를 알려주는 기사를 읽는다면, 책을 읽고 느낀 것에 더하여 현실적으로 코시안들의 어려움을 확실하게 알게 되므로 그들과 잘 어울려 지내야겠다는 각오를 한층 더 다지게 된다. 또한 코시안들이 어느 지역에 어느 정도 살고 있는지 등의 통계 자료를 읽게 되면 글을 쓸 때에도 구체적인 근거를 제시할 수도 있게 된다.

따돌림 문제, 환경 오염 문제, 배려에 관한 문제, 지역 이기주의에 관한 문제 등의 사회 현상에 관한 도서들을 읽을 때 신문 자료를 활용하면 현실적인 문제점과 해결 방안 등을 알게 되므로 독서 효과를 훨씬 높일 수 있다. 환경에 관한 도서를 읽으며 태안반도의 엄청난 오염 사고에 관한 신문기사를 계속 스크랩하여 갔다면, 오염의 실태, 문제점, 해결하여 나가는 과정, 결과 등을 자세히 알게 되어 독서와 더불어 현실적으로 환경 오염의 심각성을 깊이 깨닫게 될 것이다.

이처럼 독서와 더불어 신문 자료를 활용하면 독서에서 다루는 문제점에 대한 인식을 현실적으로 느끼게 되어 독서 효과를 배가시키기 된다.

2) 통합적인 사고력 신장

어떤 문제를 해결할 때는 '이해―사고―표현'의 과정을 거친다. 책을 읽어야 하는 이유를 알고 있는 것은 이해에 해당하고, 어떤 책을 선정하여 어떻게 읽을 것인가를 정하는 것은 사고에 해당하며, 정한 책을 읽는 것은 표현에 해당한다. 이때 '어떤 책을 어떻게 읽을 것인가'를 잘 고민하여야 한다. 사고하여 선정한 도서를 읽는 과정이나, 독서를 한 후에 관련 있는 신문 자료를 함께 읽고 토론하거나 논술을 하게 되면 '독서＋신문'의 내용을 함께 학습하기 때문에 통합적인 학습이 된다. 신문에는 기사와 더불어 통계 자료 등이 함께 제시되기 때문에 그런 것들을 살펴보면서 통합적인 학습이 되고, 통합적인 사고력이 신장되는 것이다.

3) NIE 독후 활동지의 좋은 점

독서를 하며 파악한 주제와 연관된 자료나 근거를 신문 자료를 통하여 알게 되므로 아이들의 통합적인 사고력을 신장시켜 줄 수 있다. 신문에는 최신의 기사가 나오므로 가장 현실적인 문제를 다루고 있다. 또한 문제점만 제시하는 것이 아니라 문제점의 해결 방안도 제시되는 경우도 있다. 그리고 신문 자료로 학습을 하면 현실적인 문제를 다루기 때문에 아이들은 매우 재미있어 한다. 그래서 독후 활동지에 신문 자료를 더하면 독서지도 효과가 배가 되는 것이다.

NIE 독후 활동지를 만들 때에는 미리 아이들에게 독서하고 있는 내용과 관련된 기사를 찾아보게 하는 방법이 좋다. 읽고 있는 책의 내용을 자세히 파악하게 되고 신문의 기사도 스스로 찾으며 읽게 되기 때문이다. 그리고 관련 기사를 찾았을 때의 만족감도 아이들에게는 커다란 동기 부여가 될 수 있다.

(6) NIE 독서지도의 중요성

세상의 변화 속도는 무척 빠르다. 빠른 변화 속도 만큼 많은 문제점들이 생겨나기도 하고 해결되기도 하며 사회는 변화되어 나간다. 많은 도서들은 우리 사회에서 일어나는 문제점들을 간파하여 우리에게 문제점을 바르게 인식하게 한다. 그런데 이런 문제점들은 시일이 지나면서 다른 문제로 변하기도 하고 문제점이 없어지기도 한다. 이런 현실의 문제점들을 가장 빨리 우리에게 알려주는 종이 매체는 신문이다. 그러므로 고전을 제외한 일반적인 사회 문제를 다룬 도서들은 신문에 비하여 현실 생활과의 밀접한 관계가 덜하다. 이렇게 변화가 빠른 시대에 잘 적응하는 사람이 되게 하려면 다양한 방면으로 사고를 할 수 있는 통합적인 사고를 하도록 키워야 한다. 바로 이런 사고를 하도록 하는 교육 방법 중 하나가 NIE 독서지도이다.

　최근에 나온 도서라도 뉴스나 새로운 정보 등의 면에서는 신문을 따라가기 힘들다. 미래학자들이 쓴 도서를 읽으며 신문에 나는 새로운 정보나 발명품들을 보면 미래의 변화를 실감나게 그려볼 수 있다. 사회의 문제점을 다룬 도서를 읽으며 신문에 나는 관련 기사를 읽으면 문제점이 피부에 닿게 된다. 신문에는 그런 문제점을 해결하는 방법도 제시되기 때문에 문제 해결력도 길러지게 된다. 그래서 독서와 NIE를 병행하여 지도하면 학습 지도 효과가 커지는 것이다.

Ⅱ　신문을 활용한 독서지도

1. 신문을 활용한 독서지도

　신문을 활용한 독서지도의 순서는 크게 '독서—독후 활동 점검—신문 자료를 활용한 토론—논술'로 이어진다. 앞서 설명한 것처럼 독서하는 도중에 읽고 있는 도서와 관련된 기사를 찾게 하는 방법이 있으며, 지도교사가 신문에서 관련 기사를 제시하여 토론을 하고 논술로 이어지게 할 수 있다.

(1) NIE 독후 활동 학습지 제작

1) NIE 독후 활동 학습지 제작의 필요성
　하루에도 대단히 많은 종류의 도서들이 쏟아져 나온다. 지도 대상자인 아이들에게 알맞은 신간 도서들을 선택하여 읽게 하는 지도교사는 경쟁력에서 앞서게 된다. 신간 도서들은 바로 그 시대가 요구하는 문제점을 다루거나 그 시대에 필요한 내용들을 담고 있기 때문에 아이들도 빨리 받아들이게 된다. 그러므로 신간 도서를 읽게 하고 독후 활동을 하려면 지도교사가 만들어 사용할 수밖에 없다. 여기에 신문 자료를 함께 투입하면 어린이들은 문제점이나 독서한 내용에 대하여 현실적으로 받아들이게 되므로 독서지도 효과가 커지게 된다.

독후 활동지를 만드는 데는 시간과 노력이 필요하다. 그런데 그런 노력과 시간을 투자 해야만 경쟁력이 있는 것이다. 처음에는 독후 활동지를 만드는 데 오래 걸리더라도 몇 번 만들다 보면 독후 활동지를 만드는 시간은 점점 줄어든다. 아울러 독후 활동지를 만드는 재미도 느끼게 된다.

2) 독후 활동 점검하기

독서를 한 후에는 어린이들이 책을 잘 읽어 왔는지를 알아보기 위해 독후 활동지를 만들어 테스트를 하게 된다. 이때 독서를 얼마나 잘 했는지를 알아보기 위해 문제를 낼 때 주의할 점이 있다. 책을 잘 읽었는지 만을 파악하기 위하여 문제를 낸다면 책의 내용 중에서만 내게 된다. 이런 문제를 주로 하면 아이들의 이해력만 테스트하는 것일 뿐이다. 즉, 책의 내용만 이해를 잘 하였는지를 판단하는 것이다. 그래서 문제를 낼 때에는 아이들이 이해를 얼마나 잘 하였는지를 묻는 문제와 사고력을 신장시켜 줄 수 있는 문제를 함께 내야 한다.

① 처음 도입 문제

아이들을 수업으로 집중시키기 위한 동기 유발 자료로 매우 중요하다. 책의 표지 삽화나 그림을 활용한다든지 책의 내용과 관련지어 흥미를 유발할 수 있는 내용이면 좋다.

② 중간 문제

책을 읽고 이해를 잘 하였는지를 알아보는 문제이다. 별다른 사고 활동 없이 책의 내용을 이해하며 쓸 수 있는 문제를 출제한다. 그러나 이런 문제를 여러 개 내면 좋지 않다. 아이들의 암기력을 테스트하는 문제는 사고력을 신장시키지 못하기 때문이다.

책의 내용과 연관지어 사고력을 신장 시킬 수 있는 문제를 주로 출제한다. 등장인물의 말이나 행동을 통하여 인물의 성격을 알아보는 문제, 사건이 일어난 원인과 결과를 알아보는 문제, 이어질 뒷이야기를 꾸미는 문제, 내가 책 속에 나오는 인물이라면 어떻게 했을 것인가를 묻는 문제를 출제한다. 이런 문제는 교과와 관련지은 학습 활동이다. 그러므로 학교 국어과 교육 과정을 살펴보면 문제를 출제하는 데 용이하다.

③ 토론 학습 문제

책을 읽고 다양한 사고를 할 수 있도록 토론할 수 있는 문제를 구성한다. 토론 학습은 신문기사를 활용하여도 좋다.

④ 신문에서 관련 자료 찾기

신문에서 독서한 내용과 관련 있는 기사를 찾는다. 인터넷에서 검색하여 찾아도 좋으나 어린이들한테 보여 줄 때는 실제의 신문 자료를 활용하는 것이 낫다. 책을 읽게 할 때 책의 주제와 관련 있는 신문기사를 찾게 하는 것도 좋은 방법이다.

독서한 내용과 관련이 있는 내용이 없을 법한데도 아이들은 어떻게든 연관지어 기사를 찾는다. 고학년 정도에 적용하기 알맞은 방법이다.

⑤ 논술 문제 출제하기

독서한 내용과 신문기사를 활용하여 논술 문제를 만든다.

(2) NIE 독서지도에서 주의해야 할 점

① 아이들에게 신문기사를 인터넷에서 받아서 제공하는 것보다는 직접 신문을 가지고 학습해야 효과적이다.

② 아이들이 스스로 찾고 오리고 붙이고 하는 과정을 중요시하여야 한다.

③ 답을 가르쳐 주려고 하지 말고 아이들 스스로 생각을 떠올리게 하여야 한다.

④ 하나의 활동을 한 번으로 끝내지 말고 여러 번 활동을 하게 하여야 한다.

(3) NIE 독서지도

NIE 독서활동을 하려면 우선 가르칠 시간을 계산하여야 한다. 짧은 시간에

너무 많은 양을 가르치려다 보면 아이들의 독서지도 효과가 떨어질 수 있다. 특히 저학년에서는 지도교사가 서두르면 어린이들의 창의적인 사고력을 신장시키기도 어렵고, 어린이들이 불안해 하기 때문에 학습 효과도 적어진다. 일주일에 가르칠 수 있는 시간이 너무 부족하면 독서지도 효과는 당연히 적어진다. 그러므로 적어도 일주일에 3시간 이상 지도하는 것이 좋다.

NIE 독서 활동지는 직접 가르치는 교사가 만드는 것이 가장 좋다. 가르칠 교사가 도서의 내용을 파악한 후 문제를 만들며 고민하여야 아이들을 가르칠 때 교감을 이루기가 쉽기 때문이다. 그리고 독서지도를 할 때에는 고전을 제외한 도서는 가급적 신간을 활용하는 것이 좋다. 신간 도서가 당시의 시류를 잘 반영하기 때문이다.

아래는 저학년용 도서 『똥벼락』(김회경)을 90분씩 2차시를 지도할 학습 지도안의 예이다.

〈표 13.2〉 NIE 독서학습 지도안(1차시)

일시	200 . . .( )	장소		대상	저학년(1,2학년)	지도교사	
도서명	똥벼락		학습 시간		1/2차시(90분)		
학 습 목 표	– 일이 일어난 순서에 맞게 글을 간추릴 수 있다. – 이어질 내용을 상상하여 쓸 수 있다.						

단계(시간)	학습 요소	교수 · 학습 활동	시간	자료 및 유의점
들어가기	○마음 열기	○마음 열기 활동 –책 제목을 통하여 똥에 대한 아이들의 이야기를 듣기 '똥벼락'을 보고 어떤 장면이 떠오르는지 이야기 해 보세요. 똥이 더러운 줄로만 알았는데 옛날에는 거름으로 썼다는 이야기를 해 주기 아무리 하찮은 것도 쓸모가 있다는 내용을 이야기 해 주기	8분	–아이들이 자연스럽게 수업에 빠져들도록 편안하게 아이들에게 다가간다.
열어가기	○학습목표 확인하기	○학습목표 확인하기 – 일이 일어난 순서에 맞게 글을 간추릴 수 있다. –이어질 내용을 상상하여 쓸 수 있다.	2분	–저학년 아이들은 책을 읽어 왔어도 내용을 제대로 파악하지 못하는 경

단계(시간)	학습요소	교수·학습활동	시간	자료 및 유의점
	○함께 책 읽기	○책 읽기 책을 읽어 왔어도 이해를 돕기 위하여 돌아가며 읽히기	30분	우가 있다. 다시 함께 읽으며 내용을 파악하게 한다.
	○독후 활동 상황 점검	○독서를 잘 하였는지를 점검하는 문제를 한 문제씩 풀게 하고 함께 이야기를 하기 함께 이야기하며 자기의 것과 비교해 보게 하기	40분	-이 활동을 할 때 아이들의 생각을 많이 끄집어 내어 주어야 한다.
닫아가기	○NIE 학습	○학습을 미리 끝낸 아이들에게 신문기사에 대한 자기의 의견 쓰기 등을 하게 한다. (신문 일기 쓰기)	10분	-NIE 학습 지나 아이들의 공책 -아이들의 창의력을 이끌어 낼 수 있는 여러 학습지 중에서 택하여 활용한다.

〈표 13.3〉 NIE 독서학습 지도안(2차시)

일시	200 . . .( )	장소		대상	저학년(1,2학년)	지도교사	
도서명	똥벼락		학습시간		2/2차시(90분)		
학 습 목 표	- 이어질 내용을 상상하여 쓸 수 있다. - 신문에서 관련 기사를 찾을 수 있다.						

단계(시간)	학습 요소	교수·학습 활동	시간	자료 및 유의점
들어가기	○마음 열기	○지난 시간에 읽은 책의 내용을 다시 줄여서 이야기해 주기	5분	-아이들이 자연스럽게 수업에 빠져들도록 편안하게 아이들에게 다가간다.
열어가기	○학 습 목표 확인하기	○학습목표 확인하기 -이어질 내용을 상상하여 쓸 수 있다. -신문에서 관련 기사를 찾을 수 있다.	2분	-학습을 서둘지 않아야 한다.
	○토론 및 논술활동	○일이 일어난 원인과 결과를 알아보게 한 다음 이어질 내용을 쓰게 한다. 다 하면 함께 이야기하며 자기 것과 비교하여 보게 한다.	30분	-글씨를 쓸 때에나 문제를 해결하는 과정에서 정성껏 하도록 강조하여 지도 한다. 잘한 내용을 찾아 칭찬을 해 주는 일

〈표 13.3〉 NIE 독서학습 지도안(2차시)

단계(시간)	학습 요소	교수 · 학습 활동	시간	자료 및 유의점
				과 더불어 부족한 부분을 찾아 더 잘 하도록 이끌어 주어야 한다.
	○독서 관련 NIE 학습	○신문을 활용하여 아래의 문제를 해결하게 한다. -오늘 신문에서 돌쇠 아버지처럼 착하고 부지런해서 좋은 일로 실린 기사를 스크랩하여 상을 주고, 김부자처럼 욕심을 부리다 벌을 받게 된 기사를 찾아 스크랩하고 기사의 내용을 간단하게 써 보세요. ○스크랩한 내용을 발표하게 한다.	40분	-신문에 관련 기사가 난 것을 미리 준비해 둔다. (교사: NIE학습지 아동: 가위, 풀)
닫아 가기	○NIE 학습	○학습을 미리 끝낸 아이들에게 신문기사에 대한 자기의 의견 쓰기를 하게 한다. (신문 일기 쓰기 등)	13분	-NIE 학습지나 아이들의 공책

1) 저학년용 NIE 독서 활동지의 예

도서명 :『똥벼락』(김회경)

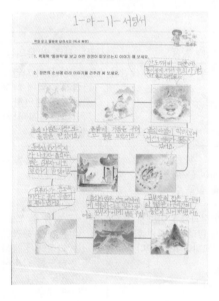
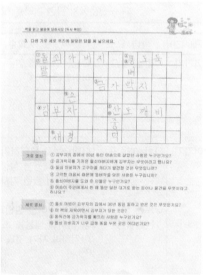

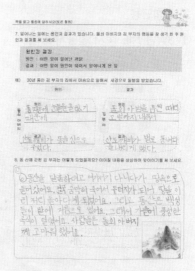

2) 중학년용

① 3학년 NIE 독서 활동지의 예

도서명 : 『10원으로 배우는 경제 이야기』(미셸 르뒤크)

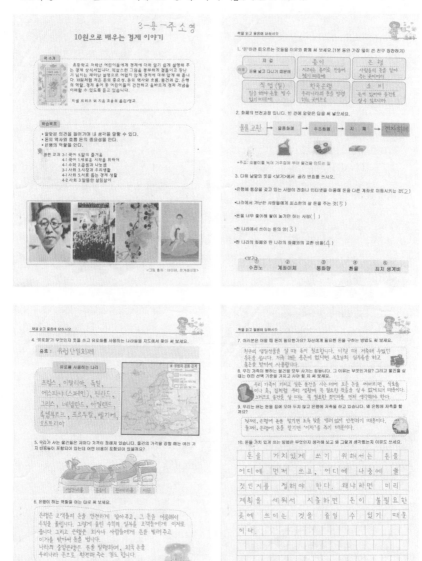

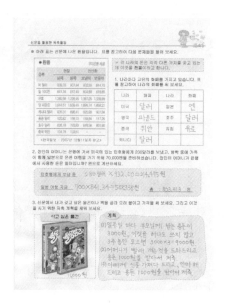

② 4학년 NIE 독서 활동지의 예

도서명 : 『썩은 모자와 까만 원숭이』(카린 호크)

〈독서 활동지 생략〉

3) 고학년용

① 5학년 NIE 독서 활동지의 예

도서명 : 『마당을 나온 암탉』(황선미)

〈독서 활동지 생략〉

② 6학년 NIE 독서 활동지의 예

도서명 : 『양파의 왕따 일기』(문선이)

『양파의 왕따일기』는 3학년 정도의 아이들부터 읽을 수 있는 쉽게 쓰인 책이다. 그렇지만 '따돌림' 문제는 고학년으로 갈수록 심각하며 논술 문제로도 알맞아 6학년 지도 교재로 사용하였다. 신문기사와 더불어 토론 자료로도 알맞은 도서이다. 〈독서 활동지 생략〉

Ⅲ NIE 독후 활동지, 신문 독서

1. NIE 독후 활동지

독후 활동지를 만드는 데 신문 자료를 활용하기도 하지만 독서 후 신문 자료를 활용하여 아이들이 스스로 활동하게도 할 수 있다. 이런 활동은 일제 학습으로도 좋으며 수업을 일찍 끝낸 아이들에게 시킬 수도 있다.

① 읽은 책의 주제와 관련 있는 기사 찾기
② 기사로 바꾸기
③ 5대 뉴스 정하기
④ 이야기가 줄었어요
⑤ 나도 기자, 인터뷰 기사 쓰기
⑥ 인상 깊은 장면과 설명
⑦ 등장인물의 표정 읽기
⑧ 나도 만화가
   ―4컷 만화로 표현하기, 시사만화로 표현하기
⑨ 이 책을 읽어 보세요
⑩ 내가 만든 공익광고
⑪ 제목만 봐도 알아요
⑫ 선물을 주고 싶어요
⑬ 나라에 대해 알아 보아요
⑭ 책 만들기
   ―국제면에서 나라 찾기, 역사 여행
⑮ 등장인물과 닮은 꼴 찾기

2. 신문 독서

신문 독서에서 '독서'의 뜻은 '글을 읽는다'로 신문 독서는 '신문 읽기'라고 이해하면 된다. 신문 읽기에는 신문기사를 요약하고 자기의 주장을 쓰는 신문 일기 쓰기부터 신문의 광고를 활용하는 방법까지 다양하다.

신문 독서 방법은 일제 학습 방법으로 적용하여도 좋고, 시간이 적게 걸리는 자료로는 독후 활동 시간의 자투리 시간이나 학습을 먼저 끝낸 아이들에게 적용하여도 좋다. 신문 읽기의 방법 중에는 문장을 만들거나 창의적인 생각을 떠올리게 하는 등의 유용한 방법이 많이 있다. 아이들은 신문 읽기 활동을 매우 재미있어 한다. 창의적인 생각도 학습을 재미있게 할 때에 더 잘 떠오른다.

다음은 신문 독서 방법의 예이다.

(1) 신문기사를 활용한 학습

① 신문기사를 요약하고 자기 주장을 쓰는 신문 일기 쓰기, 쓴 내용을 보지 않고 여러 사람 앞에서 발표하기
② 기사를 육하원칙으로 분류하기
③ 기사를 요약하기
④ 기사를 읽고 원인과 결과 찾기
⑤ 신문기사에서 쟁점을 찾아 토론하기
⑥ 기사 읽고 제목 뽑기

(2) 기사와 관련된 사진을 활용한 학습

① 사진을 보고 어떤 내용인지 문장 만들기
② 관련이 없는 2~3개의 사진을 보고 내용이 이어지도록 이야기 꾸미기
③ 인물이나 동물들의 사진의 위에 말주머니를 그리고 이야기 꾸며 넣기

(3) 신문의 사설이나 칼럼을 활용한 학습

① 사설과 칼럼을 요약하기
② 주장에 대한 근거 찾기, 근거 보충하기
③ 사실과 의견 구분하기

(4) 신문 스크랩

① 주제를 정하여 일정 기간 관련 기사를 스크랩하여 나가기
② 학습에 관련된 여러 기사를 스크랩하여 나가기(주제통합교과교육)

(5) 광고를 활용한 학습

① 광고 사진을 보고 떠오르는 생각이나 낱말 적기, 이 낱말들을 이용하여 짧은 글짓기
② 광고 사진을 보고 더 좋은 아이디어 떠올리기

NIE[2]

NIE(Newspaper In Education)란, 신문을 교재 또는 보조 교재로 활용해 지적 성장을 도모하고 학습 효과를 높이기 위한 교육을 말한다.

NIE는 우리말로는 '신문활용교육'으로 풀이된다. 1930년대 미국의 대표적 일간지인 뉴욕타임스가 신문을 교실에 배포하며 처음 시작되었다. 이후 청소년의 문자 기피 현상이 심화되고 학교 수업에 신문 활용의 중요성이 부각되자 1958년 미국신문발행인협회(ANPA)가 NIE의 전신인 NIC(Newspaper In the Classroom)를 주도하면서 본격 확산되었다.

1976년 NIC는 NIE로 바뀌는데, 이는 학교뿐 아니라 병원·감옥·기업체 등 다른 기관의 학습 활동에서도 폭넓게 신문을 활용하던 캐나다 일간신문발행인협회의 제안을 미국신문발행인협회가 그대로 받아들여 지금까지 통용하고 있다.

미국에서는 2004년 현재 모두 950여 개 신문사가 NIE를 실시하고, 10만여 개의 학교가 NIE를 실천하고 있다. 또 세계신문협회(WAN)의 조사에 따르면 2002년 말 현재 세계적으로 52개 국이 NIE를 도입했다.

NIE의 목적은 신문에 실린 정보를 활용해 교육 효과를 높임으로써 궁극적으로는 스스로를 책임질 수 있는 교양있는 민주 시민을 양성하는 데 있다. 이를 위해 신문의 기능과 역할, 제작 과정을 개론적 수준에서 이해해 바르고 정확한 정보를 취사 선택하는 방법을 스스로 터득할 수 있도록 하는 학습에도 중점을 둔다. 따라서 NIE가 원활하게 이루어지려면 신문사와 학교 등 교육 주체 사이의 교육적 협력관계가 꼭 필요하다.

신문에는 매일 다양한 분야의 새로운 정보가 실리므로 이를 활용하면 유익하고 실용적인 학습이 가능하다는 게 교육 전문가들의 일반적인 견해이다. 신문이 '살아 있는 교과서'로 불리는 이유도 바로 이 때문이다. NIE는 이러한 신문의 특성을 교육에 반영해 지적 성장을 꾀하고 학습 효과를 높이는 교육 방법을 통틀어 일컫는다.

---

2) 두산대백과사전.

크게 신문의 구성 요소인 기사를 활용하는 방법, 사진을 활용하는 방법, 시사 만화를 활용하는 방법, 광고를 활용하는 방법과 신문의 형식 자체를 활용하는 방법 등이 있다. 학습자의 지적 수준이나 학습목표에 따라 다르지만 여기서 가장 주된 방법은 정보가 가장 많이 들어있는 기사를 활용하는 것이다.

이미 검증된 교육 효과로는 ① 종합적인 사고 및 학습 능력 향상 ② 독해 및 쓰기 능력 향상 ③ 논리성과 비판력 증진 ④ 창의력 증진 ⑤ 문제 해결 및 의사 결정 능력 배양 ⑥ 올바른 인성 함양 ⑦ 민주 시민 의식 고취 ⑧ 공동체에 대한 관심 및 적응 능력 제고 ⑨ 정보 및 자료의 검색 · 분석 · 종합 · 활용 능력 제고 ⑩ 언론 · 출판의 자유에 대한 인식 제고 등을 들 수 있다.

한국에서는 1994년 5월 한국신문편집인협회가 교육부 장관 앞으로 서한을 보내 학교 교육에 NIE를 도입할 것을 건의하면서 본격적으로 논의되기 시작하였다. 같은 해 처음으로 한국언론연구원이 고등학교 교사를 대상으로 NIE 연수를 하면서 주목을 받았고, 1995년에는 중앙일보가 신문사로는 맨먼저 NIE를 도입하고 관련 지면을 발행하였다. 2004년 현재 10여 개 신문사가 직 · 간접적으로 NIE를 실천하거나 추진하고 있다.

(요 약

1. NIE(Newspaper In Education)를 정의하면 '신문을 교재 또는 보조교재로 활용해 지적 성장을 도모하고 학습효과를 높이기 위한 교육' 이다(두산대백과사전). 일반적으로 NIE(Newspaper In Education)는 신문을 교육에 활용한다는 뜻으로 '신문을 활용한 교육' 이며 줄여서 '신문활용교육' 이라고 쓴다. 신문에는 새로운 정보와 뉴스가 많고 교과와 관련된 정보가 많이 실린다. 그런데 교과서에 실린 내용은 신문기사에 비하여 오래된 내용이어서 신문이 '살아 있는 교과서' 라 불린다.

2. NIE는 독서능력을 향상시키고 어휘력과 독해 능력을 향상시키며 통합적인 지식을 가지게 한다. 아울러 통합적인 사고력을 향상시키며 '세계'를 바라보는 시각을 형성하게 한다. NIE의 방법에는 신문기사를 활용한 학습, 신문에 실린 사진을 활용한 학습, 신문의 사설이나 칼럼을 이용한 학습, 광고를 활용한 학습 등 다양하다. 어린이들을 대상으로 NIE를 지도할 때는 필요한 자료를 찾고 오리고 붙이고 하는 시간이 많이 걸리지만 그 과정도 중요하므로 기다려 주어야 한다. 지도교사가 시범을 보이며 지도해야 하며, 남은 신문 및 가위, 풀 등의 도구를 바르게 정리하게 하는 지도도 필요하다.

3. 도서들 가운데에는 현실적인 문제점을 다룬 책들이 많이 있다. 이런 책을 읽어 나가다 보면 주제를 알게 되고 주제가 요구하는 쪽으로 아이들의 마음을 변화시킨다. 여기에 더하여 주제와 관련 있는 신문기사를 읽는다면 책을 읽고 느낀 것에 더하여 현실적으로 느끼게 된다. 신문에서 문제점과 관련된 통계 자료를 읽게 되면 글을 쓸 때에도 구체적인 근거를 제시할 수도 있게 된다. 이처럼 독서와 더불어 신문 자료를 활용하면 독서에서 다루는 문제점에 대한 인식을 현실적으로 느끼게 되어 독서 효과를 배가시키게 된다. 독서를 하는 과정이나, 독서를 한 후에 관련 있는 신문 자료를 함께 읽고 토론하거나 논술을 하게 되면 '독서+신문'의 내용을 함께 학습하기 때문에 자연스럽게 통합적인 학습이 된다. 독서를 하며 파악한 주제와 연관된 자료나 근거를 신문 자료를 통하여 알게 되므로 아이들의 통합적인 사고력을 신장시켜 줄 수 있다. 신문에는 최신의 기사가 나오므로 가장 현실적인 문제를 다루고 있다. 또한 문제점만 제시하는 것이 아니라 문제점의 해결방안도 제시되는 경우도 있다. 그리고 신문 자료로 학습을 하면 현실적인 문제를 다루기 때문에 아이들은 매우 재미있어 한다. 그래서 독후 활동지에 신문 자료를 더하면 독서지도 효과가 커지는 것이다.

4. NIE 독후 활동지를 만들 때에는 미리 아이들에게 독서하고 있는 내용과 관련된 기사를 찾아보게 하는 방법이 좋다. 읽고 있는 책의 내용을 자세히 파악하게 되고 신문의 기사도 스스로 찾으며 읽게 되기 때문이다. 그리고 관련 기사를 찾았을 때의 만족감도 아이들에게는 커다란 동기 부여가 될 수 있다.

5. 많은 도서들은 우리 사회에서 일어나는 문제점들을 간파하여 우리에게 문제점을 바르게 인식하게 한다. 이런 현실의 문제점들을 가장 빨리 우리에게 알려주는 종이 매체는 신문이다. 그러므로 고전을 제외한 일반적인 사회 문제를 다룬 도서들은 신문에 비하여 현실 생활과의 밀접한 관계가 덜하다. 최근에 나온 도서라도 뉴스나 새로운 정보 등의 면에서는 신문을 따라가기 힘들다. 미래학자들이 쓴 도서를 읽으며 신문에 나는 새로운 정보나 발명품들을 보면 미래의 변화를 실감나게 그려볼 수 있다. 사회의 문제점을 다룬 도서를 읽으며 신문에 나는 관련 기사를 읽으면 문제점이 피부에 닿게 된다. 신문에는 그런 문제점을 해결하는 방법도 제시되기 때문에 문제 해결력도 길러지게 된다. 그래서 독서와 NIE를 병행하여 지도하면 학습 지도 효과가 커지는 것이다.

6. 신문을 활용한 독서지도의 순서는 크게 '독서―독후 활동 점검―신문 자료 찾기―토론―논술'로 이어진다. 독서하는 도중에 읽고 있는 도서와 관련된 기사를 찾게 하는 방법이 있으며, 지도교사가 신문에서 관련 기사를 제시하여 토론을 하고 논술로 이어지게 할 수도 있다. 하루에도 대단히 많은 종류의 도서들이 쏟아져 나온다. 지도 대상자인 아이들에게 알맞은 신간 도서들을 선택하여 읽게 하는 지도교사는 경쟁력에서 앞서게 된다. 신간 도서들은 바로 그 시대가 요구하는 문제점을 다루거나 그 시대에 필요한 내용들을 담고 있기 때문에 아이들도 빨리 받아들이게 된다. 그러므로 신간 도서를 읽게 하고 독후 활동을 하려면 지도교사가 독후 활동지를 만들어서 사용할 수밖에 없다. 여기에 신문 자료를 함께 투입하면 어린이들은 문제점이나 독서한 내용에 대하여 현실적으로 받아들이게 되므로 독서지도 효과가 커지게 된다.

7. 독서 활동지를 만드는 데는 시간과 노력이 필요하다. 그런데 그런 노력과 시간을 투자해야만 경쟁력이 있고 지도교사의 부가가치가 커진다. 처음에는 독후 활동지를 만드는 데 오래 걸리더라도 몇 번 만들다 보면 독서 활동지를 만드는 시간은 점점 줄어든다. 아울러 독후 활동지를 만드는 재미도 느끼게 된다.

8. 어린이들이 독서를 한 후에는 책을 잘 읽어 왔는지를 알아보기 위해 독후 활동지를

만들어 테스트를 하게 된다. 이때 독서를 얼마나 잘 했는지를 알아보기 위해 문제를 낼 때 주의할 점이 있다. 책을 잘 읽었는지만을 파악하기 위하여 문제를 낸다면 책의 내용 중에서만 내게 된다. 문제를 낼 때에는 아이들이 이해를 얼마나 잘 하였는지를 묻는 문제와 사고력을 신장시켜 줄 수 있는 문제를 함께 내야 한다.

9. 신문 독서는 '신문 읽기'라고 이해하면 된다. 신문 읽기에는 신문기사를 요약하고 자기의 주장을 쓰는 신문 일기 쓰기부터 신문의 광고를 활용하는 방법까지 다양하다. 신문 독서 방법은 독후 활동 시간의 자투리 시간이나 학습을 먼저 끝낸 아이들에게 적용하면 좋다. 신문 읽기의 방법 중에는 문장을 만들거나 창의적인 생각을 떠올리게 하는 등의 유용한 방법이 많이 있다. 아이들은 신문 읽기 활동을 매우 재미있어 한다.

■ 연구과제 및 해설

1. 어린이들을 위한 신간 도서 중에는 현실 문제점에 관한 내용들을 담고 있는 도서들이 많다. 사회의 문제점을 다루는 기사를 스크랩해 나가며 앞으로 나올 만한 도서를 예측하여 보자.

(해설) 따돌림 문제에 관한 기사가 자주 나오면 그 문제에 관한 도서가 출판된다. 다문화 사회, 결손 가정, 따돌림 등에 관한 신문기사들이 자주 나오면 관련된 도서들이 많이 출판된다. 사회의 문제점에 관한 기사들이 나오게 되면 곧 이어 그와 관련된 도서들이 출판된다. 신문을 읽어 나가면서 어린이와 관련된 사회의 문제점을 다룬 기사를 스크랩하여 나가다 보면 앞으로 나오게 될 도서를 예측할 수 있다. 이런 도서가 나올 것에 대비하여 신문기사를 스크랩하여 나가면 후에 독후 활동 자료로 유용하게 쓸 수 있다.

2. 고전이든 현 사회의 문제점에 관한 도서이든 신문 자료와 관련지어 독후 활동을 지도할
   수 있다. 독서지도를 할 때 신문 자료를 더 효율적으로 활용할 수 있는 방법을 찾아보자.

   (해설) 역사에 관한 도서를 읽게 하고 독후 활동을 하는 방법에는 옛날과 오늘날의 정치
         방법의 차이점을 신문기사 중에서 찾아 비교하게 할 수 있다. 오늘날의 어떤 사
         안에 관한 정당끼리의 주장을 살펴보면서 조선 시대의 당파 싸움을 이해할 수 있
         고, 옛날과 오늘날의 정치의 차이점을 찾아볼 수 있다.
         현실 사회의 문제점에 관한 도서를 선정하여 독서지도를 할 때에 신문기사는 매
         우 유용하게 활용할 수 있다. 신문기사에는 사회의 문제점만 나와 있지 않다. 문
         제점 및 문제점이 생기는 원인, 그리고 그 문제점을 해결하는 방법까지 제시되어
         있기 때문이다.

■ 참고문헌
• 소진권(2006), 『선생님도 엄마도 쉽게 가르치는 초등 논술』, 노벨과 개미.
• 이태종(2004), 『NIE 신문 읽기 세상 읽기』, 대한교과서.
• 최상희(2003), 『NIE 이해와 활용』, 커뮤니케이션북스.

제 **14** 장

통합매체 활용 교육(2)

−비디오, 애니메이션 등의 매체 활용

■ 학습목표

1. 현대 사회에서 매체 읽기의 필요성을 이해하고, 매체 문식성을 위한 기초 능력을 기른다.

2. 영화의 일반적 특성을 이해하고, 영화 보기와 독서의 관련성을 파악한다. '영화 보기'와 '영화 읽기'의 차이점을 이해하여 영화를 능동적으로 읽는다.

3. 애니메이션 및 웹사이트를 이용한 독서지도의 방법 등 통합매체 활용 교육의 원리와 교수법을 학습한다.

■ 주요용어

매체−인쇄매체나 방송매체와 같은 의사소통 수단 또는 그러한 수단이 현실화되는 기술적인 형식, 즉 라디오, 텔레비전, 신문, 책, 사진, 영화, 레코드 등을 가리킨다. 따라서 음성언어나 문자언어뿐만 아니라 그림, 기호, 소리, 영상언어 등이 모두 매체이다.

에듀테인먼트−학습 활동에 흥미라는 요소를 첨가시켜서 학생들의 참여와 흥미를 유발하는 새로운 형태의 교육 education + entertainment = edutainment

영화 문식성−영화 속에 담긴 상징을 살펴 아는 것. 한 편의 영화를 깊이 있게 생각하고, 주체적으로 받아들이는 것을 의미하는 영화 읽기와 글 읽기와의 유사성 때문에 영화에까지 문식성이라는 용어를 확대해 사용한다.

I 독서지도와 매체 활용

1. 매체 환경의 변화와 독서지도

매체란 '어떤 작용을 한쪽에서 다른 쪽으로 전달하는 물체 또는 수단'이라는 사전적 의미를 갖고 있다. 즉, 음성언어나 문자언어뿐만 아니라 그림, 기호, 소리, 영상언어 등이 모두 매체라고 할 수 있다. 통합매체(multimedia)란 다중매체라고도 하며, 컴퓨터를 매개로 영상, 음성, 문자 따위와 같은 다양한 정보매체를 복합적으로 만든 장치나 소프트웨어의 형태이다.

통합매체 활용 교육은 일반적으로 컴퓨터의 제어 하에 여러 유형들의 매체를 포함하는 자료를 개발, 전달하는 방법으로, 대표적인 통합매체로서 멀티미디어, 인터넷, 가상교육 체제를 들 수 있다. '구텐베르크 시대의 종언'이라는 말이 있듯이 활자시대가 끝나고 전자시대의 도래를 예고하고 있다. 마셜 맥루언은 미디어의 이해(1964)에서 이미 "하나의 감각에만 의존하는 배타적 활자매체인 '핫 미디어(hot media)' 시대는 가고, 여러 감각을 활용해 사람들의 참여를 유도하는 포괄적 성격의 전자매체인 '쿨 미디어(cool media)' 시대가 왔다"고 예언한 바 있다. 이러한 상황에서 독서교육에도 통합매체 활용 교육의 필요성이 대두하고 있다.

다음 표에서 보는 바와 같이 TV, 영화, 인터넷 등의 매체가 현대인의 일상생

〈표 14.1〉 우리나라 고등학생의 여가 활용 실태[1]   (단위 : %)

TV 시청	17.3	음악 듣기	6.9	수면 · 휴식	5.0
PC 통신 · 인터넷	16.2	친구들과 놀기	1.9	PC방 가기	2.5
영화 관람	4.7	컴퓨터 게임	10.1	만화책 보기	5.3
책 읽기	5.4				

---

1) 한국출판연구소(2004).

활에서 차지하는 비중이 점점 높아지고 있다. 따라서 21세기의 독자는 정보화 사회에서의 매체 환경 변화를 인식하고 보다 적극적인 독서능력을 길러야 한다.

　　정보화 사회에서 독서방법은 어떻게 변화하고 있는가? '읽기'에서 '보기'로, '정독'보다는 '다독'과 '속독'으로, '느린 진지성'에서 '빠른 경박성'으로 변화하는 것이 그 특징이다. 이는 독서개념의 변화를 가져왔다. 독서의 영역이 종이책에서 영상매체로 확대되면서 다매체 읽기의 필요성이 커지고 있다. 이러한 새로운 독서 환경에서 교육과 오락을 결합한 에듀테인먼트 도입이 요청된다. 에듀테인먼트란 무엇인가?

에듀케이션＋엔터테인먼트＝에듀테인먼트
(education＋entertainment＝ edutainment)

　　에듀테인먼트는 학습 활동에 흥미라는 요소를 첨가시켜서 학생들의 참여와 흥미를 유발하는 새로운 형태의 교육이다. 따라서 독서 코드의 변화에 따라 디지털 미디어 내에서의 에듀테인먼트 콘텐츠의 생산이 필요하며 에듀테인먼트 스토리텔링의 중요성이 커지고 있다.

　　현대 사회에서 다양한 매체가 발달하고, 좀 더 자주 매체에 접하면서 매체에의 의존 비율도 높아지고 있다. 텔레비전, 영화, 인터넷에서 제공하는 다양한 정보와 지식이 인간의 삶의 영역을 확장하고 있다. 이러한 상황에서 독서지도도 보다 적극적으로 종이책의 영역에서 벗어나 문식성의 개념을 확대할 필요가 있다. 독서지도에 있어서도 각 매체의 고유한 특성을 파악하고, 다양한 매체를 이용한 자유로운 의사소통 능력을 길러 줄 수 있어야 한다. 매체의 기술적 사용 능력뿐만 아니라 매체를 통해 전달되는 지식과 정보 및 관련된 문화 현상을 바르게 수용하기 위한 비판 능력을 함양할 수 있는 새로운 독서지도의 방향을 모색해야 한다. 통합매체 활용 교육이 독서지도에 등장하게 된 배경이 여기에 있다.

2. '매체 읽기'란 무엇인가?

(1) '읽기'의 개념과 독서교육의 범주

'매체 읽기'의 본질과 특징이 무엇인가 살펴보기 위해서는 우선 '읽다'라는 동사의 사전적 의미를 생각해 볼 필요가 있다.

• 읽다
  - 글을 보고 그 음대로 소리 내어 말로써 나타내다.
  - 글을 보고 거기에 담긴 뜻을 헤아려 알다.
  - 작가의 작품을 보다.
  - 그림이나 소리가 전하는 내용과 뜻을 헤아려 알다.
  - 사람의 표정이나 행위 따위를 보고 뜻이나 마음을 알아차리다.
  - 컴퓨터의 프로그램이 디스크 따위에 든 정보를 가져와 그 내용을 파악하다.

'읽다'란 말이 이렇게 다양한 의미를 내포하지만 그 핵심은 '겉으로 보이는 현상을 넘어서 속을 이해하고 파악하는 것'이다. 따라서 '읽기'의 대상은 반드시 글과 책이 아니다. 읽기란, '글 이외에도 어떠한 사물이나 대상 속에 담긴 의미를 이해하기 위한 과정'이라고 말할 수 있으며, 매체읽기를 독서 교육의 범주에 포함시킬 수 있는 근거가 여기에 있다.

• '매체 읽기'와 새로운 독서 전략

독서의 개념	언어적 의사소통을 위한 여러 매체가 전달하는 내용을 이해하고 독자 스스로가 의미를 재구성하는 과정
	'빠지면서 읽기'와 '따지면서 읽기'

3. 매체 읽기의 원리

〈표 14.2〉 매체 읽기의 개념과 종류

구분	내용
매체 읽기의 개념	– 책 읽기와 매체 읽기의 공통점과 차이점 비교하기 – 매체 읽기의 특성 파악하기
영화 읽기	– 영화 매체의 특성 이해하기 – 종합 예술로서의 영화 읽는 방법 알기
텔레비전 읽기	– 텔레비전 매체의 특성 이해하기 – 텔레비전에 대한 비판적 이해 능력 신장시키기
인터넷 읽기	– 인터넷 매체의 특성 이해하기 – 웹사이트를 이용한 독서 효과와 활용 방안 알기

(1) 영화 읽기

① 영화는 일종의 서사물이다.
② 영화 속의 기호들은 우리의 개인적 · 사회적 무의식을 드러낸다.
③ 영화는 우리 현실을 반영하고 고발한다.

(2) 텔레비전 읽기

① 텔레비전은 현대 사회에서 대중문화를 선도하는 역할을 한다.
② 텔레비전은 사회적 권력 관계를 반영하고 재생산한다.
③ 텔레비전은 웃음과 쾌락을 주는 오락적 기능을 담당한다.

(3) 인터넷 읽기

① 인터넷 상에서의 다양한 창작 행위를 살펴본다.
② 인터넷 시대 독자의 위상 변화를 이해한다.
③ 사이버 문학, 하이퍼텍스트의 특성을 고찰한다.

Ⅱ 영화 읽기와 독서지도

1. 영화 이해의 기본 지식

매체를 이용한 독서지도에서 가장 많이 사용되는 것이 영화이다. 영화는 현대인의 삶에서 매우 중요한 부분을 차지한다. 영화에서 보여 주는 세계는 책에서 보여주는 것처럼 실제 우리가 사는 세상의 모습과 우리가 상상하는 세계를 담고 있기에 우리가 책을 읽어서 세상을 이해하고 인간을 이해하는 것처럼 영화를 통해서 우리는 삶이 무엇인지를 읽을 수 있다.

영화를 이용한 독서지도는 '영화 읽기' 지도라고 말할 수 있다. 이를 위해서는 영화가 가진 일반적인 특성을 이해시키는 것이 필수적이지만, 지도의 목표가 궁극적으로 학생들에게 '영화란 무엇인가'를 알려주는 것이 아니므로 영화와 독서의 관련성을 파악하는 쪽에 초점을 맞춰야 할 것이다. 그러기 위해서는 먼저 '영화 보기'와 '영화 읽기'의 차이점을 이해하여 영화를 능동적으로 읽은 법과 태도를 배우도록 해 주어야 한다. 아는 만큼 보인다는 말이 있듯이 영화를 읽는 것도 관객의 수준에 따라 다르겠지만 책읽기처럼 영화 읽기 능력도 나이나 학년에 정비례하지 않으며, 지도하기에 따라서 학생들의 능력을 신장시킬 수 있다. 그러나 일차적으로 영화 읽기 지도가 지향해야 할 것은 능력보다는 태도라 할 수 있다. 책을 이해할 수 있는 나이가 되면 영화나 애니메이션 역시 무의식적으로 보는 태도를 버리고, 책을 읽고 그 의미를 파악하듯이 영화를 읽으며, 영화가 전달하려는 메시지를 찾아내서 수용자로서 능동적, 주체적으로 반응할 수 있는 능력을 길러주는 데 지도의 핵심이 있다.

(1) 영화 읽기란?

우리는 흔히 영화를 본다고 말한다. 영화관이나 안방에 편안히 화면에서 펼

처지는 영상을 눈앞에 보이는 대로 받아들인다는 뜻이다. 그러나 한 편의 영화가 의미하는 바를 제대로 파악하려면 영화를 보지 말고 읽어야 한다. '영화 보기'와 '영화 읽기'는 어떻게 다를까. 일반적으로 사람들이 영화를 본다고 할 때는 특별한 생각 없이 자신이 지각한 내용과 이미지를 수동적으로 받아들이는 것을 의미한다. 이에 반해 영화를 읽는다는 것은 관객이 자신의 관점에서 영화의 의미를 이해하고 보다 능동적으로 받아들이는 것이다. 그러기 위해서는 한편의 영화에 대한 분석적 읽기, 해석적 읽기, 비판적 읽기가 필요하다. 즉, 영화 읽기란, 영화 보기와 달리 관객이 영화로부터 일정 거리를 확보하고 영화 속 상황과 현재의 상황을 비교하면서 영화와 대화를 하는 적극적이고 주체적인 영화 감상법이다. 이제는 영화 보기로부터 영화 읽기로 나아가야 한다. 따라서 '어떤' 영화를 보느냐보다는 영화를 '어떻게' 읽느냐 하는 것이 문제가 된다.

영화 읽기의 능력은 다른 말로 '영화 문식성'이라고 말 할 수 있다. '문식성'이란 본래 글을 읽고 이해할 수 있는 능력이다. 현대 사회에서 문식성의 개념은 단순히 문자와 관련된 분야뿐만 아니라 음악이나 미술 등 인간이 만든 모든 장르로 폭넓게 확장되고 있다. 한 편의 영화를 깊이 있게 생각하고 주체적으로 받아들이는 것을 의미하는 영화 읽기와 글읽기가 가진 유사성 때문에 영화에서까지 문식성이라는 용어를 사용하게 되었다. 글을 제대로 이해하려면 필요한 여러 가지 능력이 있듯이 영화 읽기에도 유사한 능력이 요구된다. 영화를 폭넓게 이해하려면 문식성이 필요한 것이다. 영화를 하나의 텍스트로서 읽을 때 영화 속의 거의 모든 것이 문식성의 대상이 된다. 겉으로 드러난 것과 숨겨진 상징까지 하나하나 인식할 수 있을 때 제대로 된 영화 감상이 가능한 것이다.

영화 문식성의 대상이 되는 것들을 생각해 보면 작품의 직접적인 내용 말고도 다양한 것들이 있다. 등장인물의 이름이나 작품의 제목이 상징하는 것은 문식성의 대상이다. 화면 배경이나 배경 음악, 효과음, 카메라의 초점까지도 문식성의 대상이 될 수 있다. 주인공의 말이나 행동 이외에 외모나 복장까지도 문식성의 대상이다.

어린이들에게 인기를 끌었던 애니메이션 〈개구쟁이 스머프〉를 예를 들어 생각해 보자.

    스머프는 흰색 모자에 하얀 바지를 입고 있고, 가가멜은 검은색 긴 옷을 걸치고 있다. 그렇다면 개구쟁이 스머프는 왜 '흰색' 옷을 입었을까, 그리고 가가멜은 왜 '검은색' 옷을 입었을까? 일반적으로 흰색은 선(善)을, 검은색은 악(惡)을 상징한다. 따라서 흰색 옷을 입은 스머프들은 선한 존재이고, 검은색 옷을 입은 가가멜은 악을 상징한다. 이와 같이 인물의 성격을 상징하는 색채의 이미지를 읽어낼 필요가 있는 것이다. 한편 인물들의 용모, 즉 키와 몸매, 두발, 표정도 각각 특정한 의미를 산출하는 장치가 될 수 있다. 키가 작은 스머프는 작품에서 소시민을 대표하고, 키가 큰 가가멜은 권력이나 지배 계층을 의미한다고 해석해 볼 수 있다. 가가멜이 입고 있는 복장도 특정 신분을 암시한다.[2]

(2) 영화 장르의 특성 알기

생각할 문제

1. 동화나 소설을 원작으로 영화화한 작품의 예를 들고 두 작품을 비교해서 감상해 보자.
2. 동화나 소설을 영화화할 때 원작에 충실해야 한다는 쪽과 새롭게 해석하여 새로운 내용으로 만들어도 좋다는 쪽의 생각을 비교해 보자.

---

2) 김봉군 외(2007: 409).

학생들에게 영화 장르의 특성을 알려주기 위해서 같은 이야기를 책으로 표현한 것과 영상으로 표현한 것을 비교해서 그 차이를 살펴보면 영화나 애니메이션의 특성을 파악할 수 있다. 안데르센의 동화 『인어공주』와 월트 디즈니의 영화 〈인어공주〉의 내용을 비교해 보자.

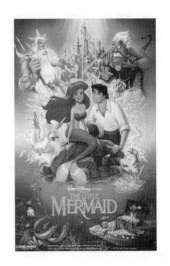

영화의 특성을 이해하기 위해 글과 영화의 표현방식의 차이를 비교하는 활동이 필요하다. 글과 영화를 비교할 때에는 먼저 원작의 내용과 형식이 각색된 영화와 어떤 차이가 있는지 살펴보아야 한다. 물론 이때의 차이는 매체의 차이 때문인지 아니면 원작과 영화가 만들어진 사회 문화적 배경의 차이에서 오는 것인지도 따져볼 필요가 있다. 예를 들면 월트 디즈니의 애니메이션 〈인어공주〉와 원작인 안데르센 동화의 결말의 차이는 '행복한 결말'을 추구하는 디즈니와 미국 문화가 가진 사회·문화적 성격을 고려해서 이해해야지 동화와 영화의 차이로 받아들이면 곤란할 것이다.

따라서 매체에 초점을 맞춰 두 작품을 비교해 본다면 다음과 같다. 첫째, 원작에서 글로 표현된 내용을 애니메이션 동영상으로 처리하였으며, 글에서는 해설을 통해 분위기나 상황을 전달했지만 영화에서는 그것을 모두 그림으로 표현하였다. 둘째, 영화는 이야기 전개를 주로 대화에 의존하고 있으나 글에서는 대화 이외의 설명이 많다. 셋째, 동화의 내용이 비교적 짧은 데 비해 영화에서는 이야기를 새로 만들어 삽입하거나 글과는 다른 등장인물을 만들어 흥미를 높이고 있다.[3]

---

3) 앞의 책(2007: 407).

2. 영화 읽기 지도의 실제(초등)

초등학교 수준의 학생들이 보다 주체적으로 영화를 보고 영화를 읽어내기 위해서는 한 편의 영화가 던지는 질문들을 이해하고, 영화 속과 영화 밖의 사실들과 이야기하고 대화하는 방법을 알려주어야 한다. 등장인물의 행동과 성격뿐만 아니라 영화 속의 장면에서 음악, 이미지까지, 나아가 주제와 메시지를 읽어내는 능력을 초등학생 수준에 맞게 조금씩 조금씩 키워 나간다. 저학년의 경우 주로 애니메이션에서 출발하게 되고, 고학년에 이르면 어른들과 함께 영화를 보기 시작한다. 애니메이션은 다음 장에서 따로 다루기로 하고, 여기서는 우선 위기철의 동명 소설을 영화화한 윤일호 감독의 〈아홉살 인생〉과 대만의 영화 〈로빙화〉를 소개한다.

(1) 영화 〈아홉 살 인생〉

영화 〈아홉 살 인생〉의 원작은 성장소설이다. 성장소설이란 주인공이 자신이 속한 시대의 사회 문화적 환경 속에서 유년시절부터 청년시절에 이르는 동안 자아를 발견하고 정신적으로 성장해 가는 과정을 묘사한 소설이다. 따라서 성장을 다루는 영화로서 〈아홉 살 인생〉은 작가의 어린 시절 경험을 반영하면서 개인적인 성장 과정뿐만 아니라 우리 사회가 겪어온 과거의 삶의 모습을 보여주는 작품이다. 영화를 감상하는 아이들은 작품에 비친 지나간 시절들을 보면서 기성세대가 경험했던 삶을 자연스럽게 접하게 되고, 등장인물들의 생각과 행동을 통해 공감대를 형성할 수 있다. 아이들은 자신들이 살고 있는 시대의 제한된 경험을 넘어서서 다른 시대의 삶을 경험하면서 인간의 삶의 대해 보다 폭넓은 이해를 도모할 수 있다.

아홉 살 소년 여민은 넉넉지 않은 집안 형편에도 불구하고 항상 당당하고 사려 깊은 아이이다. 주먹도 세고 배짱과 의리가 넘쳐 골목대장 '검은 제비'로부터 친구들을 보호하는 한편 눈 다친 어머니를 위해 색안경을 구입하고자 아이스케키 장사까지 해 돈을 모은다. 어느 날, 서울에서 전학 온 장우림과 가깝게 지내며 함께 토끼도 보살피고 숲에도 같이 가지만 사소한 감정 다툼으로 일은 꼬이기만 한다. 우림에게 마음을 고백하는 편지마저 담임선생님 손에 들어가 친구들에게 공개되어 창피를 당하고, 우림만 감싸는 여민 때문에 친구 금복과도 부딪친다. 냇물에 빠진 우림을 구해주면서 가까워진 것도 잠시 우림은 결국 서울로 떠나간다.

영화를 감상하고 난 뒤 아이들에게 가장 기억에 남는 것을 물어보면 역시 주인공을 비롯한 제 또래 아이들의 말과 행동이다. 따라서 먼저 인물에 대해 적어보고 전체적인 이미지를 스케치 해 보는 활동을 통해 영화 읽기를 좀 더 깊이 있게 진행할 수 있다. 다음은 영화 〈아홉 살 인생〉을 감상한 후 인물의 특징을 적어본 것이다. 영화 읽기를 통해 단순히 외적인 특징 외에도 극 중 인물의 대사, 분장, 소품을 관찰하고 인물의 성격까지 짐작해 볼 수 있다. 성격을 짐작할 수 있는 장면들을 적어보도록 하여 사건의 인과 관계, 인물의 내적 특징과 전형성까지 파악하도록 할 수 있다. 두 번째는 작품의 공간적 배경 분석을 통해 작품의 의미를 분석하는 순서이다. 마지막으로 블로그나 온라인 서재를 활용하여 읽기 활동을 정리하는 활동이다.[4]

---

4) 이하의 인물 스케치와 공간 분석은 유보경(2006: 71~73) 참조.

1) 1단계 : 〈아홉 살 인생〉 인물 스케치

	인물1 (여민)	인물2 (우림)	인물3 (금복)
외적특징 (분장, 의상, 소품)	까까머리 검은 피부 허름한 옷차림 구멍 난 운동화 양철 도시락	하얀 피부에 새침한 얼굴 미제 학용품 보온 도시락 공주 같은 옷차림	바가지 모양의 단발 검은 피부 활동성 있는 옷차림
외적특징 (행동, 말)	경상도사투리 고집 센 행동 의리 있는 행동	깍쟁이 같은 서울 말씨 선생님께 공손함	선머슴아 같은 말투 전투적인 태도 여민이를 좋아함
내적특징 (성격, 전형성, 유형)	남자주인공으로서 의리 있 고 남자답다. 효성이 깊다.	나중에 자신의 행동을 고 백하며 착한 아이가 된다. 서울아이의 전형성을 보여 준다. 자존심이 세고 남에게 지 기 싫어한다.	극에 재미를 더해주는 감 초역할이다. 여민이와 우림이 사이에서 삼각관계를 조성한다.
성격을 암시 하고 있는 장면	어머니께 색안경을 사 드 리기 위해 돈을 모으는 장 면에서 효심이 깊음을 알 수 있다. 우림이의 돈을 훔치지 않 았음에도 사실을 고백하지 않는 장면 아이들이 우림이를 놀릴 때에 감싸주는 장면	마지막에 아이들에게 용서 를 구하며 자신의 행동을 뉘우치며 우는 장면 여민에게 어머니의 색안경 을 선물하는 장면 금복이와의 말다툼 장면과 여민과의 밀고 당기는 사 랑싸움	우림이를 몰아세우며 미제 학용품이 아니며, 우림이 는 미국에서 살다오지 않 았음을 폭로하는 장면 여민과 어울려 전쟁놀이를 즐기는 장면

2) 2단계 : 영화 〈아홉 살 인생〉의 공간적 배경 읽기

① 영화 속 등장인물들이 평소 생활하는 곳은 어디이며, 그 공간이 담고 있는 의미는 무엇이라고 생각하는가?

- 〈아홉 살 인생〉에서 우림과 여민을 비롯한 아이들은 학교를 배경으로 활동한다. 1960년대의 궁핍한 현실과 국민 학교를 다니던 시절의 아이들의 모습이 공간적 배경에 잘 드러난다. 특히 우림이와 친구들은 주로 학교 교실에서 만나서 사건을 벌인다. 우림이가 여민과 다툼을 벌이고 토끼장을 구경하는 것도 학교이며, 미제 학용품을 자랑하며 금복과 시샘어린

싸움을 하는 곳도 학교 교실이다. 교실이라는 공간은 아이들이 집 다음으로 가장 친숙한 공간이다.

한편 학교는 아이들에게 어른들의 질서와 규율을 가르치는 곳으로, 이곳에선 선생님에게 무조건 복종해야 하고, 선생님은 문제가 생기면 아이들의 말을 믿어주지 않고 폭력을 사용하기까지 한다. 또한 학교는 공부만 배우는 곳이 아니라 아이들끼리의 어른들처럼 힘겨루기를 하며 자신들의 위계질서를 잡는 곳이다. 반면 여민이가 골목대장 노릇을 하는 동네 골목에서는 아이들이 여민을 중심으로 자유롭게 놀이를 하고, 어른들도 따스하게 아이들을 감싸고 있다. 따라서 작가의 눈에 비친 과거의 학교는 추억의 장소이면서도 비판적으로 드러나며, 영화를 감상한 학생들은 과거의 학교와 현재의 학교를 비교해 보면서 자신들의 교실 체험을 나눌 수 있다.

② 영화 속에서 특별한 장소가 있다면 그곳은 어디이며, 그 공간이 담고 있는 의미는 무엇이라고 생각하는가?

－영화 속 특별한 공간은 학교 뒤뜰의 토끼장 앞이다. 우림과 여민이 유일하게 다투지 않고 친해진 장소가 토끼장 앞이다. 여민은 토끼장을 관리하는 열쇠를 우림과 공유하며 우림을 특별한 존재로 여긴다. 우림도 우산을 받쳐주며 여민에게 좋은 감정을 느끼는 장소이다.

하지만 토끼장은 우림이가 돈을 분실했다고 교실에 소동이 벌어졌을 때 여민이 엄마의 선글라스를 사기 위해 모아둔 돈을 감춘 장소이기도 하다. 이 사건으로 여민은 오해를 사게 되고 나중에 오해는 풀어지지만 여민과 우림은 서먹서먹한 사이가 된다. 이렇듯 토끼장은 여민과 우림이 마음이 통하게 되는 공간이다.

3) 3단계 : 웹을 활용한 영화 읽기 활동 － 나의 서재 만들기

'나의 서재 만들기'는 자신이 공감하는 대사, 상황 등을 사진이나 영상, 효과적인 어구 등을 활용하여 온라인 서재의 한 페이지로 꾸며 볼 수 있다. 이는 개인

블로그(blog)의 게시판이나 온라인 서재를 제공하는 사이트를 활용하여 독서의 흔적을 남기도록 유도 할 수 있다. 한 편의 영화를 감상하고 이를 내면화하는 것을 지루하지 않게 가볍게 수행할 수 있도록 유도해 주는 활동이다. 컴퓨터 활용 능력이 뛰어나고 인터넷 이용률이 높은 요즘 아이들에게 적합한 활동이다.

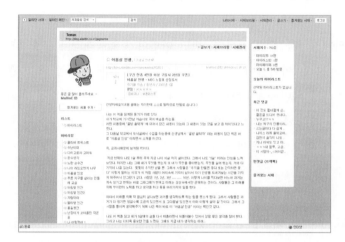

인터넷 서점이 제공하는 온라인 서재

4) 더 참고할 자료 : 『나 어릴 적에』

위기철 원작을 만화로 각색한 이희재의 만화 『나 어릴 적에』는 원작과 영화 그리고 만화의 상호 텍스트성 파악을 위해 참고해 볼 만한 작품이다.

관련 자료 | 『나 어릴 적에』 이희재 만화/위기철 글

1960년대 후반의 척박했던 시절. 서울 시내가 한눈에 내려다 보이는 달동네에 새로운 가족이 이사를 온다. 달동네에서도 맨 꼭대기에 자리를 잡은 여민이라는 꼬마 아이는 정직한 아버지와 자상한 어머니, 그리고 여러 사연을 안고 사는 이웃들과 살아가면서 조금씩 인생의 의

미를 알아간다. 꼬질꼬질 때문은 이 아홉살 꼬마의 인생을 통해 달동네 사람들의 일상을 보여 주는 만화는 이희재의 『나 어릴 적에』이다. MBC 〈느낌표!〉를 통해 소개된 위기철의 『아홉살 인생』을 만화로 옮긴 『나 어릴 적에』가 새 단장을 하고 새로운 독자들을 만난다. 부모 없이 누나와 둘이 힘들게 사는 기종이, 20년째 아들이 돌아오기를 기다리며 혼자 사는 이웃집 할머니, 짝사랑에 괴로워하는 고시생 등을 여민의 눈을 통해 투명하게 그려낸 이 만화는 이희재 작가 특유의 따뜻하고 소박한 그림체와 연출을 통해 원작의 감동을 더욱 진하게 담아내고 있다. 어린이들뿐만 아니라 어린 시절의 투명한 마음과 아련한 추억의 세계로 되돌아가고자 하는 어른들에게도 가슴을 덥혀 줄 만화 『나 어릴 적에』. 이희재 작가는 이 만화가 독자들에게 옛 시절을 한 번쯤 뒤돌아보면서, 순진했던 시절을 사랑할 수 있는 기회를 줄 수 있었으면 한다고 전했다.

(2) 영화 〈로빙화〉

천재소년 화가의 짧은 생애를 초여름에 잠시 피었다 지는 로빙화라는 꽃을 통해 상징적으로 표현한 아름답고 슬픈 영화이다. 대만에서 만들어진 영화 〈로빙화〉는 죽은 다음에 뒤늦게 천재성을 인정받아야만 했던 시골 소년 고아명의 삶과 그림을 서정적으로 표현하였다.

태양을 파랗게 그리고 하늘개가 달을 집어 삼키는 그림을 그리는 시골 학교의 가난한 소년 고아명은 미술반 곽 선생님에게 재능을 인정받지만 끝내 어른들의 편견과 권력 앞에 자신의 꿈을 미처 펼치지도 못하고 안타까운 죽음을 맞는다.

1) 영화 소개

이 영화는 작가 중자오정(鍾肇政)이 1960년 발표한 같은 제목의 원작 소설을 영화화한 작품이다. 중자오정은 대만 출신 작가로서 고향의 초등학교 교사로 보낸 경험을 토대로 한 『로빙화』는 그의 첫 장편소설이다.

양립국 감독의 1989년 작품 〈로빙화〉는 20세기 후반 대만을 배경으로 하여 가난한 시골 소년의 순수한 꿈과 좌절을 통해 빈부의 격차와 교육 문제, 그리고 독재정치에 대한 풍자를 담고 있는 영화이다. 그 당시 대만은 장재석의 독재 정치로 인해 개인의 창의력이 말살되고, 국가에 의한 획일적인 민족 · 문화 창달이라는 국정 지표를 내세웠던 시대였다. 이 영화에는 이러한 대만의 모습이 아름다운 풍경과 감동적인 이야기 안에서 간접적으로 풍자된다.

미술 선생님이 어린이 미술반을 지도하는데 향장 아들이 열심히 색칠을 하고 있을 때, "멀리 있는 국기는 자세하게 그릴 필요 없어. 빨갛게 칠해도 국기인 줄 알아"라고 하자, 다른 선생님이 "그건 잘못된 말이에요, 공산당 기도 빨간색이에요"라고 하는 부분, 선생님들이 미술 대표를 뽑을 때 "지금 바야흐로 민주의 시대 잖아요. 다수결로 대표를 뽑읍시다"라고 하면서 교무 회의에서 느낄 수 있는 어설픈 대만 민주주의에 대하여 풍자하는 부분, 어느 날 학교에 날품팔이 장수가 가전제품을 가지고 와서 팔 때 "이 라디오는 성능이 좋아서 공산당 방송도 잘 들려요"라고 귓속말하는 부분, 그리고 향장 선거를 앞두고 벌어지는 몇 가지 해프닝은 이 영화의 무게를 느끼게 해 준다.

2) 토론할 문제들

① 영화 제목에도 나오는 '로빙화'가 상징하는 것은 무엇일까?

영화가 시작되면 화면 가득 차밭과 노란 꽃이 보인다. 그리고 귀여운 여자아이의 목소리가 나온다. "여러분이 보시는 꽃이 바로 로빙화! 한때 잠깐 피었다가 시들어버리죠. 농부들이 차나무 밑에 두면 거름이 되어서 차나무를 잘 자라게 만들죠. 죽어서도 좋은 향기를 전해 주는 꽃이에요."

로빙화 밭을 키우고 있는 아명의 가족은 엄마가 없고 가난하지만 성실히 사는 가족이다. 주인공 아명은 개구쟁이고 공부는 뒷전이고 매일 사고만 치지만 아주 천진난만하고 그림 그리기를 좋아하는 시골 소년이다. 아명의 소원은 강 건너 보이는, 아침이면 물안개가 피어올라 하얗게 빛나고 황혼녘이면 노을에 물들어

주홍빛으로 변하는 앞산의 풍경을 여러 색깔로 담아보는 것이다. 하지만 그저 바라볼 뿐 아명은 종이와 크레파스를 살 돈이 없어 그려볼 엄두를 내지 못한다. 그의 누나 아매는 어린 나이에도 먼저 돌아가신 엄마 대신 살림을 도맡아 하고 어린 동생을 돌보며 아버지의 일을 돕고 열심히 공부하는 소녀이다. 그리고 아버지는 완고하고 엄하신 분이지만 마음만은 따뜻한 가장이다. 세 가족은 로빙화 밭을 일궈 가며 생계를 유지한다.

영화 제목이기도 한 '로빙화'는 아름다운 노란꽃으로 꽃 피는 기간이 짧아 잠깐 피었다가 곧 시들어 지는 꽃이다. 대만에서는 농부들이 차나무 밑에 두면 거름이 되어 차나무를 잘 자라게 해주는 꽃, 그래서 죽어서도 좋은 향기를 선물하는 꽃의 이름이다. 로빙화의 짧은 생애는 주인공 아명의 슬픈 일생으로 그것은 다시 그 꽃을 시들게 만든 어른들의 무지와 이기심, 시대의 어둠으로 연결된다.

② 고아명의 그림이 임지홍의 그림과 가진 차이는 무엇인가?

고아명의 그림이나 임지홍의 그림이나 모두 훌륭하다. 임지홍은 학교에서 배운 대로 사물을 사실적으로 그리는 것이 중요하다고 생각한다. 반면, 고아명은 상상력을 동원해서 자신이 그리고 싶은 대로 마음과 생각을 표현한다. 흔히 임지호의 그림이 사실적이라고 생각하지만 사실은 하늘은 하늘색으로 태양은 빨간색으로 그려야 된다고 배운 대로 그리는 그림이라면, 실제로 보이는 대로 그리는 것은 오히려 고아명의 그림일 수도 있다. 고아명은 인상파의 그림처럼 그때그때 자신에게 보이는 느낌 그대로를 표현한 그림이다. 미술부 곽선생님은 아명의 그림을 보고 묻는다. "왜 태양이 파란 색이지?"라고 묻는다. 아명은 "그래야 아버지가 쓰러지지 않아요!"라고 대답한다. 아명은 태양은 반드시 빨간색으로 그려야 한다는 틀에 박힌 생각을 버리고 차밭에서 차를 잡다가 햇빛 때문에 쓰러져버린 아버지를 위하는 간절한 마음으로 태양의 색깔을 파란색으로 바꾼 것이다. 차벌레를 크게 그린 그림, 달을 먹는 개, 팔려 가는 개, 빨간 개 등은 아명의 상상력과 소망을 표현한 그림이다. 그러나 그런 그림의 가치를 인정하여 아명을 천재성을 알아본 사람은 곽 선생님뿐이다.

여러분 자신이 그림에서 더 중요하다고 생각하는 것은 어떤 점인가? 여러분이 정성껏 그린 그림에 대해서 어른들의 평가는 어떠했는가? 칭찬을 들었을 때도 있겠지만 이렇게 그리면 안 된다고 지적을 받아서 속상했던 기억은 없는가? 자신이 정말로 그리고 싶은 그림은 어떤 것인가? 아이들에게 질문을 던지고 그들의 말과 생각에 귀 기울여 보자.

③ 이 영화에 나오는 학교의 모습에는 어떤 문제점이 있다고 생각하는가?

〈로빙화〉는 일종의 교육 영화로서 학생들의 재능을 살려주지 못하는 교육 현실, 돈과 권력에 무릎 꿇은 학교 교육 등의 문제점을 비판하고 있다. 그리고 곽선 생님을 통해 틀에 박힌 주입식 교육에서 벗어나 자유로운 사고와 상상력을 추구하는 교사의 역할을 제시하고 있다.

영화를 본 후 토론을 통해 학생들이 생각하는 우리 학교의 모습과 문제점들을 영화와 비교하게 한다. 학생들이 자신의 느낌과 생각을 솔직하게 표현하도록 하고, 특히 학생들이 원하는 학교의 모습을 이야기해 보도록 한다. 만일 우리 주변에 고아명과 같은 천재가 있다면 그의 재능을 어떻게 살려줄 수 있을 지 생각해 본다. 그리고 자신을 가르쳐 준 선생님 중에 영화 속 곽 선생님처럼 훌륭한 분은 어떤 분이 계신지 찾아보고, 그분이 학생들을 대하는 태도에서 본받을 점이 무엇인지, 자신이 선생님이라면 곽 선생님과 같은 상황에서 어떻게 행동하겠는지 상상해 본다. 좀 더 상급생이라면 선생님과 학생들의 관계는 어떠해야 하는지 선생님으로부터 학과 공부 이외에도 어떤 것을 배울 수 있는지 경험을 토대로 각자의 생각을 나누도록 한다.

이러한 토론은 학생들에게 수동적인 교육 대상으로서만이 아니라 학교 교실이라는 자신의 환경에서 스스로 주체로서 사고하고 행동하는 능력을 훈련시키며 학생들을 성장시키는 데 도움을 주리라 기대된다. 학교라는 사회의 축소판으로서 특히 학교와 사회의 모순을 드러낸 비판적 교육영화 중에서도 학생들을 아끼고 그들의 미래를 믿고 신뢰하는 교사상이 등장한다. 〈죽은 시인의 사회〉의 키팅 선생이 그 대표적인 예이다. 시드니 포이티어 주연의 〈언제나 마음은 태양〉에서 시작하여 고등학교 음악교사 홀랜드의 일대기를 그린 〈홀랜드 오퍼스〉에 이르기까지 서구 영화에 이러한 긍정적인 교사상이 종종 등장하며, 〈로빙화〉 외에도 〈책상 서랍 속의 동화〉 같은 중국영화나 〈꽃 피는 봄이 오면〉 같은 우리 영화도 참고할 수 있다. 비판적 교육 드라마에는 〈볼륨을 높여라〉, 〈키즈 리턴〉, 〈핑크플로이드의 벽〉, 〈우리들의 일그러진 영웅〉, 〈우상의 눈물〉 등이 있는데 특히 〈우리들의 일그러진 영웅〉 역시 학생들의 영화 토론의 단골 주제가 되고 있다.[5]

(3) 영화 읽기 지도의 실제(중등) - 〈내 마음의 풍금〉

소설가 하근찬 원작의 단편소설 「여제자」를 각색한 이영재 감독의 〈내 마음의 풍금〉은 중학생 수준의 학생들을 대상으로 사춘기의 내면심리를 이해하고 표현하는 데 도움이 되는 영화이다. 영화를 감상한 학생들과 질문과 토론을 통하여 영화 읽기를 시도해 본다.

1) 영화 줄거리

강원도 산골 마을 산리의 열일곱 늦깎이 초등학생 윤홍연(전도연). 어느 날 그녀 앞에 사범학교를 졸업하고 이 학교에 처음 부임해 온 스물한 살 총각 선생님 강수하(이병헌)이 등장한다. 피할 수 없는 첫사랑에 빠져버린 홍연,

그러나 홍연의 마음도 몰라주고 강 선생님은 같은 날 부임한 아름다운 여교사 양은희 선생님(이미연)을 좋아할 뿐이다. 강 선생님은 LP 레코드판과 풍금으로 양선생님의 마음을 얻고자 하나 끝내 뜻을 이루지 못하고 헤어진다. 한편 강 선생님은 홍연이 자기를 좋아하는 것을 눈치 채고 있었지만, 양 선생님과의 사랑을 아쉬워 할 뿐 홍연을 제자 이상으로 생각지 않는다. 어느덧 1년이 흐르고, 강 선생님은 시골을 떠나고 홍연과 헤어진다.

---

5) 교육 드라마를 통한 영화 활용 교육의 실제 사례는 『여간내기 영화교실 2』(김동훈, 2003, 컬처라인)에서 비교적 자세하게 다루고 있다. 이 책에서는 〈볼륨을 높여라〉, 〈우리들의 일그러진 영웅〉에 대한 대학생 토론을 소개하고 있는데, 초·중등 독서지도에 비해 다소 수준이 높지만 교사용으로 참고할 만하다.

2) 토론할 문제들

① 많은 학생들 중에서 홍연이와 강 선생님이 가까워질 수 있었던 소재와 이유는 무엇일까요?

- 강 선생님은 반 아이들의 국어 실력 향상을 위해 매일 일기를 쓰게 했다. 그리고 일기를 걷어 검사를 하고 다시 돌려주었다. 홍연이에게 있어 일기장은 수줍어서 다가가기 어려운 자신의 마음을 전달하는 매개물이었다. 또한 강 선생님에게도 홍연이의 일기는 웃기도 하고, 양 선생님에 대한 내용 때문에 속상해 하기도 하면서 둘 사이를 이어주는 소재였다.

② 홍연이는 강 선생님께 팔을 꼬집히고는 산에서 소리를 지르기도 하고, 일기에 선생님이 왜 자신의 팔을 꼬집은지 궁금하다는 내용을 썼다. 홍연이의 심정은 어땠을까?

- 새로 부임한 총각 선생님한테 관심을 보이던 홍연은 선생님이 자신의 팔을 꼬집자 자기를 좋아해서 그런 행동을 한 것이라고 착각한다. 그래서 선생님의 마음도 자신의 마음과 같음을 느끼고 기쁨의 표현으로 소리를 지르기도 하고, 선생님의 마음을 확실히 알기 위해 일기에 선생님에게 질문하는 내용을 쓰기도 한 것이다.

③ 홍연이 별안간 남동생을 꼬집고, 수탉을 미워하는 이유는 무엇일까요?

- 강 선생님이 자신을 특별한 존재로 생각한다고 느꼈는데, 일기에 '아무 뜻도 없다'라는 답변에 화가 났다. 그리고 자신이 아니라 양 선생님께 관심을 보이는 강 선생님이 미워서 성별이 남성이기만 하면 무조건 밉게 느껴진 것이다. 따라서 평소에 아무렇지도 않게 소변보던 남동생을 꼬집고, 원래 수탉들이 목청껏 우는 것임에도 불구하고 울어대는 수탉을 쫓아가 괴롭히는 것이다.

④ 영화에서 LP 레코드판은 중요한 역할을 하고 있다. 어떤 의미를 전달해주고 있는지 설명해보자.

- 강 선생님과 양 선생님은 LP 레코드판을 통해 친해지게 된다. 강 선생님은 자신의 마음을 담아 양 선생님에게 LP 레코드판을 빌려준다. 그런데 아이들이 장난을 치다 LP 레코드판을 깨뜨린다. 이 일로 서먹해진 둘 사

이는 양 선생님이 결혼을 위해 학교를 그만두면서 끝이 난다. 이렇게 LP 레코드판은 강 선생님이 양 선생님에 대한 마음을 전달하는 동시에 깨지면서 둘의 사랑이 맺어지지 않음을 암시한다. 홍연이에게 LP 레코드판은 자신이 알지 못하는 미지의 세계였다. 또한 양 선생님과의 이별로 힘들어하다 떠나게 된 강 선생님을 위해 깨진 LP 레코드판을 새로 사 이별 선물로 주면서 자신의 마음을 표현하기도 했다.

⑤ 이 영화의 제목을 바꿔 보고, 이유를 써 보자.
- '홍연이의 첫사랑', '학창시절의 추억' 등과 같은 제목을 붙여볼 수 있다. 정답을 찾기보다는 학생들을 영화를 감상하고 난 후, 내용이나 상황을 감안하여 적절한 제목을 붙일 수 있도록 지도한다.

⑥ 영화의 결말에서 간접적으로 홍연이와 강 선생님의 사랑이 이루어졌음을 암시하고 있다. 만약 자신이 영화의 감독이 되어 결말을 만든다면 어떻게 바꿀지 이유와 함께 써 보자.
- 홍연이와 강 선생님의 연애 이야기를 좀더 부각해서 만든다든지, 떠났던 강 선생님과 양 선생님이 돌아와 결혼을 하는 결말과 같이 열린 결말을 이용하여 아이들의 상상력을 최대한 발휘할 수 있도록 지도한다.

Ⅲ 애니메이션 읽기 /
웹사이트를 활용한 독서지도

1. 애니메이션 읽기 지도의 실제(초등)

(1) 이성강 감독의 애니메이션 〈오늘이〉[6]

이성강 감독의 〈오늘이〉는 제주도 서사무가인 「원천강 본풀이」를 원형으로 제작한 단편 애니메이션이다. 신화 속에 나오는 우리 문화원형을 원천소스로 해서 동화, 그림책, 애니메이션 등 새로운 장르로 확대해 나가는 이 작품은 원소스 멀티유즈(OSMU)가 문화 콘텐츠 제작에서 차지하는 중요성을 잘 보여 주는 사례이기도 하다.

〈오늘이〉는 〈마리 이야기〉, 〈천년여우 여우비〉를 감독한 이성강 감독의 단편 애니메이션으로 2004년 자그레브 애니메이션 영화제 특별상, 2004년 동아 · LG 애니메이션 페스티벌 단편 부분 대상, 안시 페스티벌, 브라질 국제 애니메이션 영화제」 대만 금마장 영화제 초청작이다. 제주도의 사계절 근원 신화 「원천강 본풀이」를 모티브로 하여 우리 전통 문화를 원형으로 감독 특유의 해석과 새로운 서사 구조를 창조하여 주목을 받았다.

계절의 향기와 바람이 시작되는 '원천강'이라는 곳에서 커다란 학 '야'와 살고 있는 오늘이는 몇 무리의 침입자들에게 납치를 당하게 된다. 배는 난파되고 어딘지 모르는 섬에 홀로 떨어진 오늘이. 오늘이는 야와 함께 행복했던 원천강으로 되돌아가는 여정 중에 40만 권의 책을 읽은 소녀와 머리 위에 비구름을 몰고 다니는 구름동자, 그리고 아무리 여의주를 모아도 승천하지 못하는 이무기를 차례차례 만나면서 모든 이들에게 행복을 가져다 준 후 사계절을 다스리는 신이 된다.

"사람들은 흔히 무언가를 얻고 모으고 지키는 것을 성공이라고 생각합니다.

---

6) 애니메이션 〈오늘이〉는 그림책 『오늘이』(문공사, 2004)의 부록 VCD를 통해 구할 수 있다.

하지만 때때로 그러한 성공이 자신에게 정말 소중한 어떤 것들을 잃게 한다는 것을 사람들은 잘 알지 못합니다. 평화, 정의, 사랑, 신념, 예술, 행복 등이 그런 것들입니다. 대부분의 사람들이 공감하며 소중히 여기지만 자신도 모르는 사이에 놓쳐 버리고 맙니다. 〈오늘이〉는 제주도 민간 신화이자, 계절 근원 신화를 뼈대로 한 작품입니다. 이 작품에서 제가 끄집어 내려 했던 것은 오늘이가 원천강을 떠났다 다시 찾아가는 여정을 통해 단순하지만 삶에 대한 깊이 있는 충고입니다. 욕심과 집착에서 벗어날 때 사람들은 자신이 진정 원했던 것을 되찾고 자유로워진다는 그 충고가 여러분에게 작은 위안이 되길 바랍니다"라는 작가의 말을 통해 이성강 감독은 이 영화가 현대 사회의 지나친 욕망 추구를 극복할 우리 조상의 지혜를 담고 있음을 이야기하였다.

1) 줄거리

계절의 향기와 바람이 시작되는 곳을 사람들은 원천강이라 불렀습니다. 원천강에는 '오늘이'라 불리는 벌거숭이 아이가 보라색 여의주와 '야아'라고 불리는 학과 어울려 놀며, 하루하루 행복한 날들을 보냈습니다.

여느 날처럼 오늘이는 학의 품에 안겨 잠들었습니다. 그때 수상한 그림자가 다가오더니 여의주를 몰래 빼앗아 갑니다. 놀라 잠에서 깬 오늘이를 뱃사람 하나가 둘러멥니다.

뱃사람이 쏜 화살 하나가 야아의 몸에 박힙니다. 오늘이를 실은 배가 뭍에서 벗어나자, 원천강이 하얗게 얼어붙습니다. 큰 파도가 일어나 배를 내동댕이치고, 고래가 뱃사람들을 삼키는데 폭우는 그칠 줄 모릅니다.

뭍으로 떠밀려온 오늘이는 언덕에 올라 사방을 둘러보지만 어디에도 원천강은 보이지 않습니다. 그리운 야아도 보이지 않습니다. 오늘이는 원천강을 찾아나섭니다. 여의주가 그의 뒤를 따릅니다. 계곡 아래 책으로 지어진 커다란 성이 보입니다. 오늘이는 성으로 들어갑니다.

어디선가 들리는 글 읽는 소리를 따라 빛이 올라오는 구멍을 내려다보다가 그만 아래로 떨어집니다. 성의 주인인 매일이는 지금까지 사천오백칠만 팔백이십오권의 책을 읽고도 행복이 뭔지 모릅니다. 오늘이는 매일 책만 읽는 '매일이' 에게 원천강으로 돌아가는 길을 묻습니다.

매일이가 알려준 연화못에 가서 연꽃나무에게 원천강 가는 길을 묻습니다. 수많은 꽃봉오리를 가졌지만 꽃 한 송이밖에 피지 않는 그 연꽃나무는 원천강에 가려면 사막에 가서 소년의 도움을 받으라고 대답했습니다.

연꽃나무의 말대로 사막에는 '구름이' 라는 소년이 있었습니다. 구름이는 오늘이가 준 연잎으로 우산을 만들어 씁니다. 목이 마르면 빗물을 마시며, 오늘이는 구름을 따라 사막을 건넙니다.

사막 끝에 이르자 울창한 숲이 나타납니다. 오늘이는 여의주를 9개나 갖고도 용이 되지 못한 이무기의 도움을 받아 얼음에 뒤덮힌 원천강에 도착합니다. 벼랑에서 떨어지는 오늘이를 구하려고 이무기는 소중히 품고 있던 여의주를 모두 버립니다.

그 순간 이무기는 마침내 용이 되었습니다. 용이 뿜은 불길에 얼어붙었던 원천강이 녹기 시작합니다. 얼음 속에 갇혀있던 야아도 날개짓을 하며 살아납니다. 그런데 그만 원천강에 불이 붙고 말았습니다. 용이 불을 끄려고 비구름을 채가자 구름이는 획하고 날아갑니다.

사막에서 날아온 구름이가 한 송이 피어있던 연꽃을 꺾었습니다. 그러자 연꽃나무의 꽃봉오리들이 서로 다투어 피어납니다. 구름이가 매일이에게 연꽃을 수줍게 건넵니다. 연꽃을 받아든 매일이는 이제 행복이 뭔지 알 것 같습니다.

마침내 오늘이는 야아를 만났습니다. 야아는 넓은 날개로 오늘이를 가슴에 안습니다.

• **문제 1** 애니메이션 〈오늘이〉를 주인공 오늘이가 자신과 세상의 문제를 해결하고 소원을 풀어주는 이야기로 읽을 때 각 등장인물들의 문제와 소원은 무엇인지 생각해 보십시오.

2) 오늘이

오늘이의 소원은 원천강으로 돌아가는 것과 자기 친구 야아를 찾는 것이다. 그런데 문제는 원천강으로 가는 길을 알지 못한다는 점이다. 그러나 그 길은 사막과 늑대와 절벽이 있는 험한 길이다. 매일이와 연꽃나무, 구름이와 이무기 등 많은 친구들이 오늘이를 도와준다.

그 친구들도 하나하나 자신의 문제들을 갖고 있었지만 오늘이를 도와주는 동안 자신들의 문제도 해결된다. 이렇게 오늘이는 남들의 소원을 이루어주는 존재가 된다. 또 하나 오늘이의 문제는 누구도 오늘이가 어디서 어떻게 태어났는지 모른다는 점이다. 매일이의 너는 누구냐는 질문에도 자신이 누구인지도 대답하지 못하는 오늘이. 그러므로 원천강을 찾아가는 오늘이의 모험은 진정한 나를 찾아가는 과정이며, 고난을 극복하는 통과 제의이다. 우리 전통 신화 속의 오늘이는 이렇게 하여 마침내 계절을 담당하는 신이 된다.

3) 매일이

책으로 지어진 커다란 성의 주인인 소녀 매일이는 아는 것도 많고 책도 많이 읽었지만 정작 행복이 무엇인지 모른다는 것이 바로 문제이다. 지식으로는 행복을 얻을 수 없다는 사실을 깨우쳐 준다. 따라서 매일이의 소원은 행복이 무엇인지 꼭 알고 싶다는 것이다. 그래서 오늘이에게 행복을 찾으면 알려 달라고 부탁한다. 매일이는 어느 날 찾아온 구름이로부터 연꽃 한 송이를 받아들고 자신의 소원을 이룬다.

4) 연꽃나무

연화못에 사는 연꽃나무는 많은 꽃봉오리를 가졌는데 꽃이 한 송이밖에 피질 않는다는 것이 문제이다. 수많은 꽃봉오리는 무한한 가능성을 의미하지만 그러나 그것이 결실로 연결되지 못하는 것이 연꽃나무의 고민이다. 그래서 연꽃나무의 소원은 자신이 가진 꽃봉오리들을 활짝 꽃피우는 것이다. 그 소원은 어떻게 이룰까. 구름이가 날아와 그 한 송이의 연꽃을 꺾었더니 나머지 꽃봉오리들이 서로 다투어 피어난다. 작은 것에 대한 집착을 버릴 때 훨씬 더 많은 것을 얻을 수 있다는 삶의 교훈을 가르쳐 준다.

5) 구름이

구름이는 사막에서 혼자 외롭게 산다. 사람이 그리운 구름이는 연잎 한 장에도 오늘이를 친절히 목적지까지 직접 데려다 준다. 그러나 구름이는 자신의 문제가 무엇인지, 소원이 무엇인지 자신이 무엇을 할 수 있는 지도 모른 채 살아간다. 구름이는 메마른 사막에 비를 뿌리고, 나그네인 오늘이의 길을 인도하며, 연꽃나무의 꽃을 피워준다. 구름은 만물에 생명을 주는 물을 품고 있기 때문이다. 그리고 마지막으로 행복을 모르고 고독하게 책만 읽던 매일이에게 연꽃을 건네자 매일이는 행복이 무엇인지 알게 된다. 이렇게 오늘이처럼 구름이도 다른 존재들이 소원을 이루도록 도와주는 귀한 능력을 가졌다. 구름이는 다른 사람의 아픔을 알고 서로 도와줄 때 남도 자신도 행복해질 수 있다는 교훈을 전해 준다.

6) 이무기

8개나 되는 여의주를 갖고도 용이 되지 못하는 것이 이무기의 문제이다. 그것도 모자라서 이무기는 오늘이의 여의주를 탐내며 원천강 가는 길 대신 여의주를 바란다. 당연히 이무기의 소원은 용이 되는 것이다. 오늘이를 구하려고 품고 있던 여의주를 버리자 이무기는 마침내 용이 된다. 그리고 용이 뿜은 열기에 얼어붙었던 원천강이 녹고 얼음 속에 갇혀 있던 야아도 날개짓하며 살아난다. 이와 같이 이무기가 용이 되는 과정은 아무것도 놓치지 않고 챙기려는 지나친 욕심에서 벗어나 어려운 사정에 처한 남을 위해 아낌없이 자신의 것을 버릴 줄 알게 될 때 오히려 자신이 가장 원하던 것을 얻게 된다는 세상의 지혜를 깨우쳐준다.

• **문제 2** 원천강은 어떤 곳인가?

애니메이션 〈오늘이〉의 원래 제목은 우리 신화 '원천강 본풀이'이다. 이야기의 공간적 배경인 원천강은 이름 그대로 세계의 원천, 세상이 시작되는 곳을 상징한다. 그래서 그곳은 계절과 바람이 시작되는 곳이다. 태초의 인간인 아담과 이브처럼 벌거숭이 아이인 오늘이는 아름다운 원천강에서 야아라는 학과 어울려 산다. 원천강은 사람과 동물이 평화롭게 공존하는 낙원이다. 그 평화를 깨는 것이 욕심 많은 인간이다. 어느 날 수상한 뱃사람이 나타나 오늘이의 여의주를 빼앗고, 야아에게 화살을 쏘고, 오늘이까지 잡아간다. 오늘이가 떠나자 원천강이 얼어붙는 것은 낙원의 상실을 의미한다. 낙원을 파괴하는 것은 바로 인간의 욕심 때문이다. 큰 파도와 함께 등장한 고래와 그칠 줄 모르고 내리는 폭우는 인간의 죄에 대한 심판을 뜻한다. 행복했던 원천강으로 돌아가는 길을 잃어버린 오늘이의 모험은 오늘날 서로 다투며 복잡한 세상을 살아가는 우리 인간들이 잃어버린 낙원을 회복하고, 오늘이와 친구들처럼 서로 돕고 의지하여 평화롭고 행복한 세계로 되돌아가자는 의미로 읽을 수 있다.

2. 영상매체를 활용한 동화

동화를 영상물로 제작하면 그림책에 비해 동시에 많은 유아가 문학적 경험을 함께 공유할 수 있으며 큰 화면에 담을 수 있다는 장점이 있다. 문학작품을 비디오물로 바꿀 때 원작에 충실하고 조심스럽게 선정되거나 작곡된 음악까지 더하여 예술성을 살려준 살린 작품이 되도록 하여야 한다. 컬리난(Cullinan)은 동화를 각색한 영상물이 가져야 할 기준과 그 활용 준거를 다음과 같이 제시하였다.[7]

〈컬리난의 좋은 비디오물의 기준〉
① 원작의 문학적 가치를 고려한다. 좋은 필름이 질 나쁜 문학을 좋게 만들

---

7) 김세희 · 박남숙(1998).

수 없다.

② 저자의 의도를 넘어서 선정적으로 작품을 만들지 말고 책의 본래 목적을 풍부히 하고 확장시키는가를 고려한다.

③ 시청각 매체는 기술적으로 우수해야 한다. 명확한 음악과 시청각적 재생산이 중요하다.

④ 계속적인 사용에도 변하지 않는 내구성이 있어야 한다.

〈컬리난이 제시한 문학작품의 영상매체 활용 준거〉

① 영상매체화한 작품이 양질의 문학을 기초로 한 것인가?

② 영상매체화한 작품이 아이들에게 원작을 보고 싶게끔 하는가?

③ 영상매체를 활용한 작품이 원작을 풍부하게 하고 더욱 확장시켜 주는가?

④ 영상매체화한 작품이 책과는 다른 경험을 주는가?

⑤ 영상매체화한 작품이 아이들에게 상상력을 발휘하도록 만드는가?

⑥ 영상매체화한 작품이 원작에 충실한가? 원작의 품격을 유지하는가?

⑦ 영상매체 제작자는 원 저자에게 신뢰를 얻는가?

⑧ 영상매체화한 작품이 원작의 문학적 형식을 존중하는가?

⑨ 영상매체화한 작품이 책의 언어적인 맛을 유지하고 있는가?

⑩ 영상매체화한 작품이 대상 연령 집단에 적절한가?

⑪ 영상매체화한 작품이 기술적으로 훌륭한가? 명확한 음질과 깨끗한 영상을 보여 주는가?

⑫ 영상매체화한 작품이 도덕적인 교훈을 의도적으로 주는 것을 피하고자 했는가?

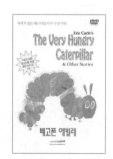

시청각적으로 훌륭하게 제작된 동화의 제시는 책을 보완하고 어린이 책에 대한 관심을 고양시키는 아동문학 프로그램의 자산이다. 한국에서 제작된 것으로 서울무비의 「빨강 도깨비, 파랑 도깨비, 노랑 도깨비」가 있으며, 번역 작품으로는 한스 데 베르의 「아기 곰 라르스」, 레오니오니의 「동

물 우화 5편」, 에릭칼의 「배고픈 애벌레」, 포터의 「피터 래빗」, 레이먼드 브리그스의 「눈사람 아저씨」 등이 있다.

(2) 애니메이션 읽기 지도의 실제(중등) - 〈나무를 심는 사람〉

프레데릭 백의 애니메이션 〈나무를 심는 사람(The Man Who planted Trees)〉은 1987년 캐나다에서 제작된 30분 분량의 극장용 단편 애니메이션 영화이다. 원제목은 'L'homme qui plantait des arbes'으로서 엘지아 부피에라는 사람을 모델로 한 장 지오노(Jean Giono)의 원작을 프랑스 출신의 캐나다 애니메이션 작가 프레데릭 백(Frederic Back)이 애니메이션 영화로 제작한 작품이다.

인생을 관조하듯 묵묵히 자신의 일을 해 온 한 사람의 이야기를 파스텔톤으로 그린 작품으로, 자신을 위한 것이 아니라 남을 위한 마음으로 시작한 부피에의 나무 심기를 통해 환경의 중요성을 망각해가는 이 시대에 환경의 소중함을 다시 한 번 일깨워주는 교훈적인 작품이기도 하다. 5년 6개월이라는 긴 제작 기간 동안 동안 약 2만 장의 그림을 그렸고, 프레데릭은 작품 제작 중 한쪽 눈을 실명했다. 무광택 아세테이트에 색연필로 작업하였고, 10~30초라는 긴 시퀀스를 사용해 미묘한 자연의 움직임을 인상파적 기법으로 처리했다는 평가를 받았다. 이 작품으로 프레데릭은 〈크랙〉(1981)에 이어, 1987년 두 번째로 아카데미상을 수상했고, 앙시 국제애니메이션영화제 대상, 히로시마 국제애니메이션영화제 대상 등을 수상했다.

프랑스의 알프스 여행길에서 물을 찾던 젊은이 하나가 불모지를 방황하다 다행히 양치기 노인을 만나 음식과 잠자리를 제공받는다.

다음날 젊은이는 양치기 노인과 도토리 파종하는 곳으로 함께 간다. 양치기 노인은 55세 된 엘제아르 부피에로 아내와 아들을 잃고 외떨어진 산에 들어와 홀로 도토리 파종을 시작한 지 3년이 되었다. 그는 나무가 부족하여 땅이 죽어가고 주민들이 포악해진다는 것을 알고 자신의 땅이 아니어도 산 곳곳에 떡갈나무 씨를 뿌리고 가꾼다.

세월이 흘러 제1차 세계대전이 끝난 후 젊은이가 부피에의 살던 곳을 다시 찾아와 보니 그 동안 파종한 나무들이 10년생의 우람한 나무로 성장해 있었다. 젊은이는 울창한 숲을 바라보며 삶의 터전은 사람의 손으로 만들 수 있다는 사실을 깨닫는다. 메말랐던 마을 계곡에는 다시 물이 흐르고 흩어졌던 주민들이 하나 둘씩 돌아왔다. 조금씩 자연이 되살아나기 시작한 것이다. 1935년 부피에의 '나무심기'는 정부정책으로 자리 잡게 되고, 부피에는 1947년 89세의 나이로 바농에 있는 요양원에서 평화롭게 죽는다.

〈토론할 문제들〉

① 할아버지가 나무를 심는 이유는 무엇입니까?

[학생 예문] 황무지밖에 없는 땅을 되살리기 위해서인 것 같다. 사람들이 떠나가고 마을이 죽어가는 것은 황무지밖에 없는 땅 때문이라고 생각한 할아버지가 황량한 땅을 살리고자 나무를 심는 것이다. 좀더 사람이 살만한 곳을 만들기 위해서인 것 같다.

[지　　도] 할아버지가 나무를 심는 이유는 황폐함을 없애기 위해서이다. 황폐한 땅, 황폐한 사람들, 그리고 황폐해진 자기 자신. 부피에 할아버지가 나무를 심기 시작한 것은 아들과 아내가 죽은 이후로, 사랑하는 사람을 잃은 슬픔과 자신이 존재하는 이유의 상실을 땅을 되살리는 것을 통해 극복했다고 생각한다. 황폐해진 자신을 돌봄과 동시에 자신처럼 몸과 마음이 황폐한 마을 사람들을 보며 황무지의 개척을 절실하게 느꼈을 것이다. 질문에 대한 답으로 이러한 내용이 들어가 무엇인가의 재생을 강조하면 된다.

② 할아버지가 나무를 심기 전의 마을과 나무를 심고 난 후 마을은 어떻게 변했습니까?

[학생 예문] 남을 생각하지 않고 자신밖에 모르고 사람사는 것 같지 않던 황폐했던 마을이 할아버지가 나무를 심고 난 후에는 나무가 주는 부드럽고 깨끗하게 부는 바람과 향기로 인해서 마을 사람들은 좀더 남을 이해하고 생각하고 마을을 가꿀 줄도 아는 정이 많고 활기차게

사람들이 행복을 가지고 사는 마을처럼 변했다.

[지　　도] 할아버지가 나무를 심기 전의 마을은 마을과 사람들의 모습 모두 황무지와 같았다. 날카로우며 메마르고 위험한 바람이 불고, 사람들은 그 바람처럼 서로를 대하며 살았다. 그마저도 떠나거나 고립되어 살고 있었다. 하지만 많은 나무들이 자라고 숲이 이루어진 후 마을은 산들바람과 같이 변했다. 불신하며 이기적이고 절망적이었던 사람들이 희망을 가지고 웃고 있는 것이다. 부드러운 산들바람이 불고 찰랑거리는 맑은 샘물이 흐르는 마을은 부피에 할아버지가 심은 나무들, 숲으로 인해 태어난 것이라고 해도 무방하다. 숲이 생김으로써 부드러운 바람이나 비교적 풍부한 물의 존재가 사람들에게 희망과 여유를 주어 마을이 좋은 방향으로 변했다는 내용이, 애니메이션을 통해 알 수 있는 사실들과 함께 나오면 되겠다.

③ 이 영화는 환경에 대한 이야기일까요? 인간에 대한 이야기일까요?

[학생 예문] 환경과 인간에 대한 이야기 같긴 하지만, 주로 인간에 대한 이야기인 것 같다. 환경의 소중함을 알려주는 이야기이면서 동시에 인간의 이기적인 마음과 한 사람이라도 다른 사람을 위해 무엇인가를 한다면 이기적이었던 사람들도 그 사람의 마음이 전해져서 다른 사람을 위하고 따뜻한 정을 가질 수 있다는 것을 알려주기 위한 것 같다.

[지　　도] 환경에 관한 이야기이자 인간에 관한 이야기라고 할 수 있다. 두 가지 중 한 가지를 선택해야 한다면 넓게 보아 환경에 대한 이야기겠지만, 환경과 인간과의 밀착된 연관성을 생각한다면 두 가지 모두에 해당하는 이야기로, 그 관계성에 주목한 이야기라고 하는 것이 좀더 정확하겠다. 황폐한 땅에서의 사람들과 숲이 이루어진 이후의 사람들의 모습을 비교함으로써 자연이 사람에게 얼마나 큰 영향을 끼치는지 보여주고 있다. 또한 사람들에게 그러한 큰 영향을 끼치는 자연이 부피에 한 사람을 통해 일구어진 것을 보여줌으로써 인간을 통해 자연이 탄생·보존될 수 있다는 것도 보여주고 있다. 따

라서 이 영화는 둘의 관계에 대해 보여주는 이야기라고 할 수 있다.

④ 감독은 이 영화를 통해 어떤 교훈을 주고 싶었을까요?

[학생 예문] 한 사람이라도 자연을 생각하고 남을 생각한다면 아무리 황폐하고 이기적이어도 변할 수 있다는 것을 알려주기 위한 이야기인 것 같다. 할아버지는 혼자서 묵묵히 나무들을 심은 것이지만 그것을 통해서 서로 헐뜯고 미워하고 다투었던 사람들이 서로를 돕고 이해하고 사랑하고 그렇게 정 많은 사람들로 바뀔 수 있다는 것을 감독은 사람들에게 알려주고 싶었던 것 같다.

[지   도] 황폐했던 자연과 황폐했던 사람들이 아무런 대가도 바라지 않고 조용히 나무를 심은 부피에 의해 풍요로워진 것을 통해서 자연과 인간과의 밀착된 관계, 그리고 이타심의 필요성을 전하려고 한 것 같다. 메마른 자연은 사람들에게 살아가는 데 있어 필요한 것들을 제공하지 못하고 심리적 안정조차 빼앗아간다. 하지만 사람들은 눈앞의 이익에 눈이 멀어 자연에서 쓸 수 있는 것은 최대한 앗아가고 있다. 그러한 사람들에게 하는 경고의 의미와 함께, 자신만 생각하지 않고 먼 미래를 바라보며 나무를 심은 할아버지를 통해 사랑과 희생, 즉 이타심을 보여주었다.

⑤ 자신이 나무를 심어 본 경험이 있다면 그때의 느낌과 생각을 이야기해 봅시다.

[학생 예문] 나무나 조그마한 꽃도 심어본 적은 없지만 하다못해 조그마한 꽃이라도 심을 때, "아, 이 꽃이 잘 커줬으면, 다른 꽃 못지않게 튼튼하게 커줬으면…"이라는 생각과 내가 다정스레 던지는 말과 물을 먹으면서 하루하루 조금씩 커가는 것을 본다면 참으로 뿌듯함과 감동을 느낄 수 있을 듯하다.

[지   도] 하지만 이 영화를 보면서 그 느낌을 간접적으로나마 알 수 있었고, 언젠가 기회가 된다면 꼭 나무를 심어야겠다는 다짐을 했다. 부피에 할아버지가 욕심을 부리지 않고 하루에 할당량을 심으며 보낸 세월의 결과로 엄청난 숲이 이루어진 것을 보며 뿌듯함을 느꼈다.

나무를 심을 때는 막연하겠지만, 막상 싹이 돋고 줄기가 뻗어나가 크고 굵은 나무가 되는 것을 곁에서 보고 있으면 가슴이 벅찰 정도의 감동과 보람을 느낄 것이다.

⑥ 여러분이 나무와 숲을 소재로 영화를 만든다면 어떤 이야기를 하고 싶나요?

[학생 예문] 1. 요즘같이 자원이 부족한데 얼마 남지 않은 나무를 함부로 베어 가는 사람들에게 보여주기 위해 '나무를 사랑하고 아끼자'라는 교훈을 포함한 이야기를 만들고 싶다. 나무가 부족하면 오히려 좋지 않은 것은 사람들 자신인데 그것도 모르는지 부족한 나무로 자꾸 이것을 만든다 저것을 만든다 하면서 베어가는 사람들이 커다란 재앙을 맞아 재해를 입다가 나무의 도움으로 재앙을 피할 수 있다는 내용의 영화가 큰 교훈을 줄 것 같다.

[학생 예문] 2. 지역에 따라, 숲마다, 사는 나무가 다르다. 이런 나무들에게 사람들처럼 인격을 부여해서 성격이 다른 나무들이 식물원에서 서로 만나게 되어 겪게 되는 재미난 일들을 이야기로 만들어 보고 싶다.

[지 도] 자연이 사람에게 없어서는 안 될 중요한 요람임을 전달한다. 황무지에서의 사람들이 황폐했고 숲에서의 사람들이 행복했듯, 직접적으로는 살아가는 데 있어서 필요한 자원을 제공하고 간접적으로는 심리적 안정까지 주는 자연은 사람들에게 매우 중요하다. 하지만 사람들은 당장의 이익을 좇아 자연을 훼손시키고 있다. 자연의 훼손에 무관심한 사람들에게 자연의 중요성을 깨닫게 할 영화를 만들어 보자. 예문처럼 훼손된 자연에 의해 사람들에게까지 직접적 재앙이 닥치는 내용이나, 자연에 의해 사람의 상처가 치유되는 내용을 담는다면 효과적일 것이다.

각 학생의 창의적인 이야기가 나올 수 있도록 격려한다. 예로 나무를 무자비하게 베어버리는 사람들에게 영웅이 나타나 혼줄을 내주는 이야기, 어린 시절 함께 자라온 나무와 인간의 우정에 대한 이야기와 같은 다양한 생각을 자유롭게 작성하도록 한다.

(3) 웹사이트를 활용한 독서지도

웹사이트에서 매체 읽기를 할 수 있는 방법은 다양하다. 인터넷 사용 연령은 초등학생에서 중학생까지 큰 차이가 없다. 특히, 초등학생들의 경우는 자신들만의 포털 사이트를 통해 학습 정보를 비롯하여 각종 필요한 정보와 지식, 게임과 동영상을 즐기고 있다. 예를 들면, 주니어 네이버, 일명 쥬니버나 야후 주니어 등의 사이트가 인기를 끌고 있다. 이와 같은 사이트에서는 투니버스와 같은 케이블 TV의 콘텐츠와 연결하거나 애니메이션 동영상, 플래시 동영상 등을 쉽게 감상할 수 있다.

초등학생들에게 인기 있는 웹사이트

또한 각종 포털사이트에서는 인터넷 소설이나 인터넷을 이용한 글쓰기가 이루어지는 카페 등이 초등학생부터 중학생 이상의 청소년까지 다양하게 이용하고 있다. 초고속 인터넷의 보급으로 인터넷 사용자가 늘어나면서 인터넷 소설은 폭발적인 조회수를 올리며, 『그 놈은 멋있었다』, 『늑대의 유혹』을 쓴 귀여니, 『내사랑 싸가지』의 이햇님 등 이른바 인터넷 작가를 탄생시켰다. 인터넷을 통한 문학적 글쓰기는 현재 웹사이트를 이용한 게시판 소설의 형태를 띠고 있어 출력해서 인쇄하면 기존의 경우와 큰 차이를 느끼지 못하지만 앞으로는 점점 하이퍼텍스트의 형태를 띨 것으로 전망된다. 하이퍼텍스트(Hyper text)란 1965년 테드 넬슨이 '하이퍼(hyper)'와 '텍스트(text)'를 합성하여 만든 신조어로서, 하나의 문서가 다른 문서와의 연결 관계를 가지는 것을 말한다. 즉, 하이퍼텍스트는 서로 관련된 문서나 기타 자료를 연결하여 쉽게 찾을 수 있게 하는 것이다. 하이퍼텍스트는 인간의 인지 작용처럼 비순차적인 방식으로 정보를 연결시킬 수 있다는 데 그 특징이 있다. 이는 필요로 하는 정보를 쉽고 자유롭게 찾을 수 있어서 매우 편리하다. 문서를 연결하는 것에서 한 걸음 더 나아가 동영상, 사진, 음성 등 다양한 미디어를 연결시킨 것을 하이퍼미디어(hyper media)라고 한다. 그리고 사용자 제작 콘텐츠인 UCC의 유행과 댓글 문화는 인터넷을 통한 커뮤니케이션을 보다 활성화시켜 나갈 것이며, 이제 인터넷 읽기도 또 하나의 독서 영역이 되고 있다.

🌙 심화학습

애니메이션 〈오늘이〉의 원천 소스 : 「원천강 본풀이」 신화[9]

옛사람 말에 따르면 해동국 어느 외딴 섬에 한 부부가 살았다 합니다. 어느 날 옥황상제가 세상을 내려다보니, 그 부부가 보기에 참 좋았습니다. 옥황사제는 부부를 하늘로 불러들여 사계절을 주관하며 원천강을 지키도록 했습니다. 그 바람에 부부의 하나뿐인 딸은 고아가 되어 홀로 들에서 학을 벗하여 살았습니다.

이를 본 해동국 사람들이 오늘 만났다 하여 이름을 '오늘이'라 붙이고 아이를 마을로 데려갔습니다. 사람들은 마을에 백씨 성을 가진 부인에게 오늘이를 맡겼습니다. 홀로 살고 있던 백씨 부인은 오늘이를 딸로 맞아 지성으로 키웠습니다. 그러던 어느 날, 백씨 부인의 꿈에 원천강에 살고 있는 오늘이의 부모가 나타나 오늘이를 잘 보살펴 줄 것을 간

---

9) 이성강(2004).

곡하게 부탁했습니다. 백씨 부인은 꿈이 괴이하여, 그 이야기를 오늘이에게 해 주었습니다. 꿈 이야기를 들은 오늘이가 눈물을 주르륵 흘렸습니다.

"어머니, 제 부모님이 맞습니다. 부모님을 뵈러 원천강에 다녀오겠습니다."

백씨 부인은 그 길이 멀고 험하다고 만류를 하였으나 오늘이는 뜻을 굽히지 않았습니다. 백씨 부인은 하는 수 없이 오늘이에게 책을 많이 읽어 모르는 것이 없다는 흰모래 마을 별층당 장삼 도령을 찾으라고 일러 주었습니다.

오늘이는 며칠을 걸어 장삼 도령을 찾아갔습니다.

"저는 해동국에서 온 오늘이라고 하옵니다. 원천강을 찾아 나선 길인데 장삼 도령님은 모르는 것이 없으시다 하여 찾아왔습니다."

오늘이가 예의 바르게 인사를 하고 길을 묻자, 도령이 책을 찾아보더니 말했습니다.

"이 길로 쭉 가면 연화못이라는 작은 연못이 나옵니다. 그 곳에 연꽃 나무가 있을 터인데, 그 연꽃 나무에게 길을 물으면 가는 길을 알 것이오. 헌데, 원천강에 가시거든 제가 왜 별층당에서 벗어나지 못하고 글만 읽으며 살아야 하는지 물어봐 주시겠소?"

오늘이는 그러겠노라 하고는 다시 한 나절을 걸어 연화못을 찾아갔습니다. 오늘이는 연꽃 나무에게 원천강 길을 물었습니다.

"저 아래쪽 길로 한참을 가면 남해 바다가 나옵니다. 그 바닷가 절벽에 동굴이 하나 있는데, 그 곳에 여의주를 세 개나 물고도 용이 되지 못한 이무기가 살지요. 오늘이님을 도와줄 거예요. 원천강에 가게 되면 왜 제가 많은 꽃봉오리를 가지고도 한 송이밖에 꽃 피우지 못하는지 물어 봐 주세요."

오늘이는 연꽃 나무가 일러 준 여의주 세 개를 입에 문 이무기를 만났습니다. 이무기는 오늘이를 죽은 자와 신들의 나라에 데려다 주었습니다. 그리고 자신이 왜 용이 되지 못했는지 물어봐 달라고 오늘이에게 부탁했습니다. 오늘이는 그러겠노라 약속하고 다시 길을 떠났습니다.

오늘이는 가는 길에 하늘 나라 궁궐에서 살다 벌을 받고 쫓겨난 선녀, 매일이를 만났습니다. 매일이는 오늘이를 원천강의 문 앞에 데려다 주고는 자신이 언제 책 읽는 벌에서 풀려날지 알아봐 달라 했습니다. 오늘이는 그러마 약속을 하고 원천강 성 안으로 걸어 들어갔습니다.

마침내 오늘이는 부모님을 만나 꿈 같은 사흘을 함께 보냈습니다. 하지만 오늘이는 더 이상 원천강에 머물 수 없었습니다. 백씨 부인이 기다리는 것도 걱정이려니와 자신에게 부탁을 했던 이들에게 보답을 해야 했습니다. 그래서 오늘이는 부모님께 살던 곳으로 돌아가겠다고 말했습니다. 부모님은 몹시 서운했으나 오늘이의 뜻을 기특하게 여겼습니다. 오늘이는 원천강을 떠나기 전에 부탁 받은 것들을 아버지에게 물었더니, 아버지가 하나씩 대답을 해 주셨습니다.

원천강을 떠단 오늘이는 제일 먼저 매일이를 만났습니다.

"선녀님은 선녀님처럼 몇 년째 밤낮으로 글을 읽어온 사람을 만나 결혼을 하라 하시더군요. 그런데 제가 그 분을 압니다. 함께 가시죠."

오늘이와 선녀 매일이는 여의주 세 개를 가진 이무기를 찾아갔습니다.

"이무기님은 욕심을 너무 부린 탓에 용이 못 되었다 하시더이다."

그 말에 이무기는 크게 놀라며 물고 있던 여의주 두 개를 오늘이에게 선물했습니다. 그러자 용이 되어 하늘로 날아갔습니다.

오늘이는 연꽃 나무에게도 답을 일러 주었습니다.

"연꽃 나무님, 피어 있는 꽃을 제일 먼저 본 사람에게 주면 나머지 꽃들이 필 거라고 하더군요."

"그럼, 오늘이님이 꺾어 가시면 되겠군요. 제가 만난 유일한 사람이니까요."

오늘이는 연꽃 나무의 꽃을 들고 장삼 도령이 있는 흰 모래 마을 별층당을 찾아갔습니다.

"도련님은 본래 하늘 나라의 선관이었는데 게으름을 피운 벌로 인간으로 태어나셨다 합니다. 도련님과 같이 평생 책을 읽어야 하는 벌을 받은 이를 만나 살면 된다 하더이다. 그래서 제가 모셔왔습니다."

그렇게 하여 선녀 매일이와 장삼 도령을 맺어 주고, 오늘이는 해동국으로 돌아왔습니다. 원천강에서 짧은 사흘을 보냈는데, 현실 세상에서는 벌써 삼년이 흐른 뒤였습니다. 백씨 부인은 죽은 줄로만 알았던 오늘이가 돌아오자 버선발로 뛰어나와 맞았습니다. 오늘이는 불쌍하고 어려운 이를 도우며 살다가 옥황상제의 부름을 받고 계절의 시작을 알리는 선녀가 되었다 합니다.

[도움글] 제주도 신화 『오늘이』와 애니메이션 〈오늘이〉[10]

먼저, 형식의 변화를 살펴보기 위해 제주도 신화의 『오늘이』와 애니메이션 〈오늘이〉를 비교하여 어떻게 변형되었는지 살펴봅시다. 제주도 신화에서 오늘이가 부모님이 계시는 원천강으로 찾아간다면, 애니메이션의 오늘이는 자신을 거두어 준 '야'라는 학과 함께 살았던 원천강으로 되돌아가는 것으로 변형됩니다.

또한 제주도 신화에서의 오늘이는 원천강에 도달하여 부모님을 만나고 여행 중에 만난 인물들의 소원을 들어준 후 사계절을 관장하는 선녀가 됩니다. 반면 애니메이션 〈오늘이〉에서 오늘이는 여행 중에 매일이, 연꽃, 이무기 등을 만나는 것까지는 동일하지만, 원천강의 얼어붙은 시간을 다시 흐르게 하는 오늘이의 역할이 클라이맥스 단계로 설정됩니다. 즉, 애니메이션 〈오늘이〉는 주인공 오늘이가 자기 존재의 근원을 찾아 가는 과정을 중심으로 이야기가 전개되고, 이 과정을 통해 오늘이가 존재와 탄생, 그리고 선과 진정성의 진리를 얻게 되는 것입니다.

오늘이가 원천강을 떠나는 여정에서 만난 인물들은 모두 '행복'을 얻고자 하지만, 이들 모두 공통적으로 집착과 욕심, 슬픔이라는 인간의 고독한 숙명에서 벗어나지 못하고 있는 인물들입니다. 책으로 둘러싸인 방에서 수십, 수백만 권의 책을 읽으며 행복이 무엇인지를 탐구하지만 아무리 많은 책을 읽어도 '행복'의 본질을 알아내지 못하는 매일이가 그러하고, 맨 윗가지에만 꽃이 피고 다른 가지에는 꽃이 피지 않아 슬퍼하는 연꽃나무가 그러합니다. 또한 비를 뿌리는 구름이 떠나지 않아 온몸으로 비를 맞으며 살아야 하는 구름동자와 여의주를 셋이나 물고서도 용이 되지 못한 이무기가 그러합니다. 그리하여 빈 들판에서 새 한 마리를 벗 삼아 홀로 살아가는 오늘이 역시 원천강을 벗어나는 순간 인간의 타고난 고독에서 벗어날 수 없게 됩니다.

오늘이는 매일이, 연꽃, 구름동자, 이무기 등의 도움으로 학이 있는 원천강에 이르게 되지만, 사계절 꽃으로 만발하던 원천강은 오간데 없고 그토록 그리워하던 학마저 얼음 속에 꽁꽁 얼어붙은 공간으로 변해 있을 뿐입니다. 얼음 무덤에 갇힌 학을 바라보며 하염없이 흘리는 오늘이의 눈물은 강이 되어 흐르고, 이때 이무기가 여의주 하나를 떨어뜨

---

10) 조미라(2007: 237~245).

리자 얼어붙은 원천강이 갈라지면서 낭떠러지로 떨어지는 오늘이를 구하기 위해 이무기는 마침내 목숨보다 소중히 여기던 여의주를 버리게 됩니다.

무언가를 얻기 위해서는 손에 쥔 것을 버려야 한다는 익숙한 속담처럼 이무기가 여의주를 버리는 순간 용이 되어 하늘로 솟구쳐 승천하는 장면은 애니메이션 〈오늘이〉의 명장면이 아닐 수 없습니다. 나아가 신화 『오늘이』에 대한 이성강 감독의 깊은 성찰이 드러난 장면이기도 합니다.

제주도 신화 『오늘이』에서는 오늘이가 이무기, 구름동자, 매일이를 찾아가 그 소원이 이루어질 수 있는 해답을 일일이 가르쳐주는 것과 달리, 애니메이션 〈오늘이〉에서는 인물들의 각기 다른 소원을 하나로 연결시킴으로써 일원론적인 세계관을 표현한 것입니다. 즉, 용의 불길로 원천강에 불이 붙자 용은 불을 끄기 위해 구름동자의 머리 위에 있는 구름을 채 가게 되고, 이 덕분에 몸과 마음이 자유로워진 구름동자는 연꽃의 연잎을 타고 매일이가 있는 곳으로 날아갑니다. 그리고 매일이는 그토록 책 속에서 찾아 헤매던 행복을 구름동자를 통해 얻게 되고, 또 연꽃은 자신의 연잎을 구름동자에게 줌으로써 탐스러운 꽃이 피어나 오늘이, 이무기, 구름동자, 매일이, 연꽃나무 모두 집착과 눈물, 고통에서 벗어나게 되는 것입니다.

☾ 요 약

1. '구텐베르크 시대의 종언' 이란 말은 인쇄 문화와 책의 시대의 종말을 예언하고 있다. 물론 여전히 책은 정보와 지식의 보고로서 가치를 지닌다. 하지만 현대인들은 실제로 책보다는 텔레비전, 라디오, 광고, 영화 등에서 많은 정보를 얻는다. 따라서 21세기의 독자는 이러한 매체 환경의 변화를 인식하고, 매체 환경과 이와 관련된 문화 현상을 비판적으로 이해할 수 있는 능력을 길러야 한다.

2. 언어적 의사소통을 위한 여러 매체가 전달하는 내용을 이해하고 독자 스스로가 의미를 재구성하는 과정으로서의 독서의 개념의 변화에 따라 독서지도도 보다 적극적으로 종이책의 영역에서 벗어나 문식성의 개념을 확대할 필요가 있다. 독서지도에 있어서도 각 매체의 고유한 특성을 파악하고, 다양한 매체로 이용한 자유로운 의사소통 능력을 길러 줄 수 있어야 한다. 아울러 매체의 기술적 사용 능력뿐만 아니라 매체를 통해 전달되는 지식과 정보 및 관련된 문화 현상을 바르게 받아들이기 위한 비판 능력을 함양할 수 있는 새로운 독서지도의 방향을 모색해야 한다. 통합매체 활용 교육이 독서지도에 등장하게 된 배경이 여기에 있다.

3. 통합매체 독서지도에서 가장 많이 활용되는 방법이 '영화 읽기'이다. '영화 읽기'는 일반적인 영화 보기와 달리 관객이 영화로부터 일정 거리를 확보하고 영화 속 상황과 현재의 상황을 비교하면서 영화와 대화를 하는 적극적이고 주체적인 영화 감상법이다. 영화 읽기 프로그램의 선정과 활용에서 우선되는 것은 '어떤' 영화를 보느냐보다는 영화를 '어떻게' 보느냐 하는 문제이다. 한 편의 영화를 깊이 있게 생각하고 주체적으로 받아들이는 것을 의미하는 영화 읽기와 글읽기와의 유사성 때문에 최근에는 영화에까지 문식성이라는 용어를 확대해 사용한다. 즉, 영화 속에 담긴 상징을 살펴 아는 것을 '영화 문식성'이라 한다.

■ 연구과제 및 해설

1. 정보화 사회에서 일어나는 독서방법의 변화 방향은 어떠한가?

(해설) 정보화 사회의 독서 방법의 특징은 '읽기'에서 '보기'로, '정독'보다는 '다독'과 '속독'으로, 정보의 '소유'에서 '공유'로, '느린 진지성'에서 '빠른 경박성'으로의 변화에 있다. 즉 종이책 중심의 독서에서 전자 매체 중심의 읽기로의 독서에 따라 문자 중심의 '읽기'에서 멀티미디어를 이용한 '보기'로 나아가고 있다. '생각의 속도'를 강조하는 시대인 만큼 '정독'보다는 '속독'이 강조되며 다양한 정

보의 획득을 위해 '다독'이 요구된다. 인터넷 시대에는 자신의 소유권을 주장하기 보다는 정보의 공유를 지향하여 인터넷을 통해 정보와 지식을 공유하는 경향이 있다. 이전의 독서 경향이 느리지만 진지한 독서를 지향한다면 현재의 독서는 속도를 강조한 나머지 깊이가 없는 경박한 독서가 되기 쉽다.

2. 영화와 문학의 공통점과 차이점에 대하여 생각해 보자.

(해설) – 공통점 : 영화와 문학은 허구적이면서도 가장 실제적인 삶의 모습을 보여 준다.
– 차이점 : 영화는 영상 예술로서 종합 예술이다. 예술로서의 특성보다는 오락적 특성을 강하게 지향하고 있다. 공연성을 갖고 있으며, 기계 복합 문화라고 할 수도 있다. 반면에 문학은 인간이 중심이 되어 상상의 세계를 펼쳐 가는 사고의 세계이며, 예술성, 진지성을 추구한다.

■ 참고문헌

• 김동훈(2003), 『여간내기의 영화교실2』, 컬쳐라인.
• 김봉군 외(2007), 『고등학교 독서(교사용 지도서)』, 금성출판사.
• 김세희 · 박남숙(1998), 『부모와 교사를 위한 아동문학의 전달매체 – 아동문학작품의 실제적 적용』, 양서원.
• 김슬옹 · 송재희(1999), 『중딩 · 고딩들을 위한 대중매체 읽고 쓰고 생각하기』, 세종서적.
• 유보경(2006), 「매체를 활용한 성장소설 교수학습방안 연구」, 성신여자대학교 교육대학원.
• 윤희윤(2003), 「'에듀테인먼트'를 넘어서는 영화읽기—현장에서의 영화읽기 수업사례를 중심으로」, 『문학과 영상』2003 봄 · 여름, 문학과영상학회.
• 윤희윤(2004), 『이 영화 함께 볼래?—창의력을 키우는 영화읽기』, 문학동네.
• 이성강(2004), 『오늘이』, 문공사.
• 조미라(2007), 「애니메이션에 나타난 신화적 상상력-애니메이션 〈오늘이〉를 중심으로」, 『한국콘텐츠학회논문지』, 2, 한국콘텐츠학회.
• 차오름 · 주득선(2002), 『글쓰기 선생님을 위한 영화토론 수업』, 미래 M&B.
• 한국출판연구소(2004), 「국민 도서 실태 조사 보고서」, 문화체육관광부
• KBS-애니멘터리 한국설화 http://www.kbs.co.kr/korea/enter/ani/
• 어린이를 위한 좋은 비디오 목록(서울YMCA 2005년).

제 **15** 장

독서지도의 실례

1. 독서지도를 위한 준비 과정의 필요성을 이해하고, 지도 요소를 파악한다.

2. 독서지도 준비 프로그램을 계획하고, 실제로 적용할 수 있다.

3. 다양한 국면에서 독서전략 지도의 방법을 파악하고, 실제로 적용할 수 있다.

■ 주요용어

독서 실태−독서에 대한 흥미 및 관심 정도, 독서빈도와 독서량, 독서습관 및 독서자세, 도서 보유량, 도서관 활용 정도 등 독서능력 및 태도에 영향을 미칠 수 있는 모든 요소들의 현 상태를 말한다.

독서과정−독자가 글의 의미를 재구성하는 과정으로, 읽기 전·중·후로 나누어 볼 수 있다.

독서전략−독서를 할 때 가장 최적으로 활용할 수 있는 방법을 말한다.

I 책 다가가기

이 장은 아동들이 '책에 다가갈 수 있도록' 지도하는 과정에 대한 설명이다. 교사가 아동의 독서 실태를 파악하고, 독서 프로그램에 대한 계획을 세우며, 독서환경을 조성하는 등 독서에 대한 친밀감을 높일 수 있는 방법을 소개한다. 본격적인 독서지도 이전에 책과 가까워질 수 있도록 하는 다양한 방법들을 활용하면, 자발적으로 책을 읽고 싶어 하는 의욕을 고취시킬 수 있다.

1. 독서 실태 조사

지도 대상이 되는 학생들이 독서와 관련하여 어떤 문제가 있는지, 무엇을 좋아하고 원하는지, 또 현재 독서능력을 알아보는 사전 조사가 필요하다. 이는 독서 프로그램을 계획하고 실천하는 데에 첫 단추라고 할 수 있다.

[방법]

설문지를 활용하거나 아동이나 학부모와 직접 면담을 실시한다.

독서 실태에 대한 아동용 설문의 예

\# 다음의 문항(1번~5번)은 어린이 여러분들이 독서에 얼마나 많은 흥미를 갖고 있는지를 알아보기 위한 질문들입니다. 잘 읽고 답해 주세요.

1. 평소에 책을 어느 정도 좋아하나요?

　① 틈만 나면 읽을 정도로 좋아한다.　　② 자주 읽을 정도로 좋아한다.

　③ 가끔 읽는 정도로 좋아한다.　　　　④ 책 읽기를 싫어한다.

---

2. 가끔씩이라도 책 읽는 것에 관심이 있다면 무엇 때문인가요?

　① 지식, 교양, 정보 등을 얻을 수 있어서　② 숙제 및 학교 공부에 도움이 되어서

　③ 책을 읽으면 마음이 즐거워서　④ 부모님이나 선생님께서 칭찬해 주셔서

3. 새 학년이 되어서 읽은 책은 모두 몇 권인가요?

　(　　　　　　　　　　　)권 정도

4. 자신이 가장 좋아하는 책의 종류는 다음 중 무엇인가요?

　① 지식을 얻게 해 주는 책　　② 위인전　　③ 역사소설

　④ 생활동화　　⑤ 환상동화　　⑥ 전래동화

　⑦ 신화, 전설　　⑧ 동요, 동시　　⑨ 기타

5. 독서를 하면 어떤 점이 좋은가요?

　① 사고력과 표현력을 기를 수 있다.　② 상상력과 꿈을 기를 수 있다.

　③ 인격 형성에 도움이 된다.　④ 새로운 정보를 얻을 수 있다.

다음의 문항(6번~10번)은 어린이 여러분의 독서 습관에 대해 알아보기 위한 질문들입니다. 잘 읽고 답해 주세요.

6. 시간의 여유가 있을 때 가장 즐겨 하는 일은 무엇인가요?

　① TV 시청, PC 게임　　② 책 읽기

　③ 놀기, 운동하기　　④ 기타

7. 하루에 습관적으로 책 읽는 시간은 평균 얼마인가요?

　① 없다　　② 30분 이하　　③ 30분~1시간

　④ 1시간~2시간　　⑤ 2시간 이상

8. 책을 선택해서 읽기 시작하면 끝까지 읽나요?

① 항상 그렇다.　　　　　　　　② 가끔 그렇다.

③ 그저 그렇다.　　　　　　　　④ 거의 그렇지 않다.

9. 자신의 책 읽는 방법은 어떠한가요?

① 차근차근 생각하면서 읽는다.　② 빨리 읽으면서 많이 읽으려는 편이다.

③ 줄거리만 알고 그냥 넘어가는 편이다.　④ 그림만 보며 넘어간다.

10. 자신이 읽을 책을 항상 가지고 다니나요?

① 항상 가지고 다닌다.　　　　② 가끔 가지고 다닌다.

③ 필요할 때만 가지고 다닌다.　④ 가지고 다니지 않는다.

2. 독서환경 조성

(1) 우리 집 '작은 도서관' 꾸미기

독서흥미와 습관 형성을 위해 가장 먼저 이루어져야 할 작업은 아동들이 좋은 책을 늘 가까이 접할 수 있는 환경을 구성하는 것이다. 많은 책을 구입하고 서가를 따로 마련하는 등 외형적인 것을 갖추는 것에 급급하기보다 아이들이 책에 충분히 노출될 수 있도록 세심하게 배려하는 것이 중요하다.

[방법]

전집류 등을 한꺼번에 구입해서 책장을 채우기보다는 아이들이 지금 현재 관심을 갖고 있는 책들을 필요할 때마다 조금씩 구입하는 것이 좋다. 책등이 보이게 책이 빽빽하게 채워진 책장이 오히려 아이들에게 부담을 줄 수 있다.

책 표지가 보이게 꽂을 수 있는 책꽂이는 그 자체가 아이들에게 멋진 책 소개가 될 수 있다. 아이들은 책의 얼굴(표지)을 대함으로써 그 책과 더 쉽게 친해지고, 다음에 읽을 책을 미리 마음에 점찍어 두게 되어 스스로 책읽기 계획을 세우기에 유리하다.

지금 읽고 있거나, 앞으로 읽을 책들은 책 표지가 보이게 꽂을 수 있는 책꽂이에 꽂고, 이미 읽은 책들은 책등이 보이게 꽂는 책꽂이 차곡차곡 채워가면서 독서에 대한 성취감을 높일 수 있다.

[그림 15.1] 책꽂이 활용 방법의 예

(2) 학교 · 지역사회 도서관 활용하기

가정에서 충분히 많은 양의 도서를 구비하고 있더라도 도서관은 아동에게 매우 중요한 독서환경이다. 집이나 교실보다 탁 트인 공간이므로 느긋하게 책을 읽을 수 있고, 다양한 책들 중에서 관심 있는 분야의 책을 골라볼 수 있으며, 도서관에서 열리는 다양한 독서 또는 문화 관련 행사를 체험할 수 있는 등 유익한 점이 매우 많다. 특히 책 읽기의 재미에 푹 빠져 있는 많은 독자들과 같은 공간에 있으면서 다양한 연령과 계층의 사람들이 책에 집중하는 것을 보는 것 자체로도 독서지도의 효과가 높다.

[방법]

도서관에 가기 전에 도서관 이용과 관련된 충분한 사전 지도가 필요하다. 책을 소중히 다루는 법, 책을 읽는 바른 자세에 대해 설명 및 교사의 시범을 통해 잘못된 책 읽기 방법을 교정한다. 도서관 이용 방법 및 유의할 점, 도서관의 책 분류법(십진분류 체계) 등에 대한 지도를 한다.

[그림 15.2] 도서관에서 책을 읽는 어린이

〈표 15.1〉 도서관 활용 시 유의점

책 바르게 다루기	책 읽는 자세
– 책을 읽기 전에 손을 씻는다. – 음식물을 먹으며 책을 읽지 않는다. – 책장을 넘길 때 손가락에 침을 묻히지 않는다. – 읽을 책을 신중하게 정하고 한 번 고른 책은 꾸준히 읽는다. – 책을 책장에서 뺄 때에는 가운데 부분을 잡고 뺀다. – 책을 읽고 나면 제자리를 찾아서 꽂는다. – 책 표지가 접힌 채 책장에 꽂지 않는다. – 거꾸로 꽂거나 뒤집어 꽂지 않는다.	– 책상 앞에 앉아 책을 세워 들고 허리를 세워 바르게 읽는다 – 책과 눈의 거리는 30㎝ 정도 거리를 유지하고 읽는다. – 책을 잡는 위치는 책의 1/3 아래 부분을 잡고 펴서 읽는다. – 불을 켜고 밝은 곳에 책을 읽는다.

〈표 15.2〉 도서관 책 분류법[한국십진분류(KDC)]

분류 번호	주제	주요 내용
000	총류	100~900까지를 포괄하는 주제
100	철학	동양 서양 철학, 심리학, 논리학, 윤리학 등
200	종교	종교 행위 관련 사항, 동양 서양의 모든 종교, 신화까지도 포함
300	사회과학	사회 현상과 관련 사항, 사회학, 통계, 경제, 정치, 행정, 교육, 법, 풍속, 국방, 군사학까지 포함
400	순수과학	기초과학과 관련된 내용, 수학, 물리학, 화학, 천문학, 지학, 광물학, 생명과학, 식물학, 동물학 등을 포함
500	기술과학	응용과학으로 의학, 농학, 기계공학, 건축공학, 제조업, 가정학 등을 포함
600	예술	예술 활동과 관련된 모든 내용으로 음악, 미술, 건축, 운동 포함
700	언어	어학과 관련된 자료로 한국어, 중국어, 일본어, 영어를 비롯한 모든 언어를 포함
800	문학	학교 도서관에서 가장 많은 자료를 소장하고 있는 분야로서 시, 소설, 희곡, 수필 등의 형식을 빌어 표현한 자료
900	역사	동양 및 서양의 역사와 관련된 자료, 지리(980)와 전기(Biography, 990)도 여기에 포함

3. 독서의욕 고취

(1) 독서의 필요성 알기

본격적인 독서지도에 앞서 독서의 필요성과 책을 읽는 바른 방법 및 책을 읽으면 어떤 점이 좋을지에 대해 함께 공부하는 시간을 가지는 것이 좋다. 독서의 필요성에서는 책이 우리에게 주는 이로운 점 알기, 말과 글을 통하여 생각과 느낌을 바르게 표현하기, 문학작품을 즐겨 읽으며 아름다운 정서와 상상력 키우기, 간접 경험을 통하여 지식을 넓히기 등의 내용을 주로 지도할 수 있다. 독서의 중요성 및 필요성에 대해 학생들에게 공감하게 하고 정확히 인지시키는 것은 독서지도에 대한 준비를 시키는 데 중요한 요소이다.

[방법]

① 왜 독서가 필요한지에 대해 자신의 생각을 발표한다.

② 읽기 교과서에 소개된 독서의 필요성과 관련된 글을 함께 읽고 정리한다.

③ 독서습관을 가지기 위해 노력해야 할 일을 생각해 보고 발표한다.

④ 독서의 좋은 점, 독서를 하면 학습에 어떤 도움이 있는지도 생각하면서 올바른 독서태도를 갖기 위한 다짐의 시간을 갖는다.

(2) 독서명언 찾기

성현들이 남긴 독서에 대한 명언을 통해 독서의 필요성을 구체적으로 받아들이고 독서의 생활화가 필요함을 체득할 수 있다.

독서의 필요성 알기[1]

독서는 마음의 양식이라고 한다. 건강을 지키기 위하여 음식을 먹듯이, 마음을 살찌우기 위하여 책을 읽어야 한다. 독서를 하는 까닭은 무엇이며, 독서를 하면 마음이 풍요로워지는 이유는 무엇일까?

독서를 하면 지식을 얻고 교양을 쌓을 수 있다. 책에는 새로운 정보와 다양한 지식이 있다. 책을 읽음으로써 폭넓은 지식과 새로운 정보를 얻고, 그 지식과 정보를 바탕으로 하여 올바른 사회인으로 살아갈 수 있는 기본적인 교양을 쌓을 수 있다.

독서를 하면 풍요로운 삶을 가꿀 수 있다. 사람들은 새로운 세계를 경험해 보고 싶어 한다. 그래서 히말라야 정상에 도전하기도 하고, 별이나 달의 세계에 가 보고 싶어서 우주선을 만들기도 한다. 그러나 모든 경험을 직접 해 볼 수는 없다. 독서를 하면 직접 경험하지 못한 세계를 간접적으로 경험할 수 있고 삶을 풍요롭게 가꾸어 나갈 수 있다.

독서를 하면 감동과 재미도 얻을 수 있다. 가슴이 뭉클한 내용을 읽고 감동을 받거나, 재미있는 내용을 읽고 웃고 즐거워하기도 한다.

또 독서를 하면 삶의 지혜를 배운다. 책 속의 인물이 한 행동을 통하여 세상을 올바

르게 살아가는 태도와 어려운 일을 해결하는 방법을 배울 수 있다.

　이처럼 우리는 독서를 하면 지식과 교양을 쌓고 풍요로운 삶을 가꾸며 감동과 재미를 얻고 삶의 지혜를 배울 수 있다. 독서의 즐거움을 경험하고 즐겨 읽는 태도를 가지도록 노력하자.

[방법]
　① 인터넷 검색으로 독서와 관련된 다양한 독서명언을 찾는다.
　② 자신이 찾은 독서명언을 소개하고 발표하며 그 의미를 해석해 본다.
　③ 가장 마음에 드는 독서명언을 정하고 암기해서 생활화되도록 한다.
　③ 학생 스스로 독창적인 독서와 관련된 표어를 만들어 본다.

독서명언
　• 오늘의 나를 만든 것은 우리 마을 도서관이다.　　　　　　　－빌 게이츠
　• 오래 묵을수록 좋은 것 네 가지가 있다. 오래 말린 땔나무, 오래 묵어 농익은 포도주, 믿을 수 있는 옛 친구, 읽을 만한 원로 작가의 글이다.　　　　　　　－프란시스 베이컨
　• 나는 한 권의 책을 책꽂이에서 뽑아 읽었다. 그리고 그 책을 꽂아 놓았다. 그러나 이미 나는 조금 전의 내가 아니다.　　　－앙드레 지드
　• 처음 책을 읽을 때는 새로운 친구를 만난 것이고, 두 번째 책을 읽을 때는 옛 친구를 만난 것이다.　　　　　　　－중국 속담

---

1) 초등학교 4학년 1학기 교과서 20~21쪽 발췌.

독서 표어

- 책 속에 길이 있다. 옳게 읽고 바로 가자.
- 책 든 손 귀하고 읽는 눈 빛난다.
- 책은 정다운 벗이요, 훌륭한 스승이다.
- 사람이 책을 만들고 책이 사람을 만든다.
- 책이란 저장되어 있는 지식이다.
- 독서처럼 값싸고 영원한 즐거움은 없다
- 책 속에 읽는 길 읽으면 자의 길
- 책은 마음의 양식이다

(3) 나만의 책갈피 만들기

책갈피가 있으면 자기가 읽고 있던 책 사이에 끼워 놓고 시간이 날 때마다 이어서 읽음으로써 한 번 읽기 시작한 책을 끝까지 읽는 습관을 형성할 수 있다. 자신만의 책갈피를 만드는 과정에서 책을 사랑하고 아끼기 위해서는 함부로 접거나 구기지 않아야겠다는 생각을 가지게 된다. 또한 책갈피에 적힌 독서에 관한 명언을 수시로 보면서 그 의미를 생각하게 되어 독서의 중요성에 대해 깨달을 수 있다.

[그림 15.3] 책갈피 만들기 예

[방법]

① 한쪽 면에는 독서에 관한 명언을 쓰고, 다른 쪽에는 자신의 이름을 써 넣은 책갈피를 만든다.

② 자신만의 방법으로 책갈피를 꾸미고 코팅을 해서 내구성을 높인다.

③ 한지로 책갈피 만들기 : 아동들이 만졌을 때 손에 닿는 느낌을 부드럽게 하여 정서적으로 안정되게 하고 혹시 분실하였을 때에도 환경오염이 되지 않도록 코팅 자료를 활용하지 않고 두꺼운 하드보드지를 잘라 기본 모양을 만들고 그 위에 색 한지를 붙여 책갈피를 만들 수도 있다.

(4) 독서가계부 쓰기

가계부를 쓰면서 수입과 지출을 정확히 알게 되어 경제의 규모를 잘 지키고 저축도 많이 하게 되는 원리를 독서의 계획과 점검에 활용한 방법이다. 매달 한 번씩 독서가계부를 쓰면서 자신의 독서습관과 독서태도를 반성하고 새로운 독서 계획을 세울 수 있다.

[방법]

① 매달 읽을 책 권수를 계획한다.

② 그 계획만큼 책을 읽을 수 있도록 시간을 배분하고 책을 읽도록 노력한다.

③ 계획한 책 권수와 한 달간 실제로 읽은 책 권수를 비교하며 새로운 계획과 반성을 한다.

독서 가계부

서울○○초등학교 (   )학년 (   )반 이름(   )

책이 사람을 만든다고 합니다. 책을 읽으면 생각하는 힘이 길러지고 지혜를 얻어, 인생의 방향을 올바르게 설정하는 계기를 얻을 수 있습니다.

앞으로 1년간 읽을 책을 미리 계획하고 실제로 책을 얼마나 읽었는지 확인해 본다면 꾸준히 책을 읽을 수 있습니다.

월	목표	읽은책	월	목표	읽은책
3월	권	권	4월	권	권
5월	권	권	6월	권	권
7월	권	권	8월	권	권
9월	권	권	10월	권	권
11월	권	권	12월	권	권
1월	권	권	2월	권	권

1년 결산

총 목표량	권	총 읽은 책	권

나의 평가

(5) 독서달력 만들기

달력에 날마다 읽은 부분을 기록하는 활동이다. 독서달력 쓰기 활동을 통해 무엇을 써야할 것인지 염두에 두고 책을 읽게 된다. 책을 보다 집중하여 읽게 되고, 글로 남기기에 무엇을 읽었는지 한눈에 볼 수 있으며, 글로 쓰는 사이에 저절로 마음에 새겨지게 된다.

[방법]

날마다 읽은 것을 요약하여 짧게 요점만 달력에 쓴다. 읽은 것 중에서 기억하고 싶은 부분이나 감동적인 글귀를 베껴 써 놓도록 한다.

[그림 15.4] 독서달력 예

(6) 독서 마라톤 대회

완주를 목표로 마라톤에 참여하듯이 목표 독서량을 정해 놓고 꾸준히 독서에 참여하도록 하도록 하는 방법이다. 독서량에 지나친 경쟁심을 갖지 않고 정직하고 성실하게 독서 마라톤에 참여해야 함을 강조한다.

[방법]

① 먼저 자신의 독서성향에 맞게 목표 코스를 정한다. 평소에 책을 빨리 통독을 하거나 다독을 하는 아동은 완주 코스를 목표로 한다. 정독을 하거나 독서량이 많지 않은 경우에는 하프코스를 정한다.

② 1쪽을 읽으면 10m를 달린 것으로 간주한다. 마라톤 42.195km를 m로 환산하면 42,195m이므로 풀코스의 경우 4,220쪽을, 하프코스의 경우 2,110쪽을 읽으면 목표를 달성한 것으로 규칙을 정한다.

4. 권장도서 선정

(1) 일반적인 도서 선정의 기준

① 어린이의 발달 단계(성장, 흥미, 인지, 욕구)에 맞는 것
② 어린이의 눈으로 본 진실이 전형화되고 사실적으로 그려져 있는 것
③ 자연과 사회, 역사와 인간에 대하여 새로운 인식을 얻게 되고 현실을 보는 눈이 넓고 깊게 되는 것
④ 어린이에게 생생한 영상을 그리게 하고 공상력 · 창조력을 넓히고 길러 주는 것
⑤ 휴머니즘과 비판 정신이 두드러진 것
⑥ 올바른 것은 아름답고 아름다운 것은 올바르다는 사실을 감동을 통해 포착시킬 수 있는 것
⑦ 우리말의 아름다움과 재미를 느낄 수 있는 것

⑧ 삽화가 예술적으로 훌륭하고 줄거리를 이해하고 발전시키는 데 도움을 주
　 는 것

(2) 연령별 도서 선정

〈표 15.3〉 연령별 발달 단계에 따른 도서 선정의 예

단 계	연 령	발달 단계에 따른 특징
초현실적 반복 이야기	2~6세	아동이 주어지는 환경을 그대로 모방하는 결정적 시기이고 생활의 규범, 예의, 지식 태도를 익히는 시기이다. 이야기를 되풀이하여 듣기를 좋아한다. 단편적으로 동식물과 무생물을 의인화한 이야기도 즐긴다(그림책, 초현실적 이야기).
옛날이야기	4~6세	모든 행동과 표현을 양극으로 나타내는 자기 중심적인 시기로 선악, 인과 관계, 가능과 불가능, 가치와 무가치를 대등 관계가 아니고 일체적으로 경험한다. 이야기의 시작과 끝이 조화되고 명확한 가치 판단으로 전개되는 이야기를 즐긴다.
우화기	6~8세	아직 신변의 생활 환경과 자기 중심적 심성에서 벗어나지 못하나 사회생활에 대한 적응에 관심이 높아 행동 규범을 무조건 수용하는 시기이다. 선악, 진리, 정의와 불의 등 도덕성을 명백히하고 그 갈등을 즐기나 아직 타인의 도덕률에 의존하는 타율 도덕 시대이다(이솝우화, 그림 옛날이야기 등).
동화기	8~10세	자기 중심적 심성을 벗어나 자타를 구별하고 현실 사회를 살피며 주인공 행동에 공감하거나 비판하는 반면, 자주적 판단에 의거하여 사생활이 시작되는 시기이다. 정·부정을 판단하고 그 판단에 따라 정조를 경험하는 태도를 기른다(생활동화, 신화, 전설 등).
이야기기	10~12세	발달 과정상에서 성인 의존보다 친구 의존이 중심인 시기이다. 우정이나 사회적 책임을 중시하고 자치 활동, 모험, 탐험을 즐기고 현실 세계에서 우주로 시야가 넓어지고 그 속에서 인간 관계의 의미를 추구한다(공상 이야기, 소년소녀 이야기, 모험, 탐정, 과학, 발명 이야기 등).
전기기	12~14세	사춘기로 생리적 변화가 일어나 수치심과 혐오감을 가지고 외적인 관계 형성보다 내적인 심리를 추구하게 되므로 고독해하기 쉬운 시기이다. 이 자아 폐쇄적 태도를 빨리 벗어나야만 하고 사실과 진실을 구별하고 이성에 대한 올바른 이해를 갖게 하는 데 주의를 요구한다(전기, 소년소녀 문학, 대중문학 등).

(3) 주제별 도서 선정

〈표 15.4〉 초등학교 1학년 아동을 위한 주제별 도서목록의 예[2]

주 제	관련 도서 목록
학교가 즐거워요	▶ 학교생활 적응 및 바른 생활습관 기르기 관련 도서 *칠판 앞에 나가기 싫어, *해찬이의 학교예절 배우기, *지각대장 존, *난 학교가기 싫어, *루시의 작지 않은 거짓말, *짜장 짬뽕 탕수육, *새 친구가 이사 왔어요. *끝까지 잘 들어요.
과학과 친해요	▶ 과학 관련 도서 *충치도깨비 달달이 와 콤콤이, *1학년이 보는 과학 이야기, *넌 누구니, *인체 여행, *우린 모두 한 몸이야, *내가 누구게, *무엇이 어떻게 보일까, *신기한 스쿨버스, *떡볶이 따라 몸속 구경
감사하는 생활을 해요	▶ 우리 주변의 따뜻한 이야기 *나 혼자 집에 있을 때, *내 동생 싸게 팔아요, *내가 동생을 돌볼래요. *아빠 짱, *돼지책, *선생님 우리 선생님, *리디아의 정원, *날개달린 휠체어, *똥 할아버지는 못 말려
자연을 사랑해요	▶ 자연의 소중함을 일깨우는 이야기 *갯벌에 뭐가 사나 볼래요, *아빠 꽃밭 만들러 가요, *누구야 누구, *아기 물방울의 여행, *누가 버렸지, *가로수 밑에 꽃다지가 피었어요
나라를 사랑해요	▶ 위인전 및 나라 사랑 이야기 세종대왕, 이순신, 장영실, 김정호, 단군신화, 김구, 안창호, 허준, 링컨, 나폴레옹, 에디슨
공부가 재미있어요	▶ 교과 내용과 관련된 도서 강아지 똥, 솔이의 추석 이야기, 흥부와 놀부, 노란 양동이, 심심해서 그랬어요. 호랑이의 뱃속 여행

---

1) 강경숙(2007)을 발췌 및 재구성함.

(4) 교과 연계 도서 선정[3]

〈표 15.5〉 6학년 1학기 국어과 관련 도서목록의 예

단원	교육과정 내용	학습내용 요소	학습도서 및 통합지도 내용
[첫째마당] 삶과 이야기 1. 마음의 물결 2. 아름다운 삶	▷ 쓰기(1) 쓰기가 의미 형성 과정임을 안다. ▷ 문학(4) 작품에 창의적으로 반응한다. ▶ 문학지식(2) 작품에서 사건의 전개와 배경의 관계를 안다.	▷ 생각이나 느낌을 자유롭게 표현하기 ▷ 인상 깊은 장면이나 인물에 대하여 표현하기 ▶ 사건과 배경 이해하기 ▶ 사건과 배경의 관계를 파악하며 이야기 읽기	■어린왕자 ■한자 이야기 *『한자 이야기』는 문자와 책의 소중함을 알려주고자 학년 초에 읽힘. ■연어
[둘째마당] 알아가는 기쁨 1. 정보의 바다 2. 자연과 더불어	▷ 듣기(1) 듣기가 의미 형성 과정임을 안다. ▷ 듣기(5) 여러 가지 매체에서 관심 있는 내용을 찾아 듣는 태도를 지닌다. ▷ 쓰기(5) 사물의 모습이 생생하게 드러나게 글을 쓴다. ▷ 쓰기(6) 표현의 효과를 고려하여 문장을 고쳐 쓴다. ▶ 읽기(3) 글을 읽고, 전체의 내용을 요약한다.	▷ 매체에서 정보를 찾아 글을 쓰는 것에 대하여 알기 ▷ 묘사의 방법 알기 ▶ 문단의 내용을 요약하며 읽기 ▶ 글 전체의 내용을 요약하며 읽기	■고려시대 인물 위인전 *사회과 1-2. 민족을 다시 통일한 고려(선택학습3) : 위인에게 편지쓰기 ■너도 하늘말나리야 *미술과 : 학교 모습 세밀하게 그리기 *실과 2.꽃가꾸기 : 꽃나무 관찰하며 꽃 이름 외우기, 자기가 기르는 식물에게 편지 쓰고 기르는 방법 알기 *도덕과 2. 소중한 생명 : 생명의 소중함 깨닫기
[셋째마당] 느낌과 표현 1. 노래가 머무는 곳 2. 다양한 표현	▷ 쓰기(7) 쓰기의 방법을 활용하려는 태도를 지닌다. ▷ 문학(6) 작품을 다른 갈래로 표현한다. ▶ 읽기(6) 글에 나오는 표현의 적절성을 판단한다. ▶ 문학 지식(3) 작품에 나오는 여러 가지 감각적 표현을 음미한다.	▷ 시와 이야기의 형식 바꾸기 ▷ 극본과 이야기의 형식 바꾸기 ▶ 감각적 표현에 주의하며 시 읽기 ▶ 효과적인 표현 파악하며 이야기 읽기	■여러 시집 ■그림동화책 *도서관 이용 시간을 활용한 형식 바꾸어 쓰기 수업 전개 ■마당을 나온 암탉 ■어린왕자 *미술과 3.다양한 표현 : 대상을 재배치하거나 선 · 형 · 색 · 을 강조하여 표현하기 *미술과 6.여러 나라의 민속공예품 : 세계 여러 나라의 민속 의상 종이접기

---

3) 이은미(2006)를 발췌 및 재구성함.

단원	교육과정 내용	학습내용 요소	학습도서 및 통합지도 내용
[넷째마당] 의견을 모아서 1. 말과 글에 　담긴 생각 2. 헤아리고 　살피며	▷ 듣기(3) 말하는이의 의 도나 목적을 파악하며 듣 는다. ▷ 말하기(3) 타당하고 설 득력 있는 근거를 제시하 며 의견을 제시한다. ▷ 말하기(6) 여러 가지 말하기 규칙을 지키며 말 하는 태도를 지닌다. ▷ 쓰기(3) 주장을 뒷받침 하기에 알맞은 근거를 제 시하며 글을 쓴다. ▶ 읽기(4) 주장에 대한 근거의 적절성을 판단하며 글을 읽는다.	▷ 주장에 알맞은 근거 들 기 ▷ 토의할 때 주의할 점 알기 ▷ 토의 절차 알기 ▶ 주장과 근거 파악하며 글읽기 ▶ 주장에 대한 근거의 적 절성을 판단하며 글읽기	■마지막 왕자 *사회과 1-2. 민족을 다시 통 일한 고려 : 신라말 사회적 상 황 알기 ■우리들의 일그러진 영웅 *미술과 : 한병태와 엄석대의 모습을 상상하여 그리고, 그 렇게 표현한 까닭 설명하기 ■명성황후, 흥선대원군 위인 전 *사회과 2-3. 근대 시민 사회 의 발달: 개화파와 척화파의 주장 알기

〈표 15.6〉 6학년 2학기 국어과 관련 도서 목록의 예

단원	교육과정 내용	학습내용 요소	학습도서 및 통합지도 내용
[첫째마당] 마음의 결을 따라 1. 시와 함께 2. 이야기 　속으로	▷ 말하기(1) 말하기가 의 미 형성 과정임을 안다. ▷ 문학(4) 작품에 창의적 으로 반응한다. ▶ 읽기(1) 읽기가 의미 형 성 과정임을 안다. ▶ 문학(4) 작품에 창의적 으로 반응한다.	▷ 시에 대한 생각이나 느 낌 주고받기 ▷ 이야기에 대한 생각이 나 느낌 주고받기 ▷ 말을 하면서 생각이나 느낌이 풍부해지는 경험하 기 ▶ 시를 읽고, 생각이나 느낌 나누기 ▶ 이야기를 읽고, 생각이 나 느낌 나누기	■교사가 준비한 시집 　⇒ 시와 함께 (김치를 싫어하는 아이들아/ 날아라 새들아/ 콩, 너는 죽었 다/ 바퀴 달린 모자/ 별을 사 랑하는 아이들아/ 우리 선생 님이 추천한 동시 200편/ 아 이들과 함께 하는 시 수업) ■너도 하늘말나리야 　⇒ 소희의 일기장 ■갈매기의 꿈 　⇒ 임금의 명령
[셋째마당] 삶의 무늬 1. 따뜻한 　마음 2. 향기로운 　이야기	▷ 쓰기(1) 쓰기가 의미 형 성 과정임을 안다. ▷ 문학(6) 작품을 다른 갈래로 표현한다. ▶ 읽기(1) 일기가 의미 형 성 과정임을 안다. ▶ 문학(5) 작품에 반영된 가치나 문화를 이해한다.	▷ 시와 판소리를 다른 갈 래로 바꾸어 쓰기 ▷ 이야기를 다른 갈래로 바꾸어 쓰기 ▶ 인물이 추구하는 삶을 이해하며 이야기 읽기 ▶ 이야기에 반영된 문화 를 생각하며 이야기 읽기	■흥부전 　⇒ 따뜻한 마음(말 · 듣 · 쓰) ■괭이부리말 아이들 　⇒ 따뜻한 마음(읽기) ■압록강은 흐른다 　⇒ 향기로운 이야기(읽기)

범례 : ▷(말하기 · 듣기 · 쓰기), ▶(읽기), ■(학습도서), * (교과 통합 지도 및 참고사항).

(5) 도서 선정의 실제

학생의 수준과 관심 주제를 고려하여 학년에 맞는 책을 읽도록 지도한다. 아이들이 가장 재미있게 읽었던 책을 알아보고 책을 어떻게 골라서 읽는지, 어떤 종류의 책을 읽어보았는지 발표하도록 한다. 발표를 들으면서 도서 선택 방법에 대한 지도도 곁들인다.

[방법]

① 학생의 독해 능력에 맞는 책을 고른다. 이때 간단한 '손가락 검사' 방법을 활용할 수 있다. 학생에게 어떤 책을 선정해서 주고, 책의 한 쪽을 읽으면서 뜻을 모르거나 읽을 수 없는 단어가 나올 때마다 손가락을 꼽아보게 한다. 어려운 낱말이 0~1개면 학생에게 쉬운 책이고, 2~5개면 중간 수준의 책이다. 6개 이상일 경우는 학생에게 어려운 책이다.

② 학령에 따른 학생의 흥미 발달을 고려하여 책을 고른다.

- 저학년 : 자기 중심적 심성에서 탈피하여 점차 사회적으로 확대되어 가는 단계이다. 글을 읽기 시작하지만 그림의 보조가 필요하기도 하고, 그림이 없는 책을 읽으며 등장인물과 배경 등을 상상하여 이미지를 떠올리면서 책 읽는 재미를 느끼기도 한다.

- 중학년 : 타인의 경험을 통하여 새로운 현실을 배우려고 하는 단계이다. 이때 읽은 위인전은 장래 희망에도 많은 영향을 준다. 영웅 이야기나 가공 소설류도 추천할 만하다.

- 고학년 : 논리적인 사고력이 발달하며 새로운 행동의 영역을 적극적으로 개발하려는 단계이다. 과학적인 환상을 좋아하고, 어려움을 극복하는 모험에 관한 책을 즐겨 읽는다. 또 소년 · 소녀 소설, 모험 · 탐정 소설, 발명 이야기도 좋아한다.

II 책 만나기

이 장은 본격적으로 '책을 만날 수 있도록' 지도하는 과정에 대한 설명이다. 독서 전·중·후 과정별로 지도하는 방법, 도서의 종류별로 책읽기를 지도하는 방법, 독서지도 시 발생하는 문제 사례별로 지도하는 방법, 그리고 독서지도에 유용한 활동 방법들을 소개한다.

1. 과정 중심 독서지도

(1) 과정별 활동의 예

과정 중심의 독서지도는 독서 전 활동, 독서 중 활동, 독서 후 활동으로 나눠 볼 수 있다.

① 독서 전 활동은 책을 읽기 전에 글의 화제나 개념에 대한 학생들의 배경 지식을 형성하고 활성화시키는 활동이다. 독서 전에는 독서의 목적을 결정하고, 관련 정보를 예측하며, 배경 지식을 활성화하여 전체 글에 대한 안내와 학습자들의 학습 동기를 불러일으키는 활동을 한다.

② 독서 중 활동은 학생들이 글을 읽고 텍스트에 대하여 개인적인 반응을 하게 한다. 독서 중에는 예측한 내용을 확인하면서 글을 중심 생각을 찾고 질문과 점검을 통해 글의 의미를 찾아내는 활동을 한다. 교사는 학생들이 머릿속으로 질문을 만들며 계속적으로 그 내용에 관심을 갖도록 하고, 처음에 예측한 것이 맞는지 계속 점검하면서 읽도록 도와주는 것이 필요하다.

③ 독서 후 활동은 독서목적에 대해 평가하고, 내용에 대해 요약하며, 새로운 상황에 적용해 보는 활동을 한다. 독후 활동은 다양한 방법으로 실행이 가능하다.

〈표 15.7〉 과정 중심 독서지도 시 과정별 활동의 예

과정 내용	독서 전 활동	독서 중 활동	독서 후 활동
교사가 도울 일	작품에 대한 호기심을 갖게 하고 상상력을 최대한 자극할 수 있는 내용으로 책을 읽고 싶은 마음을 갖도록 유도	적절한 방법의 질문으로 계속적으로 그 내용에 관심을 갖도록 격려	읽은 내용을 되새겨 보게 하고 그 내용을 심화, 이해하게 하며 읽은 내용을 감상할 수 있는 기회 제공

그 각각의 활동을 표로 정리하여 보면 다음과 같다.

과정 내용	독서 전 활동	독서 중 활동	독서 후 활동
활동의 예 (1)	· 예측하기 · 배경지식 활용하기 ① 등장인물의 모습을 상상한다. ② 등장인물, 또는 중심 소재에 대한 경험, 그와 관련된 글 떠올린다. ③ 작품의 제목을 알려주고 어떤 이야기일지 상상하게 한다. ④ 앞 부분의 이야기를 대강 들려주고 글의 전개 부분과 결론을 상상하게 한다. ⑤ 글에 나오는 새로운 단어나 다의어에 대해 학습한다.	· 질문하기 · 협의하기 · 구조를 생각하며 읽기 ① 글 전체의 뜻이나 작가의 의도를 파악한다. ② 글 전체 줄거리를 파악한다. ③ 인물의 성격, 인물 구조를 파악하도록 한다. ④ 단어나 문장을 학습한다. ⑤ 장면별로 끊어 읽으면서 다음 장면을 상상하게 한다. ⑥ 글의 갈래에 대한 이해를 돕는다.	· 다른 장면으로 바꾸기 · 토의하기 ① 관련 지식을 넓힌다. ② 이해 안 되는 부분이나 오류를 찾고 주변의 일이나 인물에 대입한다. ③ 나의 일로 생각하고 토론한다. ④ 더 나은 해결방안과 결말을 창의적으로 생각하도록 한다.⑤ 다양한 독서 후 활동을 전개한다.
활동의 예 (2)	① 책의 제목을 읽고 그 내용이 어떠할까를 미리 짐작하도록 한다. ② 책의 지은이는 목차(차례)를 애써서 짜므로 미리 책의 내용을 파악하도록 목차를 살펴보도록 한다. ③ 책을 첫 페이지부터 넘겨보면서 큰 제목과 작은 제목을 그림과 함께 살피며 전체적인 윤곽을 파악하도록 한다.	① 중요하다고 생각되거나 인상적인 곳은 줄을 긋거나 표시를 해 가면서 읽도록 한다. ② 기억해야 할 필요성이 있거나 인상적인 점은 독서 보물 창고 공책에 기록해 가며 읽도록 한다.	① 독서학습지 : 이해 정도를 알 수 있게 편집된 독서학습지에 써 가며 읽은 내용을 되새겨보게 한다. ② 독후감 : 독서학습지를 참고로 하여 뒷면에 책을 읽고 난 후 얻은 생각과 느낌을 쓰게 한다. ③ 문장력과 사고력 신장에 도움이 되도록 독서일기를 쓰게 한다. ④ 읽고 난 후 자기 견해를 근거를 내세워 주장하도록 토론의 장을 마련한다.
활동의 예 (3)[4]	① 내용 예측하기 ② 아는 것, 알고 싶은 것, 배운 것 찾기 ③ 가능한 문장 만들기 ④ 사진 속으로 들어가기	① 밑줄 긋기 ② 자기 점검하기	① 질문 만들기 ② 요약하기 ③ 다양한 관점에서 읽기

---

4) 서울특별시교육청(2006)의 내용 중 일부를 발췌·재구성함.

(2) 과정 중심 독서지도 사례

① 수업 사례 1

```
          ┌─────────────────────────┐
          │ ■ 동기유발               │
          │  - 정직하게 행동한 경험 발표 │
          └─────────────────────────┘
                      ↓
```

┌─────────────────────────────────┐   ┌──────────────────┐
│ ■ 글의 내용 예상하기   │......│ 독서 전 활동   │
│ - 주어진 낱말을 이용하여 '은진이의 걱정' 의 │   │ 가능한 문장 만들기 │
│   내용으로 예상되는 문장 만들기   │   └──────────────────┘
└─────────────────────────────────┘
                      ↓

┌─────────────────────────────────┐   ┌──────────────────┐
│ ■ 글 읽기   │......│ 독서 중 활동   │
│ - '은진이의 걱정' 을 읽으면서 중요한   │   │ 밑줄 긋기   │
│   내용 밑줄 긋기   │   └──────────────────┘
└─────────────────────────────────┘
                      ↓

┌─────────────────────────────────┐
│ ■ 역할놀이 하기   │
│ - 역할놀이 준비하기   │
│ - 참가자 정하기   │
│ - 역할놀이 꾸미기   │
└─────────────────────────────────┘
                      ↓

      ┌─────────────────────────┐   ┌──────────────────────┐
      │ ■ 문제 사태와 관련된 규범의 │......│ 독서 후 활동   │
      │   의미 파악하기   │   │ 다양한 관점에서 읽기   │
      │ - 은진이와 동수의 입장에서 │   └──────────────────────┘
      │   사태 파악하기   │
      └─────────────────────────┘

② 수업 사례 2

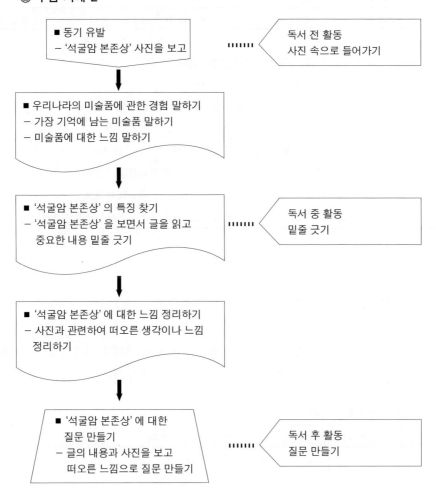

■ 동기 유발
 − '석굴암 본존상' 사진을 보고

독서 전 활동
사진 속으로 들어가기

■ 우리나라의 미술품에 관한 경험 말하기
 − 가장 기억에 남는 미술품 말하기
 − 미술품에 대한 느낌 말하기

■ '석굴암 본존상' 의 특징 찾기
 − '석굴암 본존상' 을 보면서 글을 읽고
  중요한 내용 밑줄 긋기

독서 중 활동
밑줄 긋기

■ '석굴암 본존상' 에 대한 느낌 정리하기
 − 사진과 관련하여 떠오른 생각이나 느낌
  정리하기

■ '석굴암 본존상' 에 대한
  질문 만들기
 − 글의 내용과 사진을 보고
   떠오른 느낌으로 질문 만들기

독서 후 활동
질문 만들기

③ 수업 사례 3

1단계 → 이런 책이에요. (책 안내)
2단계 → 생각해 보세요. (책의 내용 이해 돕기)
3단계 → 책 읽고 이렇게 해 보세요.   (창의적인 독서기록장 쓰기 및 다양한 독후 표현 활동해 보기)
4단계 → 함께 나누어요.   (독서토론, 독서골든벨, 독후 연극 표현 활동, 독서퀴즈대회 등)

〈표 15.8〉 읽기 전 · 중 · 후 과정별 자기 점검 전략의 예

독서 과정	자기점검 전략
읽기 전	① 책을 읽는 것은 의미를 찾고 만들어가는 것임을 안다.
	② 책을 읽는 목적을 분명히 한다.
	③ 책을 끝까지 읽겠다고 다짐한다.
읽기 중	④ 모르는 낱말이나 어려운 내용을 해결하며 읽어 나간다.
	⑤ 책제목, 등장인물, 사건 중심으로 질문해가면서 읽어 나간다.
	⑥ 책 내용과 관련하여 여러 가정을 해 보고 상상하며 읽어 나간다.
읽기 후	⑦ 책에서 알게 된 것과 내가 알고 있던 내용을 관련지어 생각해 본다.
	⑧ 책을 읽은 후 내 방식대로 다시 글을 만들어 본다.
	⑨ 책을 읽을 때 이 책 읽는 방법들을 지키려 노력하고 확인해 본다.

2. 글의 종류별 독서지도

글의 종류에 따라 각각 다른 독서전략이 필요하다. 책의 특성에 맞는 학습 활동을 통해 어린이들이 책에 따른 독서전략이 다름을 알게 한다.

〈표 15.9〉 글의 종류별 독서지도 요소

글의 종류	독서지도 요소
동 화	· 중심 인물과 주변 인물 알기
	· 사건의 원인과 결과 알아보기
	· 대강의 줄거리 파악하기
	· 주인공의 성격과 사건의 배경 알아보기
	· 재미있는 장면, 인상 깊은 부분 찾기
	· 읽고 난 느낌 알아보기
	· 이야기의 결과 상상하기
	· 이야기에 나오는 인물의 마음 되어 보기

글의 종류	독서지도 요소
전기문	· 인물의 어린 시절과 나의 어린 시절 비교하기
	· 인물이 활동한 시대적 배경과 지금과 비교하기
	· 인물의 고난 극복 과정 알기
	· 인물이 인류 역사에 미친 영향 알아보기
	· 인물이 보통 사람과 다른 점 비교하기
	· 인물의 훌륭한 점 찾기
	· 재미있는 부분 찾기
동 시	· 시의 형식 알기
	· 글감 찾기
	· 각 연의 중심 내용 알기
	· 재미있는 표현 찾기
	· 되풀이되는 말과 비유하는 말 찾기
	· 시의 중심 생각 알기
극 본	· 때, 곳, 등장인물의 관계 알아보기
	· 주요 등장인물의 성격 파악하기
	· 중심 생각 알기
	· 극본의 절정은 어떤 내용인가 알기
	· 극본을 읽고 느낀 점 알기

(2) 문종 중심 독서지도 사례

① 동화(전래동화, 창작동화, 세계명작), 위인전, 과학책, 동시 등 책의 종류
   에 따른 독서방법을 다름을 지도한다.
② '책 속의 보물찾기' 학습지를 통해 책을 읽기 전에 미리 어떤 '보물'을 찾
   아야 할지 확인한 후 이것에 유념하며 책을 읽는다.
③ 책을 읽은 후 '책 속의 보물 찾기' 학습지를 해결한다.

책 속의 보물 찾기(동화책)

( )학년 ( )반 이름( )

제목		지은이	
출판사		읽은 날짜	

※여러분이 읽은 동화책 속에는 귀한 보물이 들어 있습니다. 보물을 찾아보세요.

보물 찾기 방법	내가 찾은 보물
1. 주인공은 누구이며 등장인물은 누구인가요?	
2. 주인공의 성격은 어떤가요?	
3. 언제, 어디서, 무슨 일이, 어떻게, 왜 일어났나요?	
4. 가장 재미있는 부분은 어디인가요?	
5. 책을 읽고 느낀 점은 무엇인가요?	
6. 책을 읽고 배운 점은 무엇인가요?	

책 속의 보물 찾기(위인전)

( )학년 ( )반 이름( )

제목		지은이	
출판사		읽은 날짜	

※여러분이 읽은 위인전 속에는 귀한 보물이 들어 있습니다. 보물을 찾아보세요.

보물 찾기 방법	내가 찾은 보물
1. 주인공의 어린 시절 생활은 어땠나요?	
2. 주인공이 한 일이나 업적은 무엇인가요?	
3. 주인공이 만난 어려움은 무엇인가요?	
4. 주인공은 어려움을 어떻게 이겨냈나요?	
5. 주인공의 훌륭한 점이나 배울 점은 무엇인가요?	

책 속의 보물 찾기(과학책)

( )학년 ( )반 이름( )

제목		지은이	
출판사		읽은 날짜	

※여러분이 읽은 위인전 속에는 귀한 보물이 들어 있습니다. 보물을 찾아보세요.

보물 찾기 방법	내가 찾은 보물
1. 이 책을 읽고 새롭게 알게 된 사실은 무엇인가요?	
2. 의문이 생기는 점은 무엇인가요?	
3. 더 알고 싶어진 내용은 무엇인가요?	

책 속의 보물 찾기(동시)

( )학년 ( )반 이름( )

제목		지은이	
출판사		읽은 날짜	

※여러분이 읽은 위인전 속에는 귀한 보물이 들어 있습니다. 보물을 찾아보세요.

보물 찾기 방법	내가 찾은 보물
1. 이 시의 글감은 무엇인가요?	
2. 재미있는 표현은 무엇인가요?	
3. 반복되는 말은 무엇인가요?	
4. 동시의 중심 생각(지은이가 표현하고 싶은 것)은 무엇인가요?	
5. 이 시를 읽고 떠오르는 장면을 그려보세요.	

3. 사례 중심 독서지도[5]

(1) 책을 많이 읽는데도 독해력이 향상되지 않는 경우

① 글의 흐름을 알기 위해서는 낱말과 어휘를 잘 알아야 한다. 책을 줄거리나 사건 중심으로 건성건성 읽으면 자세한 내용을 기억하기 힘들다. 또 사건의 배경이나 인물의 행동 요인도 알기 힘들다.

② 책을 정독하는 습관을 길러 주어야 한다. 이해가 안 되는 부분은 반복해서 읽고 내용을 이해하는 습관이 필요하다.

③ 정독을 돕는 전략

- 문맥에 맞추어 뜻을 생각하며 읽도록 한다. 모르는 낱말이 나오면 전체 문장 속에서 그 뜻을 알아보려고 노력한다.
- 문장 속에서도 이해가 되지 않는 낱말이 나오거나 그 뜻이 확실하지 않으면 사전을 찾아보도록 한다.
- 책에 나오는 새로운 낱말로 끝말 이어가기, 낱말 퍼즐 놀이, 빈 칸 메우기, 국어사전 찾기 등을 통하여 어휘력을 신장시킨다.
- 하나의 낱말이 문장에 따라 달리 해석될 수 있으므로 여러 가지 뜻을 학습하기 위해 짧은 글짓기를 연습한다.

(2) 똑같은 책만 계속해서 읽는 경우

① 학생 자신이 그 책에 흥미를 오래 느끼고 싶은 경우이므로 똑같은 책을 여러 번 읽더라도 그대로 지켜본다.

② 다른 책을 읽게 하고 싶을 때는 새 책을 선물해 주어서 자연스럽게 다른 책을 읽을 수 있도록 한다. 그 책의 일부 내용을 들려주거나 책을

---

5) 서울특별시교육청(2006)의 내용 중 일부를 발췌·재구성함.

읽고 나서 좋았던 점을 설명해 주면서 흥미를 유발시킨다.

③ 반복해서 읽는 책과 비슷한 형식과 내용, 주제를 가진 책을 추천해 준다. 다른 책을 접할 때 자신이 반복해서 읽은 것과 유사점을 찾으면서 읽도록 하면 좋다.

(3) 이책 저책 조금씩 읽고, 책을 끝까지 읽지 않는 경우

① 학생의 독서능력을 파악한 후 가볍게 읽을 수 있는 책부터 시작한다. 학생의 책 읽는 수준에 따라 적절한 칭찬과 상벌을 주면서 체계적인 독서지도를 한다.
- 흥미 유발-직접 서점에 가서 스스로 보고 싶은 책을 골라 산다.
- 쉽고 흥미 있게 시작하기-그림책과 같이 쉽고 흥미 있는 책부터 읽기 시작한다.
- 보상하기-일정한 양을 읽으면 보상해 주는 형식으로 계속적인 관심을 갖도록 한다.
- 확인 격려하기 - 교사나 학부모가 책 읽은 사실을 확인하고 격려해 줍니다.

② 야단치거나 꾸짖지 말고 상상력이 풍부한 아이라고 긍정적으로 생각한다.

③ 고학년 학생의 지도 : 다 읽은 책의 내용에 대하여 간단히 이야기를 나누거나 읽은 책의 내용에 대한 전반적인 생각을 물어본다, 이 과정이 독서를 격려하고 칭찬하는 마당이 되도록 배려한다. 또한 독서를 즐겨 할 수 있는 방법을 찾아 스스로 끝까지 읽어 보도록 한다.

(4) 특정 장르(판타지 소설)만 찾아서 읽는 경우

① 학생이 읽고 있는 판타지 소설의 내용을 살펴본다.
② 읽고 있는 책을 보고 나서 그것을 좋아하는 까닭을 물어보고 타당한

부분은 인정해 준다.

③ 천천히 다른 책을 권해준다. 좋지 않은 책이라도 어른이 일방적으로 판단하고 못 읽게 하면 문제 해결이 더 어려워질 수도 있다.

④ 판타지 소설의 내용을 좋아하면 판타지의 내용이 들어간(판타지 소설은 아닌) 다른 책을 추천하기도 하면서 점차적으로 독서의 관심을 넓힌다.

(5) 책을 건성으로 읽어서 책의 내용을 잘 알지 못하는 경우

우선 천천히 내용을 이해하면서 책을 읽도록 지도한다.

① 일어난 사건이나 주인공이 한 일을 생각하며 중요한 사건을 중심으로 줄거리를 간추려 본다.

② 이야기의 배경이나 시간의 흐름, 등장인물의 관계 등을 생각하며 내용을 정리해 본다.

③ 누가 나오고, 어떤 일이 일어나고, 어떻게 되었는지 간단하게 이야기 내용을 직접 묻고 답하는 활동을 한다.

④ 평상시에 책의 내용을 천천히 읽으며 음미하고, 정확하게 이해하면서 읽는 습관을 가지도록 한다.

⑤ 책을 읽는 중간중간에 알맞은 질문을 하여 부분적으로 내용을 정리해 가면서 읽도록 한다.

(6) 인터넷에 빠져서 책을 읽지 않으려고 하는 경우

올바른 컴퓨터 습관을 형성해 주면서 책 읽기에 대한 관심을 높인다.

① 날마다 컴퓨터를 켜는 습관을 줄여야 한다.

과제를 할 경우나 자료를 찾는 경우를 제외하고는 컴퓨터를 꺼 놓는다. 그리고 바람직한 교육 활동을 했거나 책을 일주일에 한 권 정도 읽었을 경우, 그에 대한 보상으로 컴퓨터를 일정한 시간만 활용할 수 있는 규칙을 정한다. 이렇게 하면서 차츰 인터넷 사용 시간을 줄여 나가는 것이 좋다.

② 주어진 문제에 대해 진지하게 생각하고, 무엇이 좋고 나쁜지를 구분할 수 있는 비판력과 판단력을 길러줄 수 있는 책을 골라 준다.

이런 경우 온라인 게임의 빠른 속도감에 길들여져 있는 경우가 대부분이므로 우선 그리스 · 로마 신화나, 명작 동화 등을 만화로 나타낸 것 중에서 내용이 좋은 것을 골라 읽게 한다. 처음에는 글자가 많은 책보다는 삽화가 많은 책을 권하고, 점점 글자가 많은 책으로 흥미를 유도해 나가는 것이 좋다. 곁에서 독서하는 모습을 지켜 보면서 격려해 주고, 칭찬해 주는 모습을 보여주는 것도 효과가 있다.

(7) 다른 활동은 안 하고 책 읽기에만 몰입하는 경우

① 책을 너무 많이 읽는 학생들은 자칫 책 속에 있는 비현실적 세계에 갇혀 사회 적응력이 떨어지는 경우도 있음을 알려준다.

② 독서를 통해서 새로운 사실도 알 수 있고, 직접 해 보지 못한 경험도 할 수 있지만 자신을 간접 경험의 세계에만 맡김으로써 초래되는 문제점을 알려준다.

③ 책을 읽을 수 있는 장소와 시간을 약속하고, 그것을 실행에 옮길 수 있도록 계속적인 관심과 격려가 필요하다.

④ 책에 너무 빠져 사는 학생들에게는 현실의 문제를 고민하게 하는 책을 권장하거나 자연 속에서 뛰어 놀게 함으로써 현실 속에서도 많은 즐거움을 준다는 사실을 알려주는 것이 좋다.

(8) 만화로 된 책 보기만 좋아하는 경우

고학년이 되어서도 만화를 좋아하는 것이 크게 우려할 일은 아니다. 하지만 만화와 함께 문자로 된 책을 골고루 접할 수 있도록 만들어 주어야 사고력과 창의력이 높아진다.

① 만화로 구성된 과학 상식이나 사회, 문화 현상 등에 대한 책은 학생들에게 흥미를 유발할 수 있고 내용을 쉽게 설명할 수 있어 잘 활용하면 권할 만하다. 하지만, 위인전, 소설, 시 같은 문학작품은 만화가 아닌 '글'로 표현된 것이기 때문에 원작의 느낌을 살아있는 '원작'을 읽도록 하면 좋다.

② '만화로 읽은 것'과 '원작'으로 읽었을 때의 차이점을 찾아보게 한다. 이러한 활동을 통해 만화에만 원작의 내용이 전부 실리지 않았다거나 만화와 원작이 다르다는 것을 깨닫게 하는 것도 중요하다.

다양한 독후 활동 표현 양식

영역	활동 명칭	활동 방법
말로 표현하기	친구야! 들어 봐	친구에게 읽은 책 말하기
	이 책에 나오는 인물은 …	책 속에 나오는 인물 소개하기
	엄마! 들어 보세요	엄마에게 읽은 책 말하기
	친구야! 이 책 참 재미있다	친구에게 읽은 책 소개하기
	똑같이 해 보자	책 속 주인공 목소리 흉내내기
	기자가 되었어요	등장인물과 인터뷰 하기
	주인공 따라잡기	대화글 실감나게 읽기
	선생님, 이런 책을 읽었어요	선생님께 읽은 책 소개하기
그림으로 표현하기	책에 나오는 인물을 찾아보아요	책에 나오는 그려보기
	주인공의 얼굴이 바뀌었어요	주인공의 마음이 바뀌는 모습 그리기
	재미있었던 내용 그리기	재미있었던 내용이나 느낌 그리기
	그림으로 나타내어요	주인공의 모습 특징 있게 그리기
	만화 그리기	기억에 남는 장면을 만화로 그리기
	나는 화가입니다	기억에 남는 장면 그리기
	이 책을 소개하고 싶어요	그림으로 책 소개하기
	내가 꾸민 광고	책을 읽고 싶은 마음이 생기도록 광고로 꾸미기
글로 표현하기	만나고 싶은 주인공	책 속의 주인공을 만나서 하고 싶은 말 쓰기
	주인공과 나의 비교	주인공과 나의 같은 점과 다른 점 찾아 쓰기
	동시 나라	책을 읽고 동시로 표현하기
	삼행시 짓기	인물 이름이나 기억나는 말로 삼행시 짓기
	친구야! 이 책 참 재미있다	친한 친구에게 편지글로 책 소개하기
	읽은 내용을 정리해 보아요	읽은 책의 내용 정리하기
	나도 작가예요	재미있게 이야기 꾸미기
	위인에게 편지쓰기	위인에게 하고 싶은 말로 편지로 쓰기
	주인공에게 편지쓰기	책 속의 주인공에게 편지 쓰기
	베스트셀러 5(가장 좋은 책)	내가 읽은 책 중 가장 좋은 책 5권 뽑기
	상을 주고 싶어요	책에 나오는 인물에게 줄 상장 만들기

1. 독서지도의 시작은 아동들이 책에 가깝게 다가갈 수 있도록 세심하게 배려를 해 주는 것에서부터 출발한다. 먼저 아동의 독서 실태에 대해 설문지나 면담을 통해 면밀히 파악한 후, 지도 대상 아동에 대한 충분한 이해를 바탕으로 독서지도 프로그램의 방향을 결정한다.

2. 다음으로 독서습관을 형성하기 위해 좋은 책을 늘 가까이 접할 수 있는 환경을 조성한다. 보유한 도서가 비록 많지 않더라도 가정에서 책 읽기를 위한 특별한 공간을 마련하는 것이 중요하다. 이때 책 표지가 보이게 꽂을 수 있는 책꽂이를 활용하면 책에 더 많이 노출시킬 수 있어 유용하다. 학교나 지역 사회의 도서관을 자주 이용하도록 지도하는 것 역시 독서 환경 조성에 중요한 요소이다.

3. 물리적인 독서환경 조성과 더불어 심리적으로 독서에 대해 긍정적이고 적극적인 태도를 갖도록 지도하여야 한다. 독서의 필요성 및 중요성에 관련된 읽기 자료를 바탕으로 토의를 하는 등 밀도 있는 집중 수업을 실시한다. 이어서 성현들의 독서에 대한 생각을 담은 글귀를 찾고 암송하면서 독서에 대한 기대감을 높인다. 이렇게 찾은 독서 명언 중 하나를 골라 자신만의 책갈피 문구로 담아 제작하여서 책을 읽을 때마다 접할 수 있도록 한다. 이 책갈피는 책을 끝까지 읽는 습관을 형성시키는 데 기여하는 도구가 되기도 한다.

4. 독서가계부 쓰기는 독서에 대한 계획을 세우고 점검하는 데 유용한 방법이다. 독서달력 만들기는 매일 매일의 독서상황에 대해 메모하면서 성취감을 높일 수 있는 방법이다. 독서 마라톤은 선의의 경쟁을 통해 적극적인 독서를 유도할 수 있는 방법이다.

5. 도서를 선정할 때에는 연령별로 독서흥미 발달 단계에 따라 효과적인 도서를 찾을 수도 있고, 관심 있는 주제별로 관련된 도서를 찾아 지도할 수도 있다. 또는 교과서 학습내용과 연계하여 책을 선정할 수도 있다. 중요한 것은 학생의 독서수준과 흥미 · 관

심 주제를 고려하여 학년에 맞는 책을 읽도록 지도하여야 한다는 것이다. 교사와 학생의 협의 하에 대략적인 도서목록이 정해지면 이것을 노래로 만들어 부르면서 읽어야 할 책에 한걸음 더 가까워질 수 있다.

6. 본격적인 독서지도의 방법은 교사의 선호도나 역량에 따라 매우 다양하게 변형될 수 있다. 과정별 독서지도는 독서과정을 전, 중, 후 활동으로 나눈 다음, 각 단계에 적절한 전략을 지도하는 것이다. 장르별 독서지도는 글의 종류에 따라 각각 다른 독서전략을 활용하도록 지도하는 것이다. 독서를 지도하는 중에 겪게 되는 어려움에 대해 사례별로 지도할 수 있는 방법에 대해서도 소개하였다. 중요한 것은 독서지도의 본질이 책을 좋아하게 하고 꾸준히 읽도록 하여 사고력을 신장시키는 것에 있다는 점이다. 독서를 위한 전략 지도가 자칫 '전략 학습'을 위한 학습으로 치우치지 않도록 하고, 독후 활동이 독서의 재미를 해치는 부담으로 작용하지 않도록 경계하여야 한다.

■ 연구과제 및 해설

1. 독서 프로그램의 큰 틀을 짠다고 생각하고 대략적인 계획을 세워 보자. 독서지도 준비 과정에서 중점을 두고자 하는 활동들을 생각해 보자.

(해설) 어린 학생들을 위한 독서 프로그램의 경우 책 읽기에 대한 흥미를 유발시키는 등의 정서적인 측면을 고려하는 것이 필요하다. 따라서 프로그램의 도입 단계에서는 책에 가까이 다가갈 수 있는 다양한 물리적·심리적 장치들을 활용하는 것이 좋다. 제15장에서는 독서 실태 조사, 독서환경 조성, 독서의욕 고취, 권장 도서 선정 등 프로그램 초기에 활용할 수 있는 다양한 활동들을 예로 제시하였다. 독서지도사의 독서지도관 및 대상 학생들의 상황을 고려하여 적합한 활동들을 선정해 보고, 나아가 자신만의 아이디어를 개발해 보자.

2. 독서지도에 대한 관심 증가로 다양한 매체에서 독서지도 방법 및 사례를 소개하고 있다. 인터넷 검색 등을 통해 학부모 및 교사들의 지도 사례를 찾아보고, 자신이 활용해 봄직한 방법들의 리스트를 만들어 보자.

(해설) 독서지도에 입문하는 단계에서는 다양한 방법들을 많이 접해 보는 것이 좋다. 책이나 웹을 통해 접한 정보들을 적절한 기준에 따라 분류하여 메모해 두는 것이 좋다. 각각 활동들의 의의, 활용성, 자신의 교육관과의 적합성 등을 고려하여 메모하면서 리스트를 확보해 보자. 이러한 메모를 통해 먼저 숙고한 후, 최종 선정된 활동들을 직접 지도 시에 활용해 보면서 자신만의 스타일을 찾을 수 있다. 이와 같은 작업은 독서지도사의 전문성 신장에 밑바탕이 될 수 있다.

■ 참고문헌

• 독서지도연구모임(2003), 『창의적인 독서지도 77가지』, 해오름.
• 서울특별시교육연구원(2005), 「독서전략을 활용한 교과 독서지도 자료」.
• 서울특별시교육청(2006), 「손에 잡히는 초등 독서」, 서울특별시교육청.
• 석용원(1983), 『동화구연의 이론과 실기』, 백록.
• 신헌재 외(2003), 『독서교육의 이론과 방법』, 박이정.
• 이경화(2001), 『읽기 교육의 원리와 방법』, 박이정.
• 이은미(2006), 「교과연구 독서지도를 통한 논리적 언어표현능력 신장 방안」, 『수업개선연구교과실천보고서-전국 교실수업 개선 실천사례 연구발표대회 자료집』, 교육부.
• 전정재(2001), 『독서의 이해』, 한국방송출판.
• 최자은(2006), 「자기점검 독서활동으로 적극적인 꼬마 독자를 키워요」, 제8회독서교육실천사례연구대회보고서.
• 한국독서학회(2003), 『21세기 사회와 독서지도』, 박이정.

제 **16** 장

주제통합형 독서지도

■ 학습목표

1. 주제통합형 학습지도와 주제통합형 독서지도를 이해한다.

2. 주제통합형 독서지도하는 방법을 익혀 적용한다.

3. 주제통합 독서지도 자료를 제작하는 방법을 익혀 적용한다.

■ 주요용어

주제통합−하나의 주제와 관련된 여러 교과목의 내용을 통합하는 것

주제통합형 독서지도−독서주제와 관련된 여러 교과목의 내용을 통합하여 지도하는 것

1. 주제통합형 학습지도란 무엇인가?

　주제통합형 학습지도와 주제통합형 독서지도는 지도하는 방법 면에서 유사한 점이 많다. 주제통합형 학습지도 방법을 이해하면 주제통합형 독서지도를 할 때 어떻게 통합을 할 것인지를 쉽게 알 수 있다. 주제통합형 학습이란, 각 특정 교과의 전문지식을 묻고 그 답의 옳고 그름을 찾는 것이 아니라, 기본적인 교과 지식을 바탕으로 개별적인 지식을 조합하는 과정과 한 영역의 지식을 다른 영역으로 전이시키는 과정에서 발현되는 창의적 사고력을 신장시키는 학습이다.

2. 주제통합형 학습지도의 예(1)

　주제통합형 학습지도는 어떤 주제와 관련지어 여러 교과의 학습을 통합하여 지도하는 것이다. 초등학교 1학년에서 '씨앗'을 주제로 한 통합교과적인 학습의 예를 살펴보자. 우리나라 교육과정은 분과주의로 되어 있어서 통합교과형 학습지도를 하려면 주제가 비슷한 내용끼리 묶어서 교재를 재구성하여야 한다. 1990년 대 우리나라에 열풍처럼 몰아쳤던 '열린 교육'을 할 때 이런 교과통합형이나 주제통합형 학습 지도를 하였다. 다음은 외국의 한 사례이다.

　주제를 '열매(씨앗)'로 하여 교과를 통합하여 지도하는 예이다. 국어과와 관련된 학습은 '강낭콩, 잭과 콩나무' 등 열매와 관련된 책을 읽어주고 내용에 대하여 이야기 나누기, 내용 파악하기 등의 학습을 한다. 또 교실의 한 편에는 열매와 관련된 도서를 비치하여 읽게 하였다.

　수학과와 관련된 활동으로는 크기가 비교적 큰 강낭콩 같은 콩들을 활용하여 세 개씩 모으기, 네 개씩 모으기 등의 수학과 학습을 하였다.

과학과와 관련된 학습으로는 켄트지 전지 크기의 종이에 여러 씨앗을 붙여 놓고 씨앗의 크기, 겉모습, 색깔 등을 적어 놓았다. 그리고 개개인마다 종이컵에 여러 가지 씨앗을 심고 관찰하게 하였다. 그리고 여러 가지 씨앗을 잘라서 씨앗의 속의 생김새를 관찰하게 하였다. 여러 가지 씨앗을 준비한 후 먹을 수 있는 씨앗과 그렇지 않은 씨앗을 구분하여 보고 먹을 수 있는 씨앗을 먹는 학습도 하였다. 먹을 수 있는 씨앗에는 밤이나 대추 같은 씨앗도 있지만 송이버섯 같은 것도 있었다. 어린이들은 송이버섯을 먹어보기도 하였다.

미술과 영역으로는 스티로폼 도시락 뚜껑의 안쪽에 여러 가지 씨앗을 투명풀 (glue stick)로 붙여서 그림을 표현하였다.

정리하면 다음과 같다.

〈표 16.1〉 주제통합형 학습지도의 예(1)

과목 내용	국어	수학	과학	미술
지도 내용	씨앗과 관련된 책읽기, 글쓰기	씨앗을 몇 개씩 모으기(곱셈의 기초)	씨앗 심고 자라는 모습 관찰하기, 씨앗 관찰하기	씨앗으로 모양 꾸미기

이렇게 주제를 정하여 교과통합형 학습을 하면 어린이들은 학습지도 효과가 크게 나타난다.

3. 주제통합형 학습지도의 예(2)

다음은 '피카소'라는 주제로 교과통합형 학습지도를 하는 예이다. 피카소가 유명한 화가라는 것을 모르는 사람은 없을 것이다. 그런데 피카소에 관한 시대적인 배경을 모르고, 심지어는 그의 유명한 작품을 보지도 않은 채 대표작은 '게르니카', '아비뇽의 아가씨들'이라고 가르친다면 학습 효과가 얼마나 있겠는가?

[그림 16.1] 피카소의 대표적인 작품 '게르니카'

위의 작품은 피카소의 대표작인 '게르니카'이다. 그런데 이 작품만 보고는 작품이 어떤 뜻을 담고 있는지 알기가 힘들다. 이 작품은 1937년 내전에 휩싸인 피카소의 조국 스페인 바스크 지방의 작은 마을 게르니카의 참상을 고발한 작품이다. 분리 독립을 요구한 바스크인들을 당시 스페인을 지배하고 있던 프랑코 장군이 독일군을 끌어들여 바스크인들 1,600여 명을 사망케 한 것을 고발한 작품이다. 피카소는 이런 게르니카의 대학살을 그림으로 그려 파리 만국박람회에 걸어 전 세계에 고발한 것이다.

이처럼 파블로 피카소의 그림을 통해서 피카소가 어느 나라 사람인지, 그 그림이 갖고 있는 배경이 무엇인지, 역사적 진실이 어떤 것인지를 종합적으로 학습할 때 작품의 예술적 의미 또한 바르게 알 수 있게 된다. 여기에 피카소에 관한 도서를 읽고, 피카소의 그림을 따라 그리는 등의 학습을 하며,'게르니카'와 관련된 뮤지컬 '카르멘'을 같이 본다면 음악·역사·미술·세계사 등을 두루 통합한 교과통합형 학습이 된다. 단순히 '게르니카'는 피카소의 작품이라고 외워서 아는 학습과는 분명 다를 것이다.

이처럼 주제통합형 학습은 기본적인 교과 지식을 바탕으로 개별적인 지식을 조합하는 과정과, 한 영역의 지식을 다른 영역으로 전이시키는 과정에서 발현되는 창의적 사고력을 신장시키는 학습이다.

영역＼주제	피카소의 '게르니카'	비고
독서	피카소에 관한 도서	
역사, 세계사	'게르니카' 를 그리게 된 역사적 배경	'게르니카' 를 그리게 된 당시 스페인의 역사에 관한 학습
음악, 미술	뮤지컬 '카르멘'	계기 학습
미술	'게르니카' 따라 그리기	

Ⅱ 주제통합형 독서지도(1)

1. 주제통합형 독서지도란 무엇인가?

주제통합형 독서지도는 앞의 주제통합형 학습지도에서 언급한 것과 같이 한 영역의 지식을 다른 영역으로 전이시키는 과정에서 발현되는 창의적 사고력을 신장시키는 학습이다. 주제를 통합한다는 것은 주제와 비슷한 내용을 찾아 연관지어 지도할 내용을 구성한다는 뜻이다.

주제를 통합하는 방법은 매우 다양할 수 있다. 주제의 영역이 언어 영역, 수리 영역, 과학 영역, 사회 영역, 예능 영역 등 다양하기 때문이다. 그리고 주제를 좁게 통합할 수도 있고 광범위하게 통합할 수도 있다.

일반적인 독서지도를 말하면 독후감을 쓰게 하거나 독서한 책의 내용을 파악하였는지를 알아보는 단순한 확인 중심 활동이었다. 점차 독서를 한 후 읽은 내용에 대하여 확인하는 문제에서부터 읽은 책의 내용에 대한 자기의 의견을 더 넣어 쓰게 하여 사고력을 확장시키는 학습, 그림으로 나타내게 하는 등의 학습으로 독후활동의 범위를 넓혀가고 있다.

교과지도 시 국사 과목을 지도할 때 같은 시대의 세계사를 접목시켜 국사와 세계사를 함께 지도하면 국사와 세계사의 통합적인 학습이 된다. 학습자는 국사와 세계사를 분리하여 배울 때보다 통합적인 사고 학습이 된다. 주제통합형 독서지도도 이처럼 통합적인 사고 학습이다. 독서와 더불어 교과 학습, 신문 학습, 논술 학습 등을 통합하여 지도하는 주제통합 독서지도는 여러 가지 장점이 있다.

주제통합 독서지도는 교과 간에 연관된 학습을 함께 하여 나가기 때문에 교과통합적인 사고 학습이 된다는 점이다. 독서한 내용과 신문 기사를 통합 지도하여 현실적인 사고를 하게 하기도 한다. 독서한 내용을 통합하여 지도하는 과정 중에 토론 및 논술도 함께 지도할 수 있다.

2. 주제통합형 독서지도의 예(1)

다음은 '반 고흐'를 주제로 독서와 사회과(역사)와 미술과의 주제통합적인 독서지도 사례이다.

반 고흐의 자서전을 읽고 독서지도를 한다고 할 때 어떤 방법으로 지도를 해 나가야 효과적인 독서지도가 될 것인지를 계획하여야 한다. 반 고흐의 자서전만 읽었다고 하여 그에 대하여 다 이해한 것은 아니다. 반 고흐의 자서전을 읽은 후에는 그의 그림을 이해하기 쉽다. 왜냐하면 그의 자서전에 그림마다 그린 배경이나 생각들이 잘 나타나 있기 때문이다. 반 고흐의 '나의 방'에 있는 침대와 의자 등 가구의 선이 완강한 것은 침해받지 않는 휴식을 표현한 것이라고 하였다. 그러므로 반 고흐가 살았던 시대적 배경, 반 고흐의 일생 등에 관한 역사적인 배경을 알면 그의 그림을 바르게 이해할 수 있게 된다. 반 고흐의 자서전을 읽은 후 반 고흐의 그림을 감상하고, 다음에는 '반 고흐 따라 그리기'를 하여 반 고흐의 그림을 따라서 그리게 하면 '반 고흐'를 훨씬 이해하기 쉽다. 거기에 반 고흐전이 열릴 때 그의 그림을 관람하면 '반 고흐의 자서전을 읽고 반 고흐 시대의 역사와 시대적 배경 알기—그림 감상하기—그림 따라 그리기—반 고흐 전 관람하기'를 하면 독서를 한 후 사회과와 미술과의 주제통합적인 독서지도가 이루어지는 것이다.

반 고흐의 주제통합적인 독서지도의 순서를 정리하면, '반 고흐전 읽기―반 고흐의 그림 감상하기―반 고흐의 그림 따라 그리기―반 고흐전 관람하기'이다.

이런 주제통합적인 독서지도를 해 나가면 어린이들은 자연히 통합적인 지식이 신장된다.

〈표 16.3〉 주제통합형 독서지도의 예(1)

과목 내용	사회과		미술과		
	역사	사회	감상	그림	감상
지도 내용	반 고흐 자서전 읽기	미술관 관람	반 고흐의 그림 감상	반 고흐 따라 그리기	반 고흐 전 관람

[그림 16.2] 반 고흐 따라 그리기

3. 주제통합형 독서지도의 예(2)

다음은 『연어』(안도현)를 읽고 창의적 사고력 신장과 토론, 논술학습을 할 수 있는 환경 관련 주제통합적인 독서지도 사례이다.

아래에 있는 1번 문제는 읽은 책의 내용을 이해하였는지를 묻는 질문이고, 2번은 신문 자료를 활용하여 문제를 푸는 창의적 사고력을 신장시켜 줄 수 있는 문제이다.

3번은 독서한 내용과 견주어 자신감이 중요함을 쓰는 논술형 문제이다. 4번 문제는 자연스럽게 '배려'를 떠올리고 그런 행동이 습관화되도록 하기 위한 문제이다.

5번 문제는 독서한 내용과 견주어 따돌림에 관한 신문기사를 찾고 자기 의견을 쓴 후 토론을 할 수 있는 문제이다. 6~8번 문제는 책의 내용 중에서 환경오염에 관한 내용을 다루는 문제이다. 신문기사에서 환경오염에 관한 기사를 찾는 등의 학습을 하게 된다. 9번은 책의 내용을 제시한 후 주제를 찾는 이해력을 돕는 학습이다.

맨 끝의 문제는 사람이나 동물이나 자라나는 배경이 중요함을 알게 하는 논술 문제이다.

※ 안도현의 『연어』를 읽고 다음 물음에 답하세요.

1. 은빛연어를 동무들이 별종이라고 부르는 이유는 무엇인가요?

_____

_____

2. 은빛연어에게 용기를 주는 말을 해 주세요. (신문에 여러 사람이 나와 있는 사진을 오
   려 붙이고 말주머니를 만든 후 쓰세요.)

여기에 사진을 붙이세요.

3. 은빛연어는 다른 연어들로부터 따돌림을 당하면서도 다음과 같이 자신 있게 "그래,
   나는 은빛연어야"라고 말합니다. 이런 자신감이 중요한 까닭은 무엇인가요?

자신의 은빛 비늘을 창피하게 여기지 않았으며 오히려 자랑스럽게 생각하였다.
그의 동무들이, / "이 은빛 별종아!" 라고 놀리면서 지나가도,
"그래, 나는 은빛연어야"라고 웃으면서 대꾸하는 연어가 되었다. 〈『연어』 64쪽〉

4. 연어의 지도자인 턱큰연어는 은빛연어를 대열의 중앙에 서도록 했습니다. 이 지도자
   연어가 은빛연어를 대열의 중앙에 서도록 한 까닭은 무엇인지 쓰세요.

5. 위의 턱큰연어처럼 약하거나 따돌림을 당하기 쉬운 사람들을 잘 보살펴 함께 살아가는 신문기사를 찾아보세요. 기사를 읽고 나의 의견도 써보세요. 부모님이나 여러 사람 앞에서 자기의 의견을 발표해 보면 더 좋습니다.

나의 의견	
여기에 신문 기사를 붙이세요.	

※ 다음을 읽고 물음에 답하세요.

초록강은 아파 가고 있었다.
초록강 : (한숨을 쉬며) "강가에 도끼로 나무 찍던 소리가 나던 옛날에는 그래도 살 만했지만 지금은 전기 톱날이 돌아가는 소리 때문에 잠을 이룰 수 없어."
초록강 : "인간에는 두 종류가 있는데 그 하나는 카메라를 든 인간들이고 하나는 낚싯대를 든 인간들이야."

6. 초록강이 아파 가고 있다는 뜻은 무엇인가요?

_____

_____

_____

7. '카메라를 든 인간과 낚싯대를 든 인간' 이란 무슨 뜻인지를 파악하여 이들과 관련 있는 신문기사를 찾아보세요.

	'카메라를 든 인간'과 관련 있는 기사	'낚싯대를 든 인간'과 관련 있는 기사
신문 기사	여기에 신문 기사를 붙이세요.	여기에 신문 기사를 붙이세요.

8. 초록강을 아파 가게 하는 인간들에게 여러분이 한 마디씩 경고를 해 주세요. (신문에 여러 사람이 나와 있는 사진을 오려붙이고 말주머니를 만든 후 쓰세요.)

여기에 사진을 붙이세요.

9. 다음 글을 읽고 주제를 파악한 것 중 가장 바른 것을 고르세요.

"무지개를 잡아보고 싶은 게 희망이라고, 그게 삶의 이유라고 말하던 연어가 있었어. 자나깨나 무지개를 쫓아다니는 게 그의 일이었지. 그는 자기 무리를 떠났어. 무지개를 잡으면 돌아오겠다는 약속을 남겨두고 말이야."
"그래서 무지개를 잡았니?"
"잡을 수가 없었어." / "왜?"
"잡을 만하면 곧 사라지고 마는 게 무지개거든. 무지개를 잡기는커녕 그 연어는 결국 어느 날, 죽어서 바다 위에 떠오르고 말았대." / "쯧쯧." 《『연어』 81쪽 부분 편집》

① 희망을 가지자.

② 환경을 보호하자.

③ 무지개를 잡자.

④ 허황된 꿈을 가지지 말자.

※ 다음 제시문 (가)를 잘 읽고 주제를 찾으시오. 그리고 그 주제에 알맞은 배경은 무엇
인지 제시문 (나)를 참고하여 의견을 쓰시오.

(가)

은빛연어는 그 이상하게 생긴 등굽은연어에게 말을 걸었다. / "안녕."

등굽은연어는 대답이 없다. / "너는 어쩌다가 등이 그렇게 되었니?"

그래도 그는 대답을 하지 않는다. 은빛연어는 냅다 소리를 지른다.

"너는 입도 없니?" / 그러나 여전히 그는 대답이 없다.

〈중간 생략〉

은빛연어가 마음으로 말했다.

"아마 인간의 마을에서 흘러 나온다는 색깔도 냄새도 없는 물 때문일 거야."

등굽은연어는 비틀비틀 헤엄을 치면서 괴로운 표정을 지었다. 〈『연어』 76쪽〉

(나)

"이제 조금 알겠니?"

"네, 별이 빛나는 것은 어둠이 배경이 되어 주기 때문이죠?" / "그렇지."

"그리고 꽃이 아름다운 것은 땅이 배경이 되어 주기 때문이고요?" / "그렇지."

"그러면 연어떼가 아름다운 것은 서로가 서로의 배경이 되어 주기 때문인가요?"

"그래, 그렇고 말고." 〈『연어』 68쪽〉

Ⅲ 주제통합형 독서지도(2)

1. 한 권의 책을 주제통합형으로 지도하는 예

어린이들이 책을 읽고 나면 그 책을 바르게 읽었는지 확인을 하게 된다. 문제를 내어 확인을 하게 되는데, 이때 폭넓은 사고력을 신장시켜 주기 위하여 여러 교과와 관련된 문제를 출제하거나 사고력을 넓혀 주기 위한 문제를 출제하여야 한다.

다음은 『세상 모든 화가들의 그림이야기』(장세현)를 읽고 풀어 나가게 한 문제이다. 문제의 순서는 책의 내용을 바르게 읽었는지 확인하는 문제 두 문제, 책의 내용과 관련지어 사고를 확장시키는 간단히 쓸 수 있는 문제 두 문제, 사고를 폭넓게 확장시킬 수 있는 문제 한 문제, 피카소의 그림을 따라 그려보는 문제 한 문제, 끝으로 신문에서 읽은 책과 관련된 기사를 찾아 정리하는 문제 한 문제를 내어 풀어 나가게 하였다.

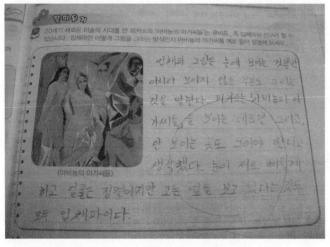

[그림 16.3] 사고를 폭넓게 확장시킬 수 있는 문제

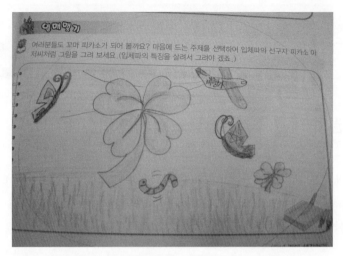

[그림 16.4] 책의 내용을 생각하며 창작하여 그림 그리기

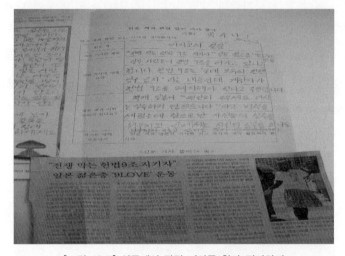

[그림 16.5] 신문에서 관련 기사를 찾아 정리하기

2. 두 권의 책을 주제통합형으로 지도하는 예

다음은 '다문화 가정'이란 주제로 주제통합형 독서지도를 하는 예이다. 선정 도서는 『태어날 아기는 어떤 색깔일까?』(아들린 이작)와 『썩은 모자와 까만 원숭이』(카린 코흐)이다. 『썩은 모자와 까만 원숭이』의 내용은 인종 차별을 하지 말자

는 주제를 가진 도서이다. 여기서는 『태어날 아기는 어떤 색깔일까?』의 내용만 제시한다.

(1) 『태어날 아기는 어떤 색깔일까?』의 내용[1]

도서명	『태어날 아기는 어떤 색깔일까?』
내용 요약	조에 이모는 아프리카에서 만난 흑인 아저씨와 결혼을 하게 됩니다. 이모부는 아이들에게 자기가 살던 아프리카의 아름다운 모습에 대해 이야기해 줍니다. 그리고 이모의 배 속에 아기가 들어 있어서, 아이들이 곧 귀여운 사촌 동생을 보게 될 거라고 이야기 합니다. 조에의 조카들은 이모와 이모부 사이에서 태어날 아기는 무슨 색깔일까를 생각합니다. '얼룩말처럼 흰색과 검은 색 무늬가 있는 아기로 태어날까?. 코끼리처럼 회색 빛깔의 아기가 태어날까?, 몸의 반은 흰색, 반은 검은색일까?' 하얀 몸에 까만 점이 박혀 있거나, 아니면 까만 몸에 하얀 네모들이 박혀 있을까?' 등으로 여러 가지 생각을 합니다. 이때 조에 이모는 조카들에게 이렇게 말합니다. "아기는 사랑의 색깔로 태어날 것이란다."
해설	이 책은 백인 여자와 흑인 남자 사이에서 태어날 혼혈 아기에 대해 이야기하고 있습니다. 인종의 차이가 아니더라도 모든 사람들은 각자의 차이를 인정하고 극복하면서 사랑을 하고 결혼을 합니다. 인종, 지역, 나이, 성격 등등 몇십 년 동안 지니고 살아 온 서로의 환경을 이해하고 받아들이면서 하나의 가정을 만들어 가는 것입니다. 그 두 사람 사이에서 태어난 아기는 엄마와 아빠의 차이가 극복되고 어우러져 만들어진 사랑의 결과물입니다. 이 책은 세상 모든 사람들은 사랑으로 태어났기에 귀하고 아름답다고 이야기하고 있습니다. 아이들은 한 장 한 장 책장을 넘기며 사랑과 생명의 가치에 대해 배울 수 있을 것입니다. 이 책은 다문화 가정에 전하는 따뜻한 메시지를 담고 있습니다. 우리나라에도 요즘 다문화 가정이 늘어나고 있습니다. 다문화 가정에서 태어난 혼혈 아동들도 종종 볼 수 있게 되었습니다. 오랫동안 단일 민족으로 살아 온 우리나라 사람들은 아직은 어떤 편견의 눈으로 혼혈 아동들을 바라볼지도 모르지만, 어른들과 달리 편견이 없는 순수한 아이들은 인종이나 국적의 '차이'는 '나쁜 것'이 아니라 '다른 것'이라고 생각할 것입니다. 외모가 조금 다르더라도 모든 사람은 평등하며 아름답다는 것을 알고 있는 것입니다. 책에 등장하는 아이들처럼 이 책을 읽은 모든 아이들은 자연스레 열린 마음과 눈으로 세상을 바라보게 될 것입니다.

---

1) 미래 M&B 홈페이지 참조.

(2) 주제통합 내용

영역	주제통합 내용	비고
국어 영역	• '혼혈' 하면 떠오르는 단어나 어휘 쓰기(창의력 신장) • 독서한 내용으로 토론하기 • 독서한 내용으로 독서일기 쓰기 • 독서일기 쓴 것을 발표하기 • 다문화 가정의 자녀들에게 편지 쓰기	
사회 영역	• 흑인들이 많이 사는 지역, 백인들이 많이 사는 지역, 우리나라에 다문화 가정이 많이 생기는 까닭 • 다문화 가정의 자녀들을 잘 도와주며 살아야 하는 까닭	
과학 영역	• 백인과 흑인이 결혼하면 태어나는 아기의 색깔 • 우리나라 사람과 외국인이 결혼하여 낳은 아기의 색깔	
미술 영역	• 책의 내용 중에서 여러 가지 색깔을 생각한 것을 그림으로 나타내기. • '사랑'의 색깔을 창의적으로 생각하여 표현하기	

1) 독서일기의 예

읽은 책	『태어날 아기는 무슨 색깔일까?』
	조에 이모는 백인인데 아프리카 여행 중 만난 흑인과 결혼을 하였습니다. 조카들은 백인인 이모와 흑인인 이모부 사이에 태어날 아기는 무슨 색깔일까 궁금해 합니다. '얼룩말처럼 흰색과 검은색 무늬가 있는 아기로 태어날까? 코끼리처럼 회색 빛깔의 아기가 태어날까? 몸의 반은 흰색, 반은 검은색일까? 하얀 몸에 까만 점이 박혀 있거나, 아니면 까만 몸에 하얀 네모들이 박혀 있을까?' 등으로 여러 가지 생각을 하였습니다. 그 때 조에 이모는 "아기는 사랑의 색깔로 태어날 것이란다"라고 조카들에게 이야기하여 주었습니다. 　조카들이 이모와 이모부 사이에서 태어날 아기들의 색깔을 궁금해 한 것이 매우 재미있었습니다. 얼룩말처럼 태어날 것이라고 생각하였을 때 정말 그런 아기의 모습을 떠올려 보았습니다. 이야기를 읽어 나가며 점점 태어날 아기는 무슨 색깔로 태어날지 궁금하였습니다. 그런데 끝 부분에서 조에 이모가 태어날 아기는 사랑의 색깔이라고 말하였을 때 정말 그렇다는 생각이 들었습니다. 　우리 반에도 혼혈인 친구가 두 명 있습니다. 앞으로 그 아이들과 사이좋게 놀 것입니다. 왜냐하면 모두가 사랑의 색깔을 가지고 태어난 우리들이기 때문입니다.

※ 위의 독서일기를 쓸 때에는 세 문단 정도를 나누어 쓰게 하면 좋다. 첫 번째 문단에는 독서한 내용을 요약하고, 두 번째 문단에는 읽은 후의 느낌과 생각, 세 번째 문단에는 앞으로의 결심, 자기의 주장 등을 쓰게 한다.

.2) 독서일기 쓴 것을 발표하기

저는 『태어날 아기는 무슨 색깔일까?』라는 책에 대하여 발표하겠습니다.

조에 이모는 백인인데 ― (중간의 내용은 위의 독서일기를 쓴 내용과 같습니다) ― 왜냐하면 모두가 사랑의 색깔을 가지고 태어난 우리들이기 때문입니다.

질문 있습니까?

질문자 1 : 왜 코끼리처럼 회색 빛깔이 될 거라고 생각한 것입니까?

답변 : 검은색과 흰색이 섞여서 코끼리처럼 회색이 될 거라고 생각한 것입니다.

질문자 2 : 사랑의 색깔이라는 게 무슨 뜻입니까?

답변 : 잘 모르겠습니다. 대신 답변해 줄 사람 있습니까?

　　　(대신 답변을 할 어린이가 있으면 답변을 하게 하고 대신 답변을 할 어린이가
　　　없으면 '선생님 도와주세요' 라고 말한다.)

답변 : (대신 답변을 할 어린이가 나타나지 않으면) 선생님, 도와주세요.

선생님 : (설명)

위의 독서일기 쓴 것을 바탕으로 내용을 발표할 때에는 자기가 쓴 것을 보지 않고 발표를 하게 해야 발표 실력이 늘어난다. 처음에는 쓴 것을 보면서 발표하게 하지만 점차 자기가 쓴 것을 보지 않고 발표하게 한다. 발표할 때의 내용은 자기가 쓴 것과 똑같이 하지 않아도 됨을 알려주어야 한다.

발표를 한 후 질문을 받으며 발표한 어린이는 질문에 대한 답변을 한다. 질문에 대한 답변을 하기 어려울 경우에는 "누가 대신 답변해 주시겠습니까?"라고 말하게 하여 발표자가 쑥스럽지 않게 하여야 한다. 답변을 할 어린이가 없으면 "선생님, 도와주세요"라고 말하게 한다. 이렇게 하면 발표하는 어린이는 질문에 대한 답변의 두려움 없이 잘 진행하여 나가게 된다.

이 방법은 책을 읽고 내용을 요약한 후 자기의 의견과 주장을 쓰는 등의 읽기, 쓰기(짓기)와 말하기, 듣기 등 국어과 전 영역의 학습지도를 하는 방법이다.

3) 책의 내용을 듣고 생각하여 그림으로 나타내기

책의 내용이 짧다고 모두 저학년용 도서는 아니다. 고학년이라도 책을 읽어
주고 내용을 생각하게 할 수 있으며, 그림으로도 표현하게 할 수 있다. 다음은
『태어날 아기는 무슨 색깔일까』를 읽어준 후 그림으로 나타내게 한 것이다.

[그림 16.6] 책의 내용을 듣고 생각하여 그림으로 나타내기

다음은 '다문화 가정'에 관한 통합교과형 논술 문제를 낸 것이다. 독서한 내

용에서 문제점과 문제점을 해결하는 방법을 알고 난 후 신문기사를 함께 제시하여 논술을 하게 하였다. 이 논술 문제는 통합교과형 논술 문제이다.

※ 다음 (가), (나), (다)는 다문화 가정에 관한 내용입니다. 잘 살펴보고 아래의 논술 문제에 답하시오.

(가)

> 2000년 대 초반부터 국내 농촌 남성이나 도시의 저소득층 남성들이 국내 여성과 결혼하기가 어려워 외국 여성과 결혼을 하게 되었다. 그래서 이들은 중국, 필리핀, 베트남 등의 동남 아시아 여성들이나 우즈베키스탄 등 여성들과의 국제 결혼이 본격적으로 증가하기 시작하였다.

(나) 〈2007년 국제결혼 가정 자녀의 초·중·고 학생 수 변화〉[2]

	2006년	2007년	2008년	2009년	2010년
학생 수	약 8,000명	약 13,000명			

〈자료 : 교육과학기술부〉

(다) 다문화 가정이 겪는 어려움[3]

가난	절반이 최저 생계비조차 벌지 못하고 있음. 인생 출발점 늦어져서 따라가기 힘듦. 경제적으로 매우 어렵게 살고 있음. 자녀를 유치원에 보내는 가정이 약 25%밖에 안 됨.
언어 장벽	경제적으로 어려운 환경 때문. 아버지는 경제적으로 어려운 데다가 우리 언어나 글자를 가르쳐 줄 실력이 안 됨. 어머니는 우리말과 글에 서툴러서 자녀에게 말과 글을 가르쳐 주기가 힘듦.
소외	피부색이 다르고 우리말과 글에 서툴러서 학교에서 따돌림을 당함.

〈문제 1〉(가)의 내용을 파악하여 (나)의 2008~2010년까지 국제 결혼 가정 자녀의 초·중·고 학생수를 예측하여 보시오.

〈문제 2〉(다)의 내용을 잘 읽고, 다문화 가정의 자녀를 우리가 어떻게 도와가며 살아야 하는지 여러분의 의견을 논술하시오.

---

2) 교육과학기술부.

3) 조선일보(2008.5.5).

위의 문제를 이해한 후에는 어떻게 쓴 것인지 개요를 짜게 한다. 다음은 위의 문제로 논술하기 위한 개요의 예이다.

〈개요 짜기〉

서론 : 우리나라에 국제 결혼이 늘어나 다문화 가정이 많아짐. 그들이 겪는 문제도 심각함.

본론 : 가. 다문화 가정의 실태

　　　　한국의 농촌 총각이 동남아 이주 여성들과 결혼

　　　나. 다문화 가정이 겪는 어려움

　　　　경제적으로 어려움, 언어 소통의 어려움, 따돌림 문제, 자녀를 가르칠 수 없는 부모의 실력

　　　다. 그들도 한국인이므로 함께 살아가야 함.

　　　　아이를 낳기 전에 이주 여성들에게 한글과 한국 문화를 가르쳐 줌.

　　　　자녀들이 유치원과 학교에 무상으로 다니게 해 주어야 함.

　　　　따돌리지 않아야 함.

결론 : 다문화 가정은 앞으로 점점 늘어날 것임.

　　　잘 보살펴 주며 함께 살아가야 함.

다음은 위의 개요를 바탕으로 쓴 예시 논술문이다. 처음 지도할 때는 개요를 짜기를 어려워할 수 있다. 이럴 때는 예시 논술문을 보여 주고 내용을 파악하여 개요를 짜게 해 보는 방법도 좋다.

〈예시 논술문〉

다문화 가정의 자녀들도 우리 한국인

2000년 대 초반에 생긴 국제 결혼이 점점 증가하고 있다. 결혼하는 사람들은 주로 농촌 남성 등 하위 권 계층에 있는 사람들이다. 우리나라로 와서 서로 결혼을 하게 되면 우리가 흔히 말하는 다문화 가정이 된다. 지금 이런 가정들이 점점 늘어나고 있는 것이다. 하지만 결혼하러 오는 여자들도 가난하여 살아가는 데 어려움이 생긴다. 그 중 자녀들의 교육 문제가 매우 크다.

다문화 가정은 우리나라 사람과 외국인이 결혼한 가정으로서 대부분 여자들이 외국

인인 경우가 많다. 이런 가정들을 보면 아버지는 사회 계층에서도, 경제적 지위에서도 대부분 하위 계층에 속한다. 좋은 위치에 있으면 한국인 여자와 결혼하기 때문이다. 외국에서 온 여자도 마찬가지이다. 그러므로 그들은 매우 어려운 환경에 처해 있다.

이런 다문화 가정의 문제는 한국인과 외국인이 만나 결혼을 하기 때문에 피부색이 다르고 언어 소통이 잘 안 되며, 우리글을 잘 모른다. 어머니만 모르는 것이 아니라 아버지도 우리말과 글을 자녀에게 가르칠 실력이 안 된다. 그래서 그들의 자녀들은 학교에서 공부도 뒤지고 다른 아이들로부터 따돌림을 많이 당한다. 경제적으로 어렵고, 그래서 자녀를 제대로 가르칠 수 없고, 배우지 못하니 좋은 직업을 가지기 힘들고, 그래서 빈곤의 악순환이 계속되는 것이다. 그러한 환경에서 자라나는 아이들은 가난함과 언어 소통의 어려움으로 인해 자신의 능력을 키워 나가기가 힘들고 피부색 등의 따돌림으로 인해 정신적 충격을 받을 수 있다.

그들도 우리처럼 한국인이다. 피부색이 다른 것은 문제가 되지 않는다. 우리 한국인이면 당연히 우리들과 함께 살아가야 한다.

우선은 외국인 여성이 우리나라에 결혼하여 오면 무료로 한글과 한국 문화를 가르쳐 주어야 한다. 학교에서 오전에 그런 엄마들에게 교육을 하면 좋은 것이다. 그러면 자녀가 태어나기 전에 어머니들이 한글과 우리문화를 익혀서 자녀들을 가르칠 수 있는 것이다.

그리고 자녀들이 유치원이나 학교를 다닐 수 있게 해 주어야 한다. 지방자치단체에서는 그들에게 돈을 받지 않고 교육을 해 주어야 한다. 우리 어린이들과 함께 생활을 할 수 있도록 캠프를 여는 것도 좋은 방법이다.

우리 어린이들도 그들을 따돌리지 않아야 한다. 잘 모르는 우리말을 가르쳐 주고, 공부도 도와주어야 한다. 그리고 밥을 먹을 때나 놀 때도 항상 함께 해 주어야 한다.

앞으로 다문화 가정의 수는 점점 더 늘어날 것이다. 아울러 다문화 가정의 자녀도 급격하게 늘어날 것이다. 그들이 더 이상 어려움을 겪지 않도록 우리는 잘 보살펴 주어야 한다. 그들도 우리 한국인인 만큼 우리가 어울려 주어야 한다.

3. 여러 권의 도서를 주제통합형으로 지도하는 예

주제통합형 독서지도를 할 때는 우선 몇 차시 동안 지도할 것인가를 정하여야 한다. 다음 소개하는 내용은 독서 후 지도 시간을 8차시로 한 예이다. 본 수업에 들어가기 전에 아래 6권의 책을 읽어오게 한다. 본 수업에 들어가기 전 한 달 전쯤부터 읽게 하면 좋다. 이런 주제로 지도하는 시기는 주로 방학을 이용한다.

주제는 '서울'이며, 서울과 관련된 역사서와 서울을 소개한 도서들을 선정하여 읽게 한다. 서울의 모습을 담은 그림을 그린 도서도 읽게 한다.

도서명	지은이	출판사
『아빠, 한양이 서울이야?』	이용재	토토북
『아름다운 옛 서울』	박정애	보림
『서울역사박물관(신나는 교과서 체험학습)』	서울역사박물관	스쿨김영사
『경복궁(신나는 교과서 체험학습)』	손용해	스쿨김영사
『어린이를 위한 서울 문화유산 답사기』	김해웅	㈜자음과 모음
『진경산수화를 완성한 화가 정선』	박은순	나무숲

다음은 위의 도서를 읽게 한 후 '서울'이란 주제에 알맞게 지도하기 위하여 계획한 주제통합 내용이다.

영역	주제통합 내용	비고
국어 영역	서울의 현재 모습을 한시로 지어보기	
사회 영역	서울의 역사 알아보기 이성계가 도읍지를 한양으로 정한 까닭 알아보기 일제시대에 5대 궁궐에는 어떤 일이 일어났는지까지 5대 궁궐에 대해 알아보기 4대문과 4소문 알아보기	
문화 영역	오늘날의 서울 모습과 조선의 서울 모습 비교하기	
체험	서울역사박물관 체험학습	
미술 영역	진경산수화로 만나는 서울, 내가 그리는 우리 고장 모습 20년 후 서울의 미래 모습 그려보기	

Ⅳ 주제통합 독서지도 자료 제작

1. 주제통합형 독서지도 자료 제작

(1) 독서지도 자료 제작을 해야 하는 까닭

주제통합 독서지도 자료를 독서를 지도하는 사람이 만들어야 하는 까닭은 독서지도사 스스로 부가가치를 높일 수 있기 때문이다. 따돌림 문제나 다문화 사회 등의 현실 사회의 문제점에 대하여 쓴 도서는 신간일수록 독서지도 효과가 높은데 이런 도서를 읽히고 풀게 할 문제를 바로 구하기도 힘들다. 또한 구한다고 하여도 주제통합형 독서지도 자료를 구하기는 어렵다. 그래서 독서지도사 스스로 문제를 내어 적용해야 하는 것이다.

(2) 주제통합 독서지도 자료 제작 순서

1) 주제 정하기
주제통합 독서지도 자료를 만들려면 주제를 정한 후 도서를 선정할 수 있고, 도서를 선정한 후 독서지도 자료를 만들 수 있다. 따돌림 문제나 다문화 사회 문제 등 사회의 문제점과 관련이 있는 주제를 정하면 관련 도서도 많아서 독서지도하기에 알맞다. 주제를 '서울, 꽃, 계절, 나무, 식물, 동물, 에너지' 등으로 정하기도 한다.

2) 교과와 관련하여 지도할 내용 찾기
학생을 대상으로 독서지도를 하려면 학교에서 배우는 교육과정을 대략 알고 있으면 주제통합 독서자료를 만들기 쉽다. 초등학교 전 학년의 교육과정을 모두 알기에는 시간도 걸리고 노력도 필요하지만 한번 알아 놓으면 그 다음에는 독서지도 자료를 만들 때 시간과 노력을 절약하며 좋은 자료를 만들 수 있다.

3) 신문에서 관련 자료 찾기

다문화 사회, 비만 등 사회의 문제점을 다룬 도서를 읽게 하였다면 신문 자료에서 주제를 통합할 내용을 찾기 쉽다. 책에서 다룬 내용보다 훨씬 현실적인 내용들이 실려 있기 때문이다.

2. 주제통합형 독서지도 자료 제작 방법

(1) 주제통합 독서지도 자료 제작의 예(1)

다음은 『영재들의 1등급 경제교실』(물음표)을 선정하여 독서지도를 하려고 낸 문제이다.

아래에 있는 1, 2번 문제는 책의 내용을 바르게 파악하였는지를 알아보는 문제이다. 3번 문제는 책의 내용을 이해한 후 현실에서의 경험을 접목하여 풀게 하는 사고력을 향상시킬 수 있는 문제이다. 4번 문제는 신문에서 경제와 관련된 도표를 찾아 붙이고 해석하는 문제로 수학과와 사회과와 관련된 문제이며, 이 문제에 있는 도표를 해석하려면 국어과와 관련도 있다. 이런 문제는 경제와 관련된 기사를 스스로 찾아 읽게 하는 효과가 있다. 4번 문제의 아래에 예를 들었는데, 어린이들에게도 예를 들어주면 부담을 덜 가지고 학습에 임하게 된다.

5번에는 경제가 좋아지는 기사와 경제가 나빠지는 기사를 찾아 내용을 요약하고 자기의 의견을 쓰게 하는 문제이다. 독서한 내용과 관련지어 고등 사고력을 길러주는 문제이다. 5번 문제의 아래에도 예를 들어주었다.

맨 끝에는 논술을 하는 문제를 제시하였다.

이와 같은 문제를 내면 '국어, 수학, 사회' 등을 통합한 문제가 된다.

※ 『영재들의 1등급 경제 교실』을 읽고 물음에 답하세요.
   1. 생산성을 높여야 한다는 것은 무슨 뜻인지 설명하세요.

   _____

   _____

   2. 사유재산제도의 장점을 설명하세요.

   _____

   3. 어린이들도 세금을 내고 있음을 여러분의 예를 들어 설명하세요.

   _____

   _____

   4. 신문의 경제면에서 도표를 찾아 붙이고 도표가 뜻하는 내용을 해석하여 쓰세요.

경제 관련 도표	
내용 해석	

예

경제 관련 도표 〈조선일보 2008. 07.22〉	
내용 해석	고등어와 삼치, 병어의 가격이 많이 오르고 있음을 보여 주는 도표이다. 고등어의 가격은 생산지에서의 가격이 급등하고 있음을 보여 준다. 그러나 대형 마트에서는 고등어의 가격이 급등하지는 않았다. 삼치의 가격은 생산지와 대형 마트에서 판매하는 가격이 모두 많이 올랐음을 볼 수 있다.

5. 신문에는 경제가 좋아짐을 나타내는 기사도 있고, 경제가 어려워짐을 나타내는 기사
도 있습니다. 이런 두 종류의 기사를 찾아 오려 붙이고 다음의 내용을 정리하세요.

가. 경제가 좋아짐을 나타내는 기사

	년 월 일 신문 이름( )
관련 신문 자료	여기에 신문 기사를 붙이세요.
내 용 요 약	
나 의 의 견	

나. 경제가 나빠짐을 나타내는 기사

	년 월 일 신문 이름( )
관련 신문 자료	여기에 신문 기사를 붙이세요.
내 용 요 약	
나 의 의 견	

다. 경제가 좋아짐을 나타내는 기사

	2008년 7월 2일　　　신문 이름 (조선일보)
관련 신문 자료	<국제유가 하락에 휘발유. 경유 공급가격 인하> 국제유가가 떨어지면서 그 동안 치솟기만 하던 휘발유, 경유 등 국내 석유제품의 공급가격도 오랜만에 하향 조짐을 보이고 있다. 22일 정유업계에 따르면 국제 석유제품 가격은 4일 정점을 찍은 후 등락을 거듭하다 지난주부터 큰 폭으로 빠지기 시작했다. 7월 둘째주와 셋째주 사이에 국제 휘발유 가격은 배럴당 142.09달러에서 137.39달러로 4.49 달러 (3.4%), 국제 경유가격은 배럴당 173.65달러에서 169.77달러로 3.88달러(2.2%) 하락했다. 이에 따라 국내 최대 정유사인 SK에너지는 21일부터 지난주보다 당 약 50원 가량 인하한 가격으로 대리점과 주유소에 석유제품을 공급하고 있다. <이하 생략>
내용 요약	국제 유가가 오랜만에 하락하였다고 한다. 그래서 그동안 오르기만 했던 휘발유와 경유 가격이 내릴 것으로 보인다.
나의 의견	국제 유가가 계속 올라서 우리나라의 경제가 매우 어려워져 가고 있는데 반가운 소식이다. 석유가격이 올라서 휘발유나 모든 에너지와 물건값이 올랐는데 앞으로는 경제가 안정될 것이다. 계속하여 국제 석유가격이 내려갔으면 좋겠다.

※ 이 책에서 '사치와 낭비는 안 돼요'라는 내용이 나옵니다. 왜 사치와 낭비는 좋지 않
은 것인지 책의 내용을 근거로 들어 여러분의 의견을 쓰세요.

(2) 주제통합 독서지도 자료 제작의 예(2)

다음은 『지구가 100명의 마을이라면』(데이비드 스미스)을 선정하여 독서지도를 하려고 낸 문제이다.

아래에 제시한 1,2번 문제는 책의 내용을 바르게 파악하였는지를 알아보는 문제이다. 3번 문제는 책의 내용을 이해한 후 현실에서의 경험을 접목하여 풀게 하는 사고력을 향상시킬 수 있는 문제이다. 4번 문제는 신문에서 지구상의 문제점을 다룬 기사를 찾아 읽고 제목을 쓰는 문제이다. 이 문제의 아래에 예를 들었다. 어린이들에게도 예를 들어주면 부담을 덜 가지고 학습에 임하게 된다.

5,6번에는 신문을 읽고 '국제 정치, 전쟁이나 내분, 환경 문제, 굶주림(기아), 식량 위기, 에너지 위기에 관한 기사를 찾아 정리하라는 문제이다. 독서한 내용과 관련지어 고등 사고력을 길러주는 문제이다. 역시 예를 들어주었다.

맨 끝에는 논술을 하는 문제를 제시하였다.

이와 같은 문제를 내면 '국어, 수학, 사회, 과학' 등을 통합한 문제가 된다.

※ 『지구가 100명의 마을이라면』 을 읽고 다음 물음에 답하세요.

1. 『지구가 100명의 마을이라면』에 나오는 내용 중 맞는 내용에 ○표 하세요.

> 1) 25명은 날마다 깨끗한 물을 얻으려고 하루 종일 애써야 한다. (   )
>
> 2) 사람 100명 중 61명은 아시아인이다. (   )
>
> 3) 가장 많이 사용하는 전기제품은 TV이다. (   )
>
> 4) 한국인은 1명에 불과하다. (   )
>
> 5) 100명 중 7명은 평생 동안 읽거나 쓰는 것을 배우지 못한다. (   )
>
> 6) 인구가 가장 많은 나라는 인도이다. (   )
>
> 7) 가장 많은 사람들이 믿는 종교는 이슬람교이다. (   )

2. 지구 마을에는 분명히 식량이 모자라지 않는데 왜 굶주리는 사람들이 있는지 다음 글을 읽고 그 까닭을 찾아 쓰세요.

"지구마을 사람들은 음식을 골고루 나누어 먹지 않아요. 그래서 어떤 사람들에게는 음식이 남아돌고, 어떤 사람들은 굶주리며 살아가고 있습니다. 60명의 사람들은 항상 굶주려 있으며, 이 가운데 26명은 너무 배가 고파 죽게 될지도 몰라요."

3. 현재 지구 마을의 가장 큰 문제는 무엇이라고 생각하는지 차례로 5가지만 써 보세요.

1)	2)	3)	4)	5)

4. 신문을 읽고 다음에 해당되는 기사를 찾아 제목을 쓰세요. 분류 항목 중 빈 칸에는 기타 국제 문제에 관한 기사를 적습니다.

분류	제 목
국제 정치	
전쟁이나 내분	
굶주림(기아)	
식량 위기	
에너지 위기	
환경 문제	

예 조선일보 2008.7.10 신문에서

분류	제 목
국제 정치	G8 대 중국 · 인도 − 온실가스 삭감 책임 팽팽히 맞서
전쟁이나 내분	이라크 정부, 미국에 철군 시한 요구 미국 체코와 MD체결
굶주림(기아)	
식량 위기	식품값 뛰자 유전자 변형식품 부활
에너지 위기	미국 캠퍼스에 부는 친환경 바람 고유가 시대의 '에너지 불감증'
환경 문제	온실가스 배출 규모 중국 1위, 미국 2위
질병 문제	원인 불명 '주저앉는 소' 내년부터 식용 도축 금지
다문화 문제	한국말밖에 모르는 2세들 추방되면 그곳에서도 '이방인'

5. 다음 내용을 읽고 느낀 점을 쓰세요.

> 100명 중 60명 이상이 항상 굶주림에 떨고 있다. 100명 중 40명이 깨끗한 물을 마시지 못하며, 100명 중 32명은 깨끗한 공기를 마시지 못한다.

6. 신문을 읽고 '국제 정치, 전쟁이나 내분, 환경 문제, 굶주림(기아), 식량 위기, 에너지 위기'에 관한 기사를 찾아 다음을 정리하시오.

기사 분류	
기사의 제목	
기사의 내용	
기사에 대한 나의 생각	
여기에 신문 기사를 붙이세요.	

6. 신문을 읽고 '환경 문제, 굶주림(기아), 식량 위기, 에너지 위기'에 관한 기사를 찾아 읽고 문제점을 해결하기 위한 방법을 쓰시오.

기사의 제목	
문제점	
문제점을 해결하기 위한 방법	1)
	2)
	3)
	4)
여기에 신문 기사를 붙이세요.	

㉐ 조선일보 2008.7.10 A26 조선데스크(칼럼)를 읽고

기사의 제목	고유가 시대의 '에너지 불감증'
문제점	석유값이 매우 높아져서 에너지를 아끼자고 하는데도 전력 소비는 매우 높다. 에너지 소비 역주행

문제점을 해결하기 위한 방법	1) 전기 코드 뽑아 놓기
	2) 전기 절약
	3) 가로등도 하나 건너씩 켜기
	4) 승용차 적게 타기
여기에 신문 기사를 붙이세요.	

※ 다음 내용을 읽고 여러분이 사는 환경과 비교하여 자기의 의견을 쓰세요.

> 100명의 사람 중 38명이 학교에 다녀야 할 어린이입니다. 이 중 31명만이 학교에 가서 읽고 쓰는 것을 배웁니다. 나머지 아이들은 논과 밭, 공장에서 가족의 생계를 위해 일을 해야 합니다. 집안일을 돕느라 학교에 가지 못하는 여자 아이들도 있습니다. 100명 중 7명은 평생 동안 읽거나 쓰는 것을 배우지 못합니다.

(3) 주제통합 독서지도 자료 제작의 예(3)

주제를 '열려라 서울'로 정하고 부제를 '전통과 첨단이 어우러진 아름다운 도시'로 정하여 주제통합 독서지도 자료를 만든 것이다. 이 주제통합형 독서지도 자료는 독서 후 8시간 지도 분량의 자료를 만들 개요이다. 사전 학습 과제로 다음의 도서들을 읽어오게 한다.

도서명	지은이	출판사
『아빠, 한양이 서울이야?』	이용재	토토북
『아름다운 옛 서울』	박정애	보림
『서울역사박물관(신나는 교과서 체험학습)』	서울역사박물관	스쿨김영사
『경복궁(신나는 교과서 체험학습)』	손용해	스쿨김영사
『어린이를 위한 서울 문화유산 답사기』	김해웅	㈜자음과 모음
『진경산수화를 완성한 화가 정선』	박은순	나무숲

지도 차시	지도 내용	비 고
사전 과제	위에서 제시한 6권의 책을 미리 읽게 함.	본 수업 전에, 또는 수업 중간에 서울역사박물관과 서울시청 등의 홈페이지에도 들어가 보게 함.
1	내가 사는 곳, 서울을 상징하는 것	
2	선사시대부터 오늘날 서울의 모습이 되기까지	
3	조선의 도읍지, 한양, 도성 안의 5대 궁궐	
4	오늘날 서울의 모습이 되기까지	
5	발전된 서울, 발생하는 문제	
6	한양은 첨단 기술의 전시장	
7	진경산수화를 통하여 본 서울	
8	내가 그리는 진경산수화, 서울	

다음은 '서울'을 주제로 지도하기 위하여 준비한 자료의 예이다. 이런 주제 통합형 독서지도를 할 때에는 자료 준비를 철저하고도 꼼꼼하게 하여야 한다. 정성을 들인 만큼 어린이들의 학습 효과가 커짐은 물론 지도 하시는 선생님의 부가 가치도 올라간다. 아무것도 그려지지 않은 부채도 구입할 수 있으며, 아래의 작품집은 아이들에게 보여 줄 샘플이다. 아이들에게는 아무것도 쓰여 있지 않은 책자를 만들어 제공하여 스스로 꾸며 가게 한다.

[그림 16.7] '서울' 주제통합 독서지도 자료의 내지

[그림 16.8] '서울' 주제통합 독서지도 자료의 표지 [그림 16.9] 진경산수화를 부채에 그림

주제접근 통합교육 과정은 듀이의 실용주의, 피아제와 비고스키의 상호 작용주의, 에릭슨의 인본주의를 중심으로 구성되었다.[4]

1. 듀이의 실용주의

듀이(J. Dewey)는 철학의 기본 개념을 경험에 두었다. 그는 단순한 경험이 아닌 교육적으로 가치 있는 경험 이론을 구체화시켰는데, 그의 교육관을 철학, 사회학, 심리학적 측면에서 설명하면 다음과 같다.

첫째, 철학적인 측면에서 듀이는 교육을 계속적인 경험의 재구성 과정으로 보았다.

둘째, 사회학적인 측면에서 듀이는 교육을 생활과 일치하는 것으로 보았다.

셋째, 심리학적인 측면에서 듀이는 교육을 성장의 과정으로 보고, 교육을 통해 개인은 신체적·정신적·도덕적인 모든 면에서 성장한다고 생각하였다.

2. 피아제와 비고스키의 상호 작용주의

피아제(J. Piaget)의 인지 발달적 상호 작용 이론에서는 유아의 지식과 지능은 유가 자신이 환경과의 상호 작용을 통하여 자신의 내부에서 점차적으로 구성되는 것으로 보고 있다.

또한 피아제는 유아의 인지 발달을 촉진시키는 데 있어서 또래간의 상호 작용을 중요시하였다. 즉, 유아는 성인과는 서로 대등하게 의견을 제시하고 동등한 입장에서 상호 작용을 할 수 없으므로 성인에게 순종하게 된다.

한편 비고스키(L. S. Vygotsky)는 인간은 태어날 때부터 사회적인 존재라고 주장하며 사회적 상호 작용이 유아의 인지 발달에 미치는 영향을 강조하였다.

피아제가 발달은 교수에 의해 가속화되지 않는다고 주장한 것과는 달리 '발달에 선행한 교수'로 표현되는 비고스키의 이론은 근접발달지역(the zone of proximal development)이라는 용어에서 잘 설명된다.

---

4) 명지전문대학부속 명지유치원 편(1998).

이와 같은 상호 작용주의 이론에 근거하여 주제접근 통합교육 과정은 다음의 사항에 중점을 두고 있다.

① 지식이란, 자기 내부로부터 구성되는 것이기 때문에 학습은 능동적인 과정이다. 능동적 학습은 유아가 스스로 지식을 구성하는 중요한 원리이므로 놀이를 통해서 유아가 스스로 자발적이고 능동적으로 참여하도록 격려한다.

② 물리적, 논리 · 수학적 경험을 통하여 물리적 지식 및 논리 · 수학적 지식을 습득할 수 있도록 풍부한 학습 환경을 제공한다.

③ 또래 · 교사와의 상호 작용을 극대화시킨다.

3. 에릭슨의 인본주의

에릭슨(E. H. Erikson)은 인간의 정의적인 측면을 강조하였다. 그의 이론은 프로이드의 정신분석 이론에 그 기본을 두고 있으나 사회학, 문화인류학적 관점을 첨가하여 자아 형성 및 발달을 보다 폭넓게 설명하고 있다.

에릭슨의 이론은 점성적 원리(epigenetic principle)에 기초하고 있다. 즉, 모든 성장은 기본 계획이 있으며, 이 계획에 의해 부분이 생겨나고 각 부분은 그것이 우세한 시기가 있다고 보았다. 따라서 인간의 자아 발달은 각 단계마다 유기체 개개인의 준비도에 의해 이루어진다는 것이다.

에릭슨은 인간의 신체 각 부분이 상호 관련되어 성장 · 발달하는 것과 마찬가지로 개인의 인성 또한 상호 관련된 단계를 통하여 발달된다고 보며, 8단계로 자아의 발달과정을 제시하였다. 이 발달 단계에서는 각 단계에서마다 각기 다른 위기가 존재하므로 이 위기를 어떻게 대처하느냐가 자아 발달에 결정적인 영향을 미친다. 즉, 각 단계에서 발생하는 위기 · 갈등을 잘 해결할 경우 긍정적인 자아 발달이 이루어질 수 있지만, 위기 · 갈등이 계속되거나 불만스럽게 해결될 경우에는 자아 발달에 부정적인 영향을 미치며 또한 다음 발달 단계의 장애요인이 될 수 있다.

이와 같은 인생의 각 단계에서 발생하는 위기 · 갈등에 대한 에릭슨의 이론은 각 단계의 교육적 과제를 분명히 제시해 주며, 이들 과제를 적절히 해소하기 위해서는 교육자들이 끊임없이 노력하여야 한다는 것을 시사하고 있다.

문학 독서클럽을 활용한 주제 중심 독서 및 토론 지도를 통한 바람직한 독서 능력과 태도의 형성[5]

지금까지의 독서지도는 책을 대상으로 글의 의미를 파악하기 위한 단순한 기능 중심의 활동이었다. 따라서 어떤 글을 어떻게 읽을 것인가 하는 문제는 상대적으로 소홀히 취급되어 왔다. 이에 본 연구 실천에서는 독서제재의 주제 중심적인 선택과 수용, 그리고 그에 바탕을 둔 활동과 토론 및 내면화를 통한 주제 중심 독서지도를 계획하고 적용하였다.

주제 중심의 독서지도 접근 방법은 다음과 같은 장점이 있다.

첫째, 폭넓은 문학 및 어학 자료를 수용하기에 적절하다는 점이다. 지역과 시대를 초월하여 어떤 나라의 작품이나 고전으로부터 현대 작품에 이르기까지 모든 작품들이 이용될 수 있다.

둘째, 주제 중심 독서는 광학문적인 성격을 지니고 있다는 점이다. 주제를 중심으로 독서를 계획하면 문학만이 아니라 심리학, 역사학, 경제학 등의 학문과 관련된 독서가 필요하게 되고, 토의나 토론을 하는 과정에서 보다 심층적인 활동을 위해서 다양한 분야의 학문적 지식이 동원되어야 할 경우가 많다.

셋째, 주제 중심 독서는 읽기, 쓰기, 듣기, 말하기의 언어활동이 자연스럽게 통합된다는 점이다. 먼저, 작품을 '읽고', 작품과 관련하여 자신의 느낌을 '쓰며', 자신의 감상을 바탕으로 토의 및 토론에서 '듣고 말하게' 되는 것이다.

이처럼 주제 중심 독서는 다양한 독서자료나 문학작품들을 상호 연관된 주제 측면으로 생각해 보고 활동하게 함으로써, 그 과정과 결과의 가치를 내면화하기에 효과적인 독서방법이라 할 수 있고, 바람직한 가치관과 태도 함양에 직접적·간접적으로 긍정적인 영향을 줄 수 있다. 또한 이는 문학과 독서의 차원 높은 통합 가능성을 보여 주며, 학생들 수준에 맞는 작품을 학생들 스스로나 교사가 자유로이 선정하여 자기에게 맞는 읽기 속도와 수준대로 읽을 수 있게 되는 것이다.

---

5) 주진홍. 서울북공업고등학교.

Ⅰ. 주제통합형 학습지도

1. 주제통합형 학습지도란 무엇인가?

주제통합형 학습 지도와 주제통합형 독서지도는 지도하는 방법 면에서 유사한 점이 많다. 주제통합형 학습지도 방법을 이해하면 주제통합형 독서지도를 할 때 어떻게 통합을 할 것인지를 쉽게 알 수 있다. 주제통합형 학습이란, 각 특정 교과의 전문 지식을 묻고 그 답의 옳고 그름을 찾는 것이 아니라 기본적인 교과 지식을 바탕으로 개별적인 지식을 조합하는 과정과 한 영역의 지식을 다른 영역으로 전이시키는 과정에서 발현되는 창의적 사고력을 신장시키는 학습이다.

2. 주제통합형 학습지도의 예(1)

주제통합형 학습지도 : 어떤 주제와 관련지어 국어 · 수학 · 사회 · 미술 등 여러 교과의 학습을 통합하여 지도하는 것

〈씨앗과 관련된 주제통합형 학습 지도의 예〉

과목 내용	국어	수학	과학	미술
지도 내용	씨앗과 관련된 책읽기, 글쓰기	씨앗을 몇 개씩 모으기(곱셈의 기초)	씨앗 심고 자라는 모습 관찰하기, 씨앗 관찰하기	씨앗으로 모양 꾸미기

3. 주제통합형 학습지도의 예(2)

주제 영역	피카소의 '게르니카'	비고
독서	피카소에 관한 도서	
역사, 세계사	'게르니카'를 그리게 된 역사적 배경	'게르니카'를 그리게 된 당시 스페인의 역사에 관한 학습
음악, 미술	뮤지컬 '카르멘'	계기 학습
미술	'게르니카' 따라 그리기	

II. 주제통합형 독서지도(1)

1. 주제통합형 독서지도란 무엇인가?

주제통합형 독서지도 : 한 영역의 지식을 다른 영역으로 전이시키는 과정에서 발현되는 창의적 사고력을 신장시키는 학습이다. 주제를 통합한다는 것은 주제와 비슷한 내용을 찾아 연관지어 지도할 내용을 구성한다는 뜻이다.

다양한 주제통합 방법 :

가. 독서+언어 영역+수리 영역+과학 영역+사회 영역+철학 영역

나. 독서+토론+논술

다. 독서+토론+신문 학습+논술

2. 주제통합형 독서지도의 예

'반 고흐'를 주제로 독서와 사회과(역사)와 미술과의 주제통합적인 독서지도 사례이다. 반 고흐의 주제통합적인 독서지도의 순서를 정리하면, '반 고흐전 읽기 – 반 고흐의 그림 감상하기 – 반 고흐의 그림 따라 그리기 – 반 고흐전 관람하기' 이다.

이런 주제통합적인 독서지도를 해 나가면 어린이들은 자연히 통합적인 지식이 신장된다.

과목\내용	사회과		미술과		
	역사	사회	감상	그림	감상
지도 내용	반 고흐 자서전 읽기	미술관 관람	반 고흐의 그림 감상	반 고흐 따라 그리기	반 고흐 전 관람

III. 주제통합형 독서지도(2)

1. 한 권의 책을 주제통합형으로 지도하는 예

어린이들이 책을 읽고 나면 그 책을 바르게 읽었는지 확인을 하게 된다. 문제를 내어 확인을 하게 되는데, 이때 폭넓은 사고력을 신장시켜 주기 위하여 여러 교과와 관련된 문제를 출제하거나 사고력을 넓혀주기 위한 문제를 출제하여야 한다.

『세상 모든 화가들의 그림이야기』(장세현)를 읽고 풀어 나가게 하는 문제는, 문제의 순서는 책의 내용을 바르게 읽었는지 확인하는 문제 두 문제, 책의 내용과 관련지어 사고

를 확장시키는 간단히 쓸 수 있는 문제 두 문제, 사고를 폭넓게 확장시킬 수 있는 문제 한 문제, 피카소의 그림을 따라 그려보는 문제 한 문제, 끝으로 신문에서 읽은 책과 관련된 기사를 찾아 정리하는 문제 한 문제를 내어 풀어 나가게 하는 등의 문제를 낼 수 있다.

2. 여러 권의 도서를 주제통합형으로 지도하는 예

주제통합형 독서지도를 할 때는 우선 몇 차시 동안 지도할 것인가를 정하여야 한다. 다음 내용은 독서 후 지도 시간을 8차시로 한 예이다. 본 수업에 들어가기 전에 아래 6권의 책을 읽어오게 한다. 본 수업에 들어가기 전 한 달 전쯤부터 읽게 하면 좋다. 이런 주제로 지도하는 시기는 주로 방학을 이용한다.

주제는 '서울'이며, 서울과 관련된 역사서와 서울을 소개한 도서들을 선정하여 읽게 한다. 서울의 모습을 담은 그림을 그린 도서도 읽게 한다.

도서명	지은이	출판사
『아빠, 한양이 서울이야?』	이용재	토토북
『아름다운 옛 서울』	박정애	보림
『서울역사박물관(신나는 교과서 체험학습)』	서울역사박물관	스쿨김영사
『경복궁(신나는 교과서 체험학습)』	손용해	스쿨김영사
『어린이를 위한 서울 문화유산 답사기』	김해웅	㈜자음과 모음
『진경산수화를 완성한 화가 정선』	박은순	나무숲

다음은 위의 도서를 읽게 한 후 '서울'이란 주제에 알맞게 지도하기 위하여 계획한 주제통합 내용이다.

영역	주제통합 내용	비고
국어 영역	서울의 현재 모습을 한시로 지어보기	
사회 영역	서울의 역사 알아보기 이성계가 도읍지를 한양으로 정한 까닭 알아보기 5대 궁궐에 대해 알아보기 일제시대에 5대 궁궐에는 어떤 일이 일어났는지 알아보기 4대문과 4소문 알아보기	
문화 영역	오늘날의 서울 모습과 조선의 서울 모습 비교하기	
체험	서울역사박물관 체험학습	
미술 영역	진경산수화로 만나는 서울, 내가 그리는 우리 고장 모습 20년 후 서울의 미래 모습 그려보기	

Ⅳ. 주제통합 독서지도 자료 제작

1. 주제통합형 독서지도 자료 제작을 해야 하는 까닭

주제통합 독서지도 자료를 독서를 지도하는 사람이 만들어야 하는 까닭은 독서지도사 스스로 부가가치를 높일 수 있기 때문이다. 따돌림 문제나 다문화 사회 등의 현실 사회의 문제점에 대하여 쓴 도서는 신간일수록 독서지도 효과가 높은데 이런 도서를 읽히고 풀게 할 문제를 바로 구하기도 힘들다. 또한 구한다고 하여도 주제통합형 독서지도 자료를 구하기는 어렵다. 그래서 독서지도사 스스로 문제를 내어 적용해야 하는 것이다.

2. 주제통합 독서지도 자료 제작 순서

(1) 주제 정하기

주제통합 독서지도 자료를 만들려면 주제를 정한 후 도서를 선정할 수 있고, 도서를 선정한 후 독서지도 자료를 만들 수 있다. 따돌림 문제나 다문화 사회 문제 등 사회의 문제점과 관련이 있는 주제를 정하면 관련 도서도 많아서 독서지도하기에 알맞다. 주제를 '서울, 꽃, 계절, 나무, 식물, 동물, 에너지' 등으로 정하기도 한다.

(2) 교과와 관련하여 지도할 내용 찾기

학생을 대상으로 독서지도를 하려면 학교에서 배우는 교육과정을 대략 알고 있으면 주제통합 독서자료를 만들기 쉽다. 초등학교 전 학년의 교육과정을 모두 알기에는 시간도 걸리고 노력도 필요하지만 한번 알아 놓으면 그 다음에는 독서지도 자료를 만들 때 시간과 노력을 절약하며 좋은 자료를 만들 수 있다.

(3) 신문에서 관련 자료 찾기

다문화 사회, 비만 등 사회의 문제점을 다룬 도서를 읽게 하였다면 신문 자료에서 주제를 통합할 내용을 찾기 쉽다. 책에서 다룬 내용보다 훨씬 현실적인 내용들이 실려 있기 때문이다.

1. 통합적인 사고력을 신장시키고 통합적인 지식을 습득하게 할 수 있는 새로운 주제통합 형 독서지도 방법을 찾아보자.

(해설) 오페라나 뮤지컬, 혹은 다른 나라의 박물관 전이나 미술에 관련된 전시회가 열리면 이를 계기로 관련된 도서를 읽히며 계기 학습을 할 수 있다. 이런 계기학습을 할 때에 음악과나 미술과와 관련된 주제통합 독서지도를 하기에 매우 알맞다. '탐험전', '인체의 신비전' 등의 과학과와 관련된 전시회와 관련지어 계기 학습을 통한 주제통합형 독서 지도를 할 수 있다.

위와 같은 방법 이외에 읽힐 도서와 관련지어 주제를 통합하는 범위와 통합할 교과를 적절히 정하여 새로운 주제통합형 독서지도 방법을 구안할 수 있다.

2. 주제통합형 독서지도 시 어린이들의 흥미를 계속하여 유발해 가며 지도할 수 있는 독후 활동지를 만들면 독서지도 효과도 매우 높게 된다. 이처럼 어린이들의 흥미를 계속 유 발할 수 있는 독후 활동 방법을 찾아보자.

(해설) 주제를 '꽃'이나 '식물' 등으로 정한 후 관련 도서를 읽게 하고 독후 활동을 하는 과정에 다음과 같은 활동을 넣는다면 어린이들이 매우 재미있어 하며 참여한다. 아무것도 프린트가 되지 않은 손수건을 책상 바닥에 놓은 다음 꽃잎이나 나뭇잎을 놓고 숟가락으로 가볍게 두드리면 꽃잎이나 나뭇잎이 손수건에 프린트한 것처럼 된다. 과정 중에 어린이들과 함께 산에 올라가서 여러 가지 식물과 꽃 등을 관찰하며 기록하게 하는 방법 등이다.

어린이들은 찾고, 만들고, 오리고, 붙이고 등의 활동적인 학습을 좋아한다. 어린이들의 흥미를 지속적으로 유발하며 독후 활동을 하려면, 이처럼 어린이들이 활동을 많이 할 수 있는지도 방법을 찾는 것이 좋다.

■ 참고문헌

• 명지전문대학부속 명지유치원 편(1998), 『5세 주제접근 통합교육 과정』, 양서원
• 소진권(2006), 『선생님도 엄마도 쉽게 가르치는 초등 논술』, 노벨과 개미.

제 **17** 장

동화구연 및 시낭송 응용

■ 학습목표

1. 동화구연의 정의 및 교육적 가치에 대해 안다.

2. 개작과 화술을 책 읽기에 적용할 수 있다.

3. 동화구연을 활용하여 연령별 책 놀이를 할 수 있다.

4. 시낭송 기법을 이해하고 다양한 동시수업을 할 수 있다.

■ 주요용어

동화구연 – 동화를 입으로 연기하듯이 입체적으로 들려주는 활동

개작 – 글로 되어 있는 문장 동화를 말로 들려주기 쉬운 구연체 동화로 만드는 과정

화술 – 동화를 입체적으로 맛깔스럽게 전달하는 기술

책 놀이 – '독서(讀書)'라는 말이 지닌 엄숙하고 권위적인 분위기에서 벗어나 책에 대해 보다 친근감을 갖고 다양한 각도에서 책을 감상하고자 하는 시도. 크게 보아, 그림책을 활용한 문학 활동의 범주에 속함.

연극 놀이 – 기존의 공연을 목적으로 한 연극과는 달리 즉흥적이고, 비공개적이며, 과정 중심적인 특성을 갖고 있으며, 연극적 요소를 교육에 활용한 것

Ⅰ 동화구연의 이해

1. 동화구연 입문

〈동화구연에 대한 몇 가지 질문〉

- 동화구연은 목소리가 예쁜 사람이 하는 것 아닌가?
- 동화구연은 목소리를 과장하거나 성대모사를 하는 것 아닌가?
- 시청각 매체가 발달한 시대에 굳이 사람이 애써 이야기를 들려줄 필요가 있는가?
- 동화구연은 무조건 외우는 것 아닌가?
- 동화구연은 꼭 어떻게 하라는 법이 있는가?
- 동화구연을 많이 들으면 자기 혼자서는 책을 읽지 않으려고 하지 않을까?
- 동화구연 대회는 필요한 것인가?

첫 번째 질문은 기존의 동화구연가들 목소리가 미성이 많았던 탓도 있지만, 근본적으로 '동화구연은 곧 예쁜 목소리로 예쁘게 말하는 것'이라는 잘못된 고정관념에서 비롯된 것이라 볼 수 있다. 이야기 들려주기에서 중요한 것은 목소리의 개성이고 자연스러움이다.

두 번째 질문은 아무나 동화구연을 할 수 없다는 거리감을 만드는 제일 큰 요인으로, '동화구연＝과장하기'라는 생각은 동화구연에 대한 잘못된 고정관념이다. 자연스러우면서도 재미있는 것, 그것이 진짜 동화구연이다.

세 번째 질문은 동화구연의 핵심적 가치에 속하는 부분이다. 오디오, 비디오, 전자책(e-book), 나아가 인터넷 동영상까지 소리와 화면을 담는 매체는 무수히 많다. 그러나 기계 문명이 아무리 발달해도 사람과 사람이 눈을 마주보며 이야기를 들려주고 공감, 반응을 나누는 쌍방적 상호 작용의 가치는 더욱 커지는 법이다.

넷째, '동화구연' 하면 흔히 외우는 게 어려워서 못하겠다는 사람들을 종종 만난다. 이야기의 본질은 '외우는' 게 아니고 '기억한' 줄거리에 바탕해 재구성해서 들려주는 것이다. 대본을 외우는 게 아니라 줄거리를 기억하며 쉬어가기도 하고 첨가도 하면 된다.

다섯째, 동화구연은 꼭 어떻게 하라는 법이 있느냐? 라는 질문에 대한 답은, 동화구연에는 규격화된 틀은 없다는 것이다. 다만, 재미있게 들려주기 위해 일반적으로 강조되는 기본적 사항들은 있다. 가령, 문어체보다는 구어체로 한다든지, 시작과 끝을 천천히 한다든지, 대화체를 넣어서 생동감을 준다든지, 등장인물에 맞게 소리와 표정을 실감나게 표현한다든지 등이다.

여섯째, 글자를 읽는다는 것과 내용을 이해하는 것과는 차이가 있어서 소리를 통해 아이는 머리 속에서 또 다른 이미지를 만든다. 또 이야기에 심취해 본 아이는 그 내용이 들어 있는 책에 대해 궁금해 하게 마련이다. 동화구연은 독서로 가는 입문 과정이라 할 수 있다.

일곱째, 동화구연대회의 교육적 효과는 반반이라 할 수 있다. 출전 동기에 따라 혹은 연령에 따라 교육적일 수도 있고 비교육적일 수도 있다. 가령, 성인이 동화구연대회를 준비하게 되면 수상 여부에 상관 없이 실력 향상에 도움이 되기 때문에 교육적 효과가 있으나 어린이의 경우에는 신중하여야 한다.

2. 동화구연의 정의 및 특성

(1) 동화구연의 정의

동화구연(童話口演)이란, 글자 그대로 동화를 입으로 연기하듯이 들려주는 활동이다. 동화를 마치 작품 속 인물이 된 듯이, 그 상황 속에 있는 듯이 입체적으로 들려주는 것을 말한다. 이에 비해 '구연동화(口演童話)' 란, 말로써 구연된 작품 그 자체를 말한다. '동화구연' 과 '구연동화' 를 혼동하는 것은, 활동과 작품을 구분하지 않아서 나온 결과이다. 책과의 관계를 보면, 활자로 담겨져 있는 동화

책 그 자체는 문장동화이고, 이것을 소리 내어 읽어 주면, 아이가 들은 그 동화는 구연동화, 책을 읽어주는 활동은 동화구연이 되는 것이다.

(2) 동화구연의 기본 요소

동화구연의 3요소는 화자, 청자, 이야기로서, 이는 교육의 3요소(교사, 학생, 교육내용)와 동일하다. 화자인 구연자는 이야기를 들려주는 사람으로서, 이야기를 좋아하고 어린이를 사랑하는 마음이 있어야 한다. 또 이야기 자체에 아이가 몰입할 수 있도록 단정하고 편안한 옷차림이 좋으며, 원고를 미리 읽어 보고 쉬어 읽는 부분과 발음 등을 점검한다. 청자는 듣는 사람으로 개인 또는 집단이 있다. 이야기는 교육성과 흥미성을 함께 고려하여 선정하되, 청중의 연령과 집단의 크기, 활동의 목적에 따라 교수매체 사용여부 및 종류를 결정한다.

(3) 동화구연의 과정

흔히, 동화구연이라고 하면 청중으로서 듣는 입장이거나 말하는 입장만 각각 떠올리지만, 진정한 동화구연 과정은 단순히 듣는 것으로 끝나지 않는다. 아동이 자신이 들은 이야기를 말해 보고, 느낌을 글로 적어 보며, 그 동화가 실린 책을 읽는 것까지 포함하게 된다. 이 과정에서 자연스럽게 총체적 언어 교육이 이루어진다.

〈표 17.1〉 동화구연 활동의 과정

화자(storyteller)	청자(audience)	
이야기 들려주기	듣기 – 주의 깊게 경청하기 읽기 – 책으로 읽기 쓰기 – 주인공에게 편지쓰기 말하기 – 이야기 재구성해 남에게 들려주기/자신의 느낀 점 이야기 하기 총체적 언어 접근의 예(Whole Language Approach)	Raines& Isbell, (1994)의 동화구연 과정에 대한 설명 이야기를 하는 사람이나 듣는 사람은 모두 이야기의 힘을 신뢰한다. 어린이들은 이야기를 듣는 과정을 통해 이야기에 대한 감(感), 즉 셰마를 발달시키고 나아가서는 자신이 스토리 텔러로서 남들에게 자신들의 이야기를 다시 전달하는 데까지 이른다.

(4) 동화구연의 특성

1) 동화구연은 예술이다

동화구연의 예술성은, 동화구연이 문학에 근거해 있고 '구연'이 연기 활동의 한 갈래인데서 비롯된다. 문학의 관점에서 보면 동화구연은 동화라는 문학 예술을 독자에게 전달하는 수단이요, 방법이다. 이 방법 여하에 따라 청중의 감동이 좌우된다면 당연히 다른 무대 예술과 마찬가지로 예술적 측면에서 연구되어야 할 것이다.

연기라는 측면에서 보면 동화구연은 절제된 일인 연기 분야라고 할 수 있는데, 이는 모노 드라마와도 다르고 방송 성우와도 다른 이야기꾼으로서의 특성을 지닌다.

동화구연가는 혼자서 여러 역할을 하고 해설을 해야 하기 때문에 한 이야기에서 연출자이자 연기자이다. 그래서 전체적 조화가 중요하다. 각 등장인물에 대한 묘사가 지나치게 두드러지면 오히려 전체적 안정감이 깨지기 때문에 화술에서의 절제가 요구된다. 또 연극배우처럼 하면 성인이 듣기에는 편안하지만, 아이들의 주의를 잘 끌지 못한다. 음식에 비유하자면 어른들은 배추통김치를 통째 놓고 먹을 수도 있지만, 유아들을 위해서는 먹기 좋은 크기로 자르고 너무 맵지 않은 김치를 알맞은 그릇에 담아 내놓는 것과 똑같은 이치이다.

2) 동화구연은 교육활동이다

동화구연은 일차적으로 어린이를 대상으로 하기 때문에 연기 활동인 동시에 교육 활동이어야 한다. 아이들이 이해할 수 있고 그들에게 가치 있는 주제나 소재를 다루게 된다. 교육적 가치 여부는 전달 방법 면에서도 적용되어서, 어린이들에게 나쁜 쪽으로 모방 효과를 줄 우려가 있거나 잔인한 장면은 지양하여야 한다. 또 실생활에 적용하기 어려운 꾸미는 듯한 말투 역시 언어 표현의 모델로 부적합하기 때문에 바람직하지 않다. 동화구연의 화자는 연기자이면서 '교육자', 즉 교사의 자세가 필요한 것이다.

(5) 동화구연의 교육적 효과

동화구연으로 이야기를 들려주었을 때 생기는 교육적 효과에는 여러 가지가 있으나 석용원(1993)이 제시한 교육적 효과에다 정서적 효과를 덧붙이면, 다음과 같이 정리할 수 있다.

첫째, 상상력을 기른다.

둘째, 생각하는 힘(사물의 핵심에 주의를 집중하고 그것을 지속시켜 한 가지를 추구하는 힘)을 기른다.

셋째, 청취자와 구연자, 혹은 청취자끼리의 인간 관계를 원만히 한다.

넷째, 언어의 힘(어휘, 어감)을 기른다.

다섯째, 글자를 모르는 유아에게 문학을 즐기게 한다.

여섯째, 작품 속 인물이 되어 봄으로써 감정 이입 및 정서 이해 능력을 기른다.

동화구연을 들으며 아이들은 우선, 그 장면을 상상하게 되고, 이야기를 이해하기 위해 몰입하게 된다. 그 과정에서 자연스럽게 상상력과 사고력이 성장하게된다. 또 이야기를 들려주고 경청하는 과정에서 서로 눈을 쳐다보게 되는데, 이것은 원만한 인간 관계의 출발점이 된다. 또한 아이들은 동화 속에서 정제된 어휘와 문장을 접하게 되고, 글자를 몰라도 귀로 듣는 독서를 통해 문학을 즐길 수있다. 마지막으로, 동화를 듣거나 구연을 해 보는 가운데 자신이 작품 속 인물이되어 봄으로써 타인의 정서를 이해하는 능력이 발달하게 된다. 이들을 정리해 보면, 상상력과 사고력은 인지적 발달, 어휘 및 문학을 즐기는 능력은 언어적 발달, 인간관계 및 정서 이해 능력은 사회·정서적 발달로 요약할 수 있다.

동화구연의 효과를 또 다른 관점에서 살펴본다.

저녁을 먹고 텔레비전을 보려면 온 식구가 '마주보고' 둘러앉아서는 안 된다. 한쪽 방향으로 '나란히' 앉아야 한다. 그래서 식구끼리 서로 얼굴을 볼 수도 없고 이야기를 나눌 수도 없다. 또 텔레비전은 가만히 앉아서 주는 대로 받아야지 뭘 묻고 대답할 수

있는 게 아니다. (중략)

　이야기는 이와 다르다. 서로 얼굴을 마주보고 온 몸으로 서로를 느끼며 나누어야 제맛이 난다. 이야기는 절대로 혼자서는 못한다. 이야기 하다가 한 사람이 더 오면 자연스럽게 자리를 내 주고 끼여 앉아 거들며 함께 즐기는 것이 제격이다. '열린 문화요, 대면 문화'이다. 여럿이 둘러 앉아 오순도순하는 일은 사람과 사람 사이를 가깝게 한다.[1]

　사람과 사람 사이의 소통의 단절이 점차 심해지는 현대 사회에서 인간 관계의 본질을 회복하기 위해서는 어떻게 해야 하는 지 그 예를 보여주는 것이라 하겠다.

　언어에는 음성, 이미지, 의미가 포함되어 있으나, 특히 귀에 들리는 언어의 음성부분에 대하여 체험을 풍부하게 할 필요가 있습니다. 언어가 지닌 울림, 리듬, 소리의 아름다움과 즐거움, 그러한 부분에 대한 예민한 감성을 기르는 것에서부터 언어체험이 시작됩니다. 따라서 유아에게는 시적인 말을 좀 더 많이 해 주고 노래해 주지 않으면 안 됩니다.[2]

　어른들은 흔히 아이들이 빨리 글자를 해독해서 혼자 책읽기를 하기를 바라지만, 이처럼 듣는 독서는 큰 장점이 있기 때문에 설사 책을 읽을 줄 아는 아이에게 조차도 책을 읽어주고 이야기를 들려줄 필요가 있는 것이다.

---

1) 서정오(1995).
2) 마츠이 다다시(1990).

3. 동화구연의 역사

(1) 동화구연의 역사적 기원

① 동화구연의 역사적 기원은 책의 역사적 기원과 같다.

② 인류 최초의 책 : '살아 있는 책(living books)'

(2) 우리나라의 동화구연 역사

1) 노변동화(爐邊童話-fire side story) 시대

민간에서 구전으로 내려오는 이야기를 들려 주던 시대로 오늘날까지도 이어지고 있다.

2) 주일학교 동화

① 1890년대부터 유년 주일학교 등장 : 동화와 노래

② 최초의 동화구연 이론서 :『신선동화법』(강병주 목사, 1934)

3) 유치원 동화

1910년대 유치원들이 설립되면서 교육과정에 동화시간이 들어갔다.

4) 소파(小派) 방정환과 색동회 창립

① 방정환을 주축으로 아동문학가들이 1923년 색동회를 창립하였다.

② 방정환은 최초의 대중적 동화구연가이다.

5) 라디오 방송 동화

1927년 경성방송국 출범 후 아동문학가들이 생방송으로 동화구연을 하였다.

6) 색동회, 동화구연대회

① 1970년대 성인을 대상으로 하는 전국 동화구연대회가 출범하였다.

② 색동회 주최, 전국 어머니 동화구연대회 수상자들이 동화구연가 모임 단체 결성, 오늘날까지 지속되고 있다.

7) 전문 분야로의 움직임, 다문화 가정을 위한 장르의 확장

1990년대 후반 이후 민간 교육기관 자격증 과정이 개설되었다.

동화구연의 역사적 기원은 바로 책의 역사적 기원과 같다. 인류 최초의 책은 바로 '살아 있는 책', 즉 사람이었다. 미하일 일리인이 쓴 『백지 위의 검은 것』을 보면 기억력이 좋아서 이야기를 암기하고 들려주던 것을 직업으로 가졌던 사람들이 등장한다. 그 시대의 동화구연가는 바로 곧, 걸어 다니는 책이었던 셈이다.

우리나라에서의 역사를 보면 먼저 세계 어디에서나 있는 노변동화 시대, 즉 민간에서 이야기를 들려주던 시대가 있고, 다음으로는 1890년 무렵 우리나라에 기독교가 들어오고 유년 주일학교에서 동화를 들려준 것이 대중적인 동화구연의 첫걸음으로 볼 수 있다. 한국 기독교 교육사를 보면 1922년에 주일학교 교사가 어린이들에게 동화를 구연해 주었음은 물론이고 어린이들이 직접 나서는 동화구연대회가 있었음을 알 수 있다. 1934년에는 우리나라 최초의 동화구연이론서인 『신선동화법』이 탐손 박사 강술, 강병주 목사 필기로 나와 주일학교 교사 양성과의 교재로 사용되었다는 기록이 있다. 다음으로는 유치원을 통한 동화구연 보급이 있었다.

소파 방정환은 동화구연계의 획을 그은 인물이다. 그가 주축이 되어 설립한 색동회를 통해 아동문화 운동을 했을 뿐만 아니라 그 자신이 최초의 대중적 동화구연가였다. 1922년 최초의 동화구연회를 연 이래 전국 각처를 다니며 동화구연을 하였다고 한다.

그 후 1927년 경성방송국이 창설됨에 따라 라디오 방송을 통한 동화구연 보급도 이루어지게 된다. 해방 후 방송국을 통한 동화구연 보급이 이루어지다가 1970년대 후반에는 색동회에서 전국 어머니 동화구연대회를 주최하게 된다. 이

대회 수상자들이 모여서 색동어머니 동화구연가회라는 모임을 만들어 오늘날에 이르고 있다.

1990년대 후반부터는 마침내 동화구연에 대한 전문성이 요구되면서 민간 교육기관의 자격증 과정이 생겨나기 시작했다. 최근 동화구연이 활용되는 분야는 아동대상 언어 및 독서교육, 대학의 유·초등 관련 학과, 노인복지 시설, 다문화 가정 교육 등 폭 넓게 확대되고 있다.

4. 동화구연과 책 읽기

(1) 낭독식 읽기와 입체적 읽기

동화구연은 책 읽기와 어떤 관계가 있을까? 그것은 낭독식 읽기와 동화구연식 읽기를 들어보면 쉽게 알 수 있다. 전자는 발음 및 띄어 읽기를 고려하여 소리 내어 읽는 정도라면, 후자는 등장인물 및 상황에 맞게 입체적으로 읽기가 이루어져 책에 대한 흥미를 북돋우고 상상력을 동원하여 내용을 깊이 있게 이해할 수 있도록 돕는다.

다음 예문은 『내 동생 싸게 팔아요』(임정자)의 한 대목이다. 어떻게 읽으면 좋을지 위에서 배운 기초적인 것을 적용해 읽어 보자.

> "내 동생은요, 얼마나 얄미운데요. 나한테 대들고
> 나쁜 말도 하면서 엄마 아빠 앞에선 이쁜 척해요."
> "그렇게 얄미운 동생을 얼마에 팔려고?"
> "인형 하나 주면 드릴게요."
> "싫다, 나는. 인형은 팔면 되지만 네 동생을 어디다 쓰니?"

동화구연식 읽기라면 화자가 마치 작중 인물이 된 양 동생에 대한 불만을 이야기할 것이고 당연히 밋밋하게 읽는 게 아니라 입체적인 읽기가 될 것이다. 그때 그걸 듣는 사람은 그 상황을 머리 속에 연상하면서 공감하고, 그랬을 때 책을 감상하는 수준이 달라진다. 단순한 내용 전달이냐? 책에 대한 흥미를 북돋우고 상상력을 동원하게 하느냐? 우리가 책 읽기에 동화구연을 적용하는 이유가 바로 거기에 있다.

(2) 동화구연의 실제

1) 개작(改作, 또는 각색)과 책읽기 활동

개작이란, 글로 되어 있는 문장동화를 말로 들려주기 쉬운 구연체 동화로 만드는 과정을 말한다. 개작은 책을 읽어주는 과정에서 즉석에서 이루어지기도 하고 미리 원고로 글을 다듬기도 한다. 저자가 본인의 작품을 필요에 따라 개작해서 내는 경우도 있다.

〈표 17.2〉 아동문학 속의 개작의 예 : 강아지 똥

개작 전 원문	구어체로 개작된 작품
돌이네 흰둥이가 누고 간 똥입니다. 흰둥이는 아직 어린 강아지였기 때문에 강아지 똥이 되겠습니다. 골목길 담 밑 구석자리였습니다. 바로 앞으로 소달구지 바퀴자국이 나 있습니다. 추운 겨울, 서리가 하얗게 내린 아침이어서 모락모락 오르던 김이 금방 식었습니다. 강아지똥은 오들오들 추워집니다. 참새 한 마리가 포르를 날아와 강아지똥 곁에 앉더니 주둥이로 콕! 쪼아 보고, 퉤퉤 침을 뱉고는, "똥 똥 똥......에그, 더러워!" 쫑알거리며 멀리 날아가 버립니다. 강아지똥은 어리둥절했습니다. "똥이라니? 그리고 더럽다니?" 무척 속상합니다. 참새가 날아간 쪽을 보고 눈을 힘껏 흘겨줍니다. 밉고 밉고 또 밉습니다. 세상에 나오자 마자 이런 창피가 어디 있겠어요? (1969, 기독교교육)	돌이네 흰둥이가 똥을 눴어요. 골목길 담 밑 구석 쪽이에요. 흰둥이는 조그만 강아지니까 강아지 똥이에요. 날아가던 참새 한 마리가 보더니 강아지 똥 곁에 내려앉아 콕콕 쪼면서 "똥! 똥! 에그, 더러워……" 하면서 날아가 버렸어요. "뭐야? 내가 똥이라고? 더럽다고?"강아지똥은 화도 나고 서러워서 눈물이 나왔어요. (1996, 길벗어린이)

『강아지 똥』이 세상에 처음 나온 것은 1969년 안동 일직교회 주일학교 교사였던 권정생 님이 월간 〈기독교 교육〉에서 공모한 제1회 기독교 아동문학상 동화 부문에 이 작품으로 당선되면서였다. 두 작품을 비교해 보면 초등 어린이용으로 나왔던 원작에 비해 유아용 그림책으로 개작된 작품은 전체적으로 분량이 상당히 줄고 대화체 비중이 높아지고 문장이 간결해졌음을 알 수 있다. 개작을 함으로써 『강아지 똥』은 구어체로 다시 태어난 셈이다.

2) 개작 적용의 필요성 판단하기

책을 읽어줄 때 개작의 필요성 여부는 '작품, 활동의 목적, 청중' 세 가지를 동시에 고려해 결정한다. 일반적으로 다음의 경우는 개작이 필요한 경우이다.

첫째, 텍스트의 양이 많은 그림책을 다수의 청중에게 읽어줄 때이다.

텍스트의 양이 많은 그림책을 다수의 청중에게 읽어줄 때는 여러 명이 멀리서 보기 때문에 글자보다는 그림과 소리로만 감상하게 되므로, 이때는 줄거리 위주로 대화체를 넣어 생동감 있게 읽어 주어야 이해하기에 좋다.

둘째, 원 작품이 청중에게 적합하지 않을 때이다.

원 작품이 청중에게 적합하지 않을 때, 즉 내용의 난이도가 청중의 연령에 맞지 않거나 비교육적인 내용(잔인한 묘사, 친구 놀리기, 비속어 등), 작품의 길이가 활동에 부적합할 때는 개작이 필요하다.

셋째, 활동의 목적에 따라서 개작의 필요성이 달라진다.

같은 책이라도 활동의 목적에 따라 개작의 필요성이 달라진다. 긴 내용을 파악한 후 그에 따른 독후 활동을 하는 게 목적이라면, 개작을 해서 줄거리 위주로 들려주는 게 좋을 것이다. 그러나 문해, 즉 글자 해독을 돕는 게 목적이라면 원문 그대로 읽어 준다.

반면, 개작을 해서는 안 되는 책, 또는 개작이 필요 없는 경우도 있다.

첫째, 동시, 동요 등 운문 그림책이다.

동시, 동요 등 운문 그림책은 반드시 원문 그대로 읽어 주어야 한다. 토씨 하나까지도 신경을 써야 하는 게 동시 작품이다.

둘째, 텍스트 자체가 시적 운율을 지닌 그림책이다.

텍스트 자체가 시적 운율을 지닌 그림책은 그대로 읽어 주는 게 좋다. 가령, 『북쪽 나라 자장가』(낸시 화이트 칼스트롬), 『달님은 밤에 무얼 할까요?』(안 에르보) 등이다.

셋째, 원문 자체가 구어체이거나 반복적 리듬을 타게 되어 있는 그림책, 영아용 책이다.

원문 자체가 구어체로 리듬을 타게 되어 있는 그림책이나 영아 책도 그대로 읽어 준다. 구어체로 잘 다듬어진 그림책은 굳이 개작할 필요가 없다. 『곰사냥을 떠나자』(헬린 옥슨버리), 『누가 내 머리에 똥 샀어?』(베르너 홀츠바르트) 등이 그 예이다.

넷째, 아동이 글자 해독 자체에 관심을 가지는 경우이다.

아동이 글자 해독 자체에 관심을 가지는 경우로, 이때는 유아가 "책이랑 똑같이 읽어주세요" 하고 요구하기도 한다. 유아에게 글자를 알아 가는 즐거움은 대단한 것이다.

3) 개작의 요소와 방법

개작의 3요소는 보존, 삭제, 첨가이다. 개작 시 원작이 지닌 기본적인 주제와 줄거리, 주요 등장인물 등을 보존한다. 구어적 전달을 어렵게 하는 부분이나 비교육적인 내용, 지나치게 긴 바탕글은 지루해지기 쉬우므로 대화체로 바꾸거나 삭제한다. 구연의 효과를 높일 수 있도록 의성어, 의태어 등 수식어와 대사, 바탕글을 필요에 따라 보완한다.

■ 개작의 방법

① 문어체로 되어 있는 문장의 어미를 구어체로 바꾼다.
② 설명이 많은 부분은 대화체로 고친다.
③ 긴 문장을 짧고 말하기 쉽게 고친다.
④ 접속사와 인용격 조사를 가능한 줄여 긴장감 있게 고친다.
⑤ 점층법, 과장법을 사용하여 흥미 있고 활동적인 언어로 바꾼다.
⑥ 어휘의 반복, 사건의 반복, 의성어, 의태어 등을 넣어 리듬감을 살린다.

⑦ 난이도를 아동의 연령에 맞추어 조절한다.

⑧ 긴 이야기는 짧게, 짧은 이야기는 길게 하여 길이를 조정한다.

⑨ 비교육적인 내용은 순화시키거나 삭제한다.

Ⅱ 화 술

1. 화술의 정의

화술이란 '말하는 기술', 즉 동화를 입체적으로 맛깔스럽게 전달하는 기술로, 동화 속의 역할과 상황에 맞게 적절하게 구연하여야 한다. 좋은 화술이란, '자연스럽게', '재미있게' 라는 조건을 충족시켜야 한다.

2. 화술의 기본단계 : 호흡 발성 발음

소리 연기를 하는 데 필요한 것은 복식 호흡과 정확한 발음이다. 발음 교정을 위한 읽기 연습과 손 유희 등도 도움이 된다.[3] 다음의 손 유희는 각각 목소리 역할 설정과 발음 교정을 도와준다.

• 손으로 가리고('주먹 쥐고-' 가락)

손으로 가리고 손으로 가리고 왼쪽으로 가니 아빠가 있네요. 안녕하세요.

손으로 가리고 손으로 가리고 오른쪽으로 가니 엄마가 있네요. 안녕하세요.

---

3) 손 유희 가사 및 동영상 무료보기(www.leestoryhouse.com).

손으로 가리고 손으로 가리고 위로 가니 할머니 있네요. 안녕하세요.

손으로 가리고 손으로 가리고 아래로 가니 할아버지 있네요. 안녕하슈.

손으로 가리고 손으로 가리고 활짝 여니 내가 있네요. 안녕하세요.

• 예쁜 컵에

예쁜 컵에 우유를 쪼르르 꿀꺽꿀꺽 마셨더니, 키가 자라요. 쑥쑥 자라요.

예쁜 컵에 주스를 쪼르르 꿀꺽꿀꺽 마셨더니, 얼굴이 예뻐져요. 요렇게 예뻐져요.

예쁜 컵에 콜라를 쪼르르 꿀꺽꿀꺽 마셨더니, 찌르자, 찌르자, 이가 아파요. 치과에 갔어요. 할머니가 됐어요.

예쁜 컵에 커피를 쪼르르 꿀꺽꿀꺽 마셨더니, 잠이 안 와요. 생각이 안 나요. 멍청해졌어요.

예쁜 컵에 찬 물을 쪼르르 벌컥벌컥 마셨더니, 아이, 시원해.

• 예쁜 민지가 침대에 누워 베개를 베고 잠이 들었어요.

아침이 되자 벌떡 일어나/ 푸푸 세수하고/ 치카치카 이 닦고/

짜잔- 옷을 입고/ 도서관 가야지.

(씩씩한 준이, 할머니, 우리 아빠……)

3. 성격 설정하기

① 원고 속의 대화체 인물 숫자를 파악한다.
② 몸집 크기, 작품 속 성격 등을 고려해 소리 값을 매긴다.
   성별, 굵기, 속도, 높낮이, 맑기 등의 요소를 적용하면 쉬우며 작품 속에 드러난 크기나 평소의 연상 이미지로 가는 게 좋다
③ 곰과 사자처럼 힘센 등장인물이 중복되는 경우에는 속도, 높낮이 등을 변별 요소로 사용한다.

4. 상황 분석하기

우리가 말을 할 때는 반드시 어떤 상황이 있다. 그 상황에 맞게 어감을 살려 주어야 한다.

(1) 상황별 화술 실습 : "이게 뭐야?"

① 바닥에 놓여 있는 이상한 물체를 보며
② 자기 방을 어질러 놓고 건넌방으로 가 버린 형에게 소년이
③ 문제지를 선물이라고 내민 엄마에게 심술이 나서 실망한 아이
④ 결혼식에 가려고 흰 옷을 갈아입혔더니 음료수를 엎지른 아이를 보며 엄마가 속이 상해서
⑤ 연인에게 뜻밖의 선물을 받고 좋아서
⑥ 품에 안고 있는 백일 된 아기에게 장난감을 보여 주며
⑦ 금고 안을 열어보고 돈 대신 신문지 뭉치가 있어서 너무 놀라 주저앉으며

(2) 그림책을 통한 화술 실습

몸이 크거나 느리게 움직이는 등장인물이 말할 때, 위험을 알려줄 때, 멀리 떨어져 있는 대상에게 말 할 때는 어떻게 말하면 좋을까?

예1 : 『친구를 보내 주세요』(로드 캠벨)에서 궤짝에 동물들이 들어 있고 다음의 대사가 적혀 있다.
어떻게 읽으면 좋을까?
"너무 무거워요."— 코끼리/ "위험해요!"— 사자
예2 : 『우리 엄마인가요?』(이송은)에서 아기개똥벌레가 달팽이에게, 하늘 높이 날고 있는 왕잠자리에게 묻는다.
"우리 엄마인가요?"

"아니, 난 달팽이야. 느릿느릿 기어가지."

"아니, 난 왕잠자리야. 윙윙 하늘 높이 날아다니지."

첫 번째 예문은 굵고 느린 속도의 말로 코끼리를 연상하게 하고, 사자의 위험을 알리기 위해서는 빨리 말하는 게 머리 속에 그 장면을 연상하기 좋을 것이다. 두 번째 예문은 느리게 움직이는 달팽이는 천천히, 멀리 떨어져 있는 왕잠자리는 끝이 약간 메아리가 느껴지도록 거리감 있게 읽는 게 좋을 것이다.

Ⅲ 동화구연과 독서활동

1. 영아 책 놀이

(1) 책 놀이의 개념 및 배경

'책 놀이'란, '독서(讀書)'라는 말이 지닌 엄숙하고 권위적인 분위기에서 벗어나 책에 대해 보다 친근감을 갖고 다양한 각도에서 책을 감상하고자 하는 시도이다.

2000년대 들어 우리 사회에는 '책'과 '놀이'를 연계하고자 하는 움직임이 가시화되었다. 인간의 삶 속에 친숙하게 자리잡은 책을 테마로 한 각종 전시회가 열리고, 파주에 출판단지가 들어선 이후 해마다 대규모로 책을 소재로 한 전시와 놀이 행사, 2005년부터는 국제아동도서협의회 한국위원회(KBBY) 주최로 남이섬에서 세계 책 나라 축제가 열리고 있다. 또한 1990년대 영국 버밍햄에서 시작되어 2003년부터 국내에도 보급된 북 스타트 운동은 헝겊으로 된 책, 소리나는 책 등을 영아에게 보여 주자는 제안을 하면서 소재에 있어서 종이책의 한계를 벗어나 놀잇감으로서의 책의 이미지도 제시되었다.

(2) 영아 책 놀이의 실제

1) 책으로 하는 구성놀이

—활동명 : '책으로 집을 지어요'

—활동목표 : 다양한 책의 크기와 모양을 경험한다.

　　　　　책을 조작해 보며 구성놀이를 해 본다.

—활동자료 : 다양한 모양과 크기의 책 10~15권

—활동방법

　① 다양한 크기와 모양의 책을 탐색한다.

　　　– 네모 네모 네모난, 책이 있네. 이건 아빠 책, 이건 ○○ 책……

　② 한 권의 책으로 집을 만들어 본다.

　　　– 어떻게 하면 잘 세울 수 있을까?

　③ 책을 이어 집을 만들고 주인-손님 놀이를 한다.

　　　– 똑똑똑, 계세요? 여기 누구네 집이에요?

2) 책으로 하는 조형놀이

—활동명 : '세모야, 어디 가니?'

—활동목표 : 세모로 여러 가지 모양을 만들어 본다.

—활동자료 : 그림책〔『세모야 어디 가니?』(이송은)〕, 펠트 천 조각, 융판

—활동방법

　① 융판 동화로 책의 내용을 감상한다.

　　　– 세모는 꽃밭에서 친구를 만나 나비가 되었어요.

　　　(세모 하나는 융판에 붙여두고 한 조각을 집어 보이며) 어떻게 하면 나비

　　　모양이 될까?

　② 세모조각으로 여러 가지 모양을 만들어 본다.

　　　– 세모로 된 건 뭐가 있을까? ○○를 만들어 보자.

③ 그림책 읽기를 한다.

3) 한 권의 그림책으로 하는 통합 활동(우리 엄마인가요?)

—언어활동 : 역할놀이 : 손 인형을 끼고 곤충이 되어 이야기해 본다.

—신체표현 : '알록달록' 노래를 들으며 체조를 한다.

　　　　　　동화에 등장하는 곤충들의 움직임을 상상하며 표현해 본다.

—탐색활동 : 그림책 속의 곤충들의 색깔과 매트의 색을 대응시키며 여러 색

　　　　　　에 대해 경험한다.

2. 유아 책 놀이

(1) 동화구연을 활용한 유아 독후 활동

1) 이야기 이야기

—활동명 : 내가 좋아하는 이야기 소개하기

—활동목표 : 이야기를 주의 깊게 잘 듣는다.

　　　　　　자신이 좋아하는 이야기를 간단히 소개할 수 있다.

—활동자료 : 그림책〔『이야기 이야기』(게일 헤일리)〕

—활동방법

　① 표지를 보며 배경과 내용을 예측해 본다.

　　– 이 이야기는 어느 나라의 이야기일까? 왜 그렇게 생각하니?

　② 그림책을 감상한다.

　　– 대집단을 대상으로 그림과 줄거리 위주로 각 인물과 상황을 실감나

　　　게 들려준다.

　③ 각자 좋아하는 이야기를 소개한다.

　　– 너희들이 알고 있는 가장 재미있는 이야기나 그림책은 무엇이니?

　　– 왜 그 이야기를 좋아하니?

(2) 동화구연을 활용한 초등 독후 활동 확장

1) 연극 놀이

연극 놀이(creative drama)는 기존의 공연으로서의 완성된 작품을 목적으로 하는 연극 개념과는 달리 즉흥적이고 비공개적이며, 과정 중심이고, 참여자들은 이끔이(leader, 일반적으로 교사인 경우가 많음)와 더불어 상상하고 체현하며 인간 경험을 반영한다. 이 과정에서 참여자들은 교육적 경험을 하게 된다. 교육 연극과 유사한 용어로 사용된다. 기법으로는 물체 변형, 마임, 편지, 타블로, 역할 중 교사(teacher-in-role) 등 여러 가지가 있으며, 동화구연(storytelling)도 기법 중 한 갈래에 속한다.

2) 언어 및 창의성 활동

A. 창의성

—활동명 : 스카프 변신

—활동목표 : 스카프 변형 놀이로 창의적인 놀이를 할 수 있다.

—활동자료 : 신문지, 그림책(『내 동생 싸게 팔아요』), 스카프, CD(경쾌한 음악)

—활동방법

① 신문지로 사람 형상을 만들어 내며 주의 집중을 한다.

　　- 내 이름은 짱짱이야. 그런데 난 지금 기분이 너무 안 좋아. 왜냐하면……

② 스카프로 책 속의 가게를 차례로 표상하면서, 반복되는 구절을 아동과 함께 읽으며 감상한다.

　　- (스카프로 리본을 접으며) 우리 가게는 늘 바빠요. 선물 사는 사람이 많거든요.

③ 스카프 변형놀이 한다.

　　- 이번엔 우리가 스카프로 놀이를 해 볼까? 이걸로 무얼 만들 수 있을까? 한 사람이 말하지 않고 그냥 만들어 보여 주면, 다른 사람들은 그게 무엇인지 알아맞히는 거야.

B. 언어활동

※ 주인공에게 편지 쓰기, 앞 이야기 만들어 보기

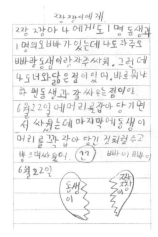

초등 1학년이 주인공에게 쓴 편지

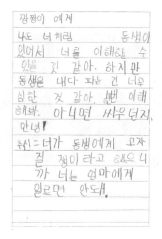

초등 4학년이 주인공에게 쓴 편지

3) 다문화 가정을 위한 동화구연

1990년대 후반부터 우리나라는 다문화 가정이 급증하고, 그 중에서도 '한국인 아버지＋외국인 어머니'인 경우가 83.7%에 이르는 것으로 나타났다(교육부, 2006). 한국 내 다문화 가정이 겪는 문제를 살펴보면, 문화가 다른 데서 오는 긴장과 갈등, 서로 다른 언어로 인한 의사 소통의 어려움, 종교 및 경제적 이유 등의 주된 결혼 동기와 그것이 충족되지 않았을 때의 갈등, 낮은 경제적 수준 자체가 갖는 어려움 등을 들 수 있다.[4]

이송은의 다문화 실행연구에 따르면 다문화 가정을 위한 문학 활동은 부모 양국의 전래동화를 이용해서 어머니 나라의 정체성을 드러내게 했을 때 매우 효과적인 것으로 드러났다.[5] 즉, 양국의 전래동화 그림책을 소재로 공통점과 차이점 찾기 활동을 함으로써 두 문화를 이해하는 데 도움이 되는 것으로 나타났다.

---

4) 안은미(2007).

5) 이송은(2007).

최근에는 베트남 출신의 동화구연가가 탄생하는 등 동화구연이 양국의 문화를 이해하고 언어를 쉽고 재미있게 배우는 효과적인 방법으로 대두되고 있다.

Quoc, Minh/Long, Mai 글
베트남 전래동화

박상률 글

Ⅳ 시 낭송 응용

1. 동시 낭송의 기법과 적용

동시란 동심을 소재로 하여 인간과 사물에 대한 사고와 경험을 함축된 언어로 표현하는 것으로 리듬감과 이미지를 특징으로 한다. 동시의 구성 요소는 심상(image), 리듬(rhythm), 언어(words)를 들 수 있다.

유년기의 동시 경험은 유아의 정서 함양과 모국어의 아름다움을 느끼게 하는 교육적 효과가 있다. 특히, 소리 내어 감상할 때 동시 특유의 운율과 리듬에 대한 감수성을 키울 수 있다.

(1) 동시 낭송의 기법

1) 후렴 읽기(refrain arrangement)
한 명의 리더가 내용이 전개 되는 부분을 읽고 반복되는 부분인 후렴은 나머지 그룹이 받아서 읽는 형식이다(예 : 윤석중의 「어깨동무」).

2) 대화식 읽기(dialogue arrangement)
대화체 부분을 팀을 나누어 서로 주고 받는 질문 형식으로 번갈아 가며 읽는다(예 : 김소운의 「손등물기」, 박경종의 「왜가리」).

3) 행별 읽기(line arrangement)
말 그대로 한 행씩을 한 그룹이 읽는 것으로 오케스트라의 소리처럼 그룹마다 달라지는 음색을 느낄 수 있다(예 : 김영일의 「달팽이」).

4) 누적식 읽기(cumulative arrangement)
소리의 볼륨이 점차 증대되어 가는 것을 청각뿐만 아니라 피부로도 소리의 떨림을 느낄 수 있다(예: 윤석중의 「새 달력」).

5) 전체 읽기(unison arrangement)
전체 어린이가 처음부터 끝까지 같이 읽는 것을 뜻한다.

〈대화식 읽기〉

손등물기

김소운

엄마가 아기 손등을
잘근 잘근 물었습니다.

"엄마! 내 손등을 왜 물어?"
"응, 그건 엄마가 너를
너무너무 사랑하기 때문이야."

아기도 엄마 손등을
꽈 – 악 깨물었습니다.
"아야야! 아프게 물면 어떡하니?"
"응, 그건 내가 엄마보다
더 많이 사랑하기 때문이야."

〈후렴식 읽기〉

어깨동무

윤석중

동무 동무 어깨동무
언제든지 같이 놀고.

동무 동무 어깨동무
언제든지 같이 가고.

동무 동무 어깨동무
천 리 길도 멀지 않고.

동무 동무 어깨동무
해도 달도 따라오고

〈행별 읽기〉

달팽이

김영일

달팽이가 이사간다.
집 한 채 지고 간다.
한 고개 넘었다.
두 고개 넘었다.
어, 다 못 가 해가 꼬박 졌다.

〈누적식 읽기〉

새 달력

윤석중

새 달력에 내생일이 들어있다.
새 달력에 엄마생일이 들어있다.
새 달력에 아빠생일이 들어있다.
새 달력에 아우 볼 날이 들어있다.

(2) 동시 수업의 방법

1) 다양한 동시 감상의 예
• 동시 내용 몸으로 표현하기
－활동명 : 꽃씨가 되어 보아요.
－활동목표 : 움직임과 관련된 단어를 몸으로 표현해 본다.

동시의 내재율을 경험해 본다.

－활동자료: 동시판

－활동방법

　① 동시(김완기의 「꽃씨」)를 천천히 읽는다.

　② 동시 내용을 몸으로 표현해 본다.

　　－ 놀이 중에서 몰래 숨는 것 있지. 뭐지? 그때 술래가 손을 어떻게 하지? ……

　③ 낭송만 할 때와 몸으로 표현할 때의 차이에 대해 느낌을 나눈다.

　　－ 동시를 몸으로 표현해 보니까 느낌이 어떠니?

　　－ 소리로 읽기만 할 때와 어떻게 다르니?

　　－ 어디가 가장 재미있었니? 그 이유는 뭐니?

꽃씨

김완기

몰래
겨울을 녹이면서
봄비가 내려와 앉으면

꽃씨는 땅 속에서
한 바퀴 돌아누우며
눈을 뜹니다.

• 동시감상하고 동시책 만들기

－활동명 : 꽃밭을 만들어요.

－활동목표 : 씨앗의 성장 과정을 안다.

　　　　　　종이와 색연필, 스티커로 꽃밭을 표현해 본다.

－활동자료: 동시판, 머메이드지, 색연필, 스티커

－활동방법

① 씨앗 그림 자료로 도입을 한다.
  - 이게 뭘까요? 이건 씨앗이라고 불러요.
② 동시판을 이용하여 서정숙의 「꽃씨」를 대화식으로 감상한다.
③ 책상 등 구조물을 이용하여 꽃씨 팀, 농부팀이 되어 본다(유아가 꽃씨
  팀, 교사가 농부, 다음에는 번갈아 해도 좋다).
④ 꽃씨가 되었을 때 느낌이 어떠했는지 이야기를 나눈다.
  - 밖으로 나올 때 기분이 어땠니?
⑤ 색연필과 머메이드지로 꽃밭을 꾸미고 한 쪽에 동시 자료를 붙인다.
  - 무슨 꽃이 피었니?

꽃씨

서정숙

꽃씨야 어디 있니?
여~기

꽃씨야 나오너라.
아직두

햇님 오면 나갈게.
빗님 오면 나갈게.
코자고 나갈게.

쏘옥 꽃싹
노랑 꽃싹
요기도 나왔다.
조기도 나왔다.

꽃밭 동시책 포트폴리오

2) 동시 짓기의 예

－활동명 : 재미있는 생각으로 시를 지어요.

－활동목표 : 한 물건을 여러 용도로 사용해 보는 활동을 통해 융통성을 기른
다. 재미있는 생각으로도 동시를 쓸 수 있음을 안다.

－활동자료 : 30cm자, 도화지

－활동방법

① 30cm자의 쓰임에 대해 알아본다.

　－ 이건 뭐니? 원래 어디에 쓰는 물건이니? 그런데 오늘은 자로 놀이를
해 볼 거야. 무엇인지 맞혀보겠니?

② 30cm자의 다양한 쓰임을 상상 속에서 변형해 표현해 본다.

③ 느낌을 나눈다.

④ 동시를 감상한다.

　－ 우리가 했던 놀이로 시를 쓴 시인 선생님이 있어. 함께 읽어 볼까?

⑤ 마지막을 후렴으로 이용해 모둠을 연작 동시 짓기를 한다.

30센티미터 자를 산 까닭

신형건

가려운 등을 긁을 수 있지

손톱에 끼인 때도 파낼 수 있지

발뒤꿈치만 조금 들면

천장에 친 거미줄도 걷어내지

귀찮은 파리를 쫓을 수 있지

피리 부는 흉내도 낼 수 있지

노래하면 손장단을 맞출 수 있지

얏! 얏! 신나는 칼 싸움도 할 수 있지

바람에 날리지 않게 시험지를

꾹 눌러 둘 수 있지

장롱 밑에 들어간 것도 꺼낼 수 있지

그래, 힘들었으니 좀 쉬라고

그냥 놔둘 수도 있지

야아, 이 좋은 생각이 이제야 떠오르다니1

얄밉게 구는 네 등짝을 힘껏

후려칠 수도 있잖아!

그리고 또 뭐가 있더라……

분명히 있을텐데…… 뭐지?

뭐지…… 뭘까?

만 4세가 지은 동시

초등 1학년이 지은 동시

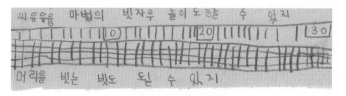

초등 4학년이 지은 동시

심화학습

동화구연을 제대로 배우려면 아동문학에 대한 기초, 아동발달에 대한 기초, 음성연기에 대한 기초, 교수 매체에 대한 기초, 손 유희 등 수업 방법론에 대한 기초가 있어야 한다. 독서지도사가 되기 위해서 공부하는 사람의 경우에는 처음에는 기초적인 화술, 책과 음성 연기의 관계 등을 아는 것으로 출발하는 게 좋다. 보다 깊은 공부를 하기 위해서는 대학 부설 평생교육원이나 문학활동 전문 연구소, 전통 있는 동화구연 단체에서 개설하는 동화구연 지도자 전문 지도자 과정을 이수하는 게 도움이 될 것이다. 연기 분야이기 때문에 현재 국가 공인 자격증 제도는 없고 민간 자격증을 발급한다.

동시 낭송 및 기법에 관해서는 우리 말을 바르게 발음하는 것으로 시작하며, 좋은 동시를 책이나 음반을 통하여 많이 읽고 낭송해 보는 게 중요하다. 본 장에 소개된 기법을 활용하여 기존의 동시들을 어떻게 낭송하면 좋을지 연구해 보면 모국어의 울림을 재발견할 수 있을 것이다. 동시 낭송 또한 전문성 있는 분야여서 시간을 두고 공부할 필요가 있다. 시 낭송 모임이나 발표회에 참관해 보면 어떤 시 낭송이 마음에 와 닿는지 평가하는 능력이 생긴다. 동시 관련 활동은 동화에 비해 상당히 미개척 분야에 속한다. 동시에 대한 현장 연구를 찾아 읽어 보면 도움이 될 것이다. 최근에는 동시에 대한 통합적인 연구가 과거에 비해 활발히 이루어지고 있다.[6]

---

6) 이송은(2001).

1. 동화구연(童話口演)이란, 동화를 입으로 연기하듯이 들려주는 활동을 말한다. '구연동화(口演童話)'란, 말로써 소리 내어 들려준 작품 그 자체를 말한다. 동화구연의 화술은 마치 작품 속 인물이 된 듯이 그 상황 속에 있는 듯이 입체적으로 들려주는 것을 말하며, 아동의 언어 모델이 되어야 하므로 과장되거나 꾸미지 않고 자연스러워야 한다.

2. 동화구연의 역사적 기원은 책의 기원과 동일하다. 인류 최초의 책은 '살아있는 책(living books)'이었으며, 고대 사회에서는 이야기를 암기해서 들려주는 직업을 가진 사람들이 있었다. 고대의 동화구연가들은 자신들이 곧 책이었던 셈이다.

3. 동화구연을 책 읽기에 적용했을 때 얻을 수 있는 효과로는 책에 대한 흥미를 북돋우고 상상력을 불러일으켜 책을 깊이 있게 이해할 수 있도록 하는 점이다. 이 경우 단순한 내용 파악을 위한 읽기 이상의 의미를 지닌다.

4. 개작이란, 글로 되어 있는 문장동화를 말로 들려주기 쉬운 구연체 동화로 만드는 과정을 말한다. 개작은 책을 읽어주는 도중 즉석에서 이루어지기도 하고 사전에 원고로 글을 다듬기도 한다. 개작의 필요성 여부는 '작품, 활동의 목적, 청중' 세 가지를 동시에 고려해 결정한다.

5. '책 놀이'란 2000년대 이후 대두되기 시작한 말이며, '독서(讀書)'라는 말이 지닌 엄숙하고 권위적인 분위기에서 벗어나 책에 대해 보다 친근감을 갖고 다양한 각도에서 책을 감상하고자 하는 시도이다. 크게 보아, 그림책을 활용한 문학 활동의 범주에 속한다.

6. 시 낭송의 기법에는 후렴 읽기, 대화식 읽기, 행별 읽기, 누적식 읽기, 전체 읽기 등이 있다. 동시 감상 방법에는 시 내용 몸으로 표현하기, 연극 놀이를 이용한 감상과 짓기 등 여러 가지 형태가 있다.

1. 우리나라 최초의 대중적 동화구연가였던 방정환은 어떤 분이었나?

(해설) 방정환은 어린이날을 만들고 색동회를 만든 사람으로 많이 알려져 있는데, 당시 그가 만든 어린이 헌장은 오늘 날 읽어 봐도 훌륭한 아동 중심 철학을 담고 있다. 그는 이를 몸소 실천하는 방법으로 『사랑의 선물』이라는 번안 그림책을 내고, 『만년샤쓰』 등의 동화를 쓰기도 했으며, 1922년 이래 전국을 순회하여 동화구연을 했던 분이다.

2. 동화구연가는 어떤 사람인가?

(해설) 동화구연가라면 먼저, 화술을 떠올리는 경우가 많다. 그러나 오랫동안 동화구연 활동을 제대로 하려면, 교사로서의 자질을 닦을 필요가 있다. 단순히 재능만으로 하기에 아동은 너무도 고려해야 할 사항들이 많은 것이다.

3. 동화구연이란 무엇인가?

(해설) 목소리가 예뻐야 한다거나 과장한다거나 원고를 그대로 외워야 한다는 것은 동화구연에 대한 그릇된 선입견이다. 동화구연은 자연스럽게, 그러면서도 입체적으로 재미있게 들려주는 것이다.

4. 교사가 동화구연을 책 읽기에 적용했을 때 아동이 얻을 수 있는 교육적 효과는?

(해설) 그대로 읽기만 했을 때보다 인물과 상황을 입체적으로 들려줌으로써 상상하기 쉽고 깊이 있게 이해할 수 있다.

5. 개작이 필요한 경우는 어떤 상황인가?

(해설) 일반적으로 페이지당 텍스트의 양이 많은 그림책을 다수의 청중에게 읽어줄 때, 동화내용이 청중과 맞지 않을 때 개작이 필요하며, 반대로 동시, 동요 그림책 등 원문대로 읽어주어야 하는 경우도 있다.

6. 개작의 요소는 무엇인가?

(해설) 개작은 화술을 돕기 위해서 원고를 고치는 과정이며 보존, 삭제, 첨가 등 세 가지 요소가 있다. 개작과정에서 줄거리나 주제, 주요 등장인물은 보존되어야 하며, 비교육적인 표현이나 지나치게 긴 바탕글 등은 삭제된다. 구어적 특성을 살릴 수 있는 의성어, 의태어 등은 적절히 첨가하는 게 동적인 전달을 위해 바람직하다.

7. 책 놀이에서 책 자체의 외형적 특성으로 이용한 놀이는 어떤 것이 있나?

(해설) 책으로 집 짓기 놀이는 책 탐색 놀이의 일종으로 책의 외형적 특성 자체를 이용한 놀이이다. 보통 영아는 한 권으로 시작하나 점차 여러 권으로 놀며 구조도 복잡해진다. 이외에도 큰 책 작은 책 분류하기, 징검다리 놓기 등 여러 가지가 있다.

8. 연극 놀이와 일반 동극은 어떻게 다른가?

(해설) 연극 놀이는 종래의 공연을 목적으로 하는 연극과는 달리 즉흥적이고, 과정 중심적이며, 비공개적이다. 따라서 정해진 대본이나 주연과 조연 등의 구별은 없다.

9. 동시 낭송 기법에는 어떤 게 있는가?

(해설) 가령, 동시 내용이 주고받는 대화체로 되어 있는 동시는 전체 읽기보다는 대화식 읽기로 읽었을 때 더 효과적인 감상이 된다. 반복되는 후렴구가 있을 때는 후렴 읽기가 좋고, 이외에 행별 읽기, 누적식 읽기 등이 있다.

10. 동시를 몸으로 표현해 보는 과정은 어떻게 하는 게 바람직한가?

(해설) 교사가 시범을 보이고 유아는 그대로 모방해서 따라하게 하는 것은 전통적으로 율동지도에서 상당 부분 행해져 온 방식이다. 동시 몸으로 표현하기는 유아의 감상을 심화시켜 주기 위한 방법론인데, 교사는 신체 표현을 이끌어 낼 수 있게 지지는 해 주되 일방적으로 따라하게 해서는 안 된다.

■ 참고문헌

• 대한 기독교 교육협회(1974), 『한국 기독교 교육사』, 대한기독교육협회.
• 마츠이 다다시, 이상금 엮음(1990), 『어린이와 그림책』, 샘터사.
• 서정오(1995), 『옛이야기 들려주기』, 보리.
• 석용원(1993), 『유아동화의 구연교육』, 학연사.
• 이규원(2000), 『동화구연의 이론과 실제』, 유아문화사.
• 이송은(2001), 『표현력과 창의성을 키우는 손유희 101가지』, 동심.
• 이송은(2004), 『누구나 할 수 있는 이야기 들려주기』, 창지사.
• 이송은(2005), 『유아문학교육의 이론과 실제』, 창지사.
• Brand, S. T. & Donato, J. M.(2001), *Storytelling in emergent literacy : Fostering multiple inteligence.*
• Ilin, Mikhail, 박수현 역(2003), 『백지 위의 검은 것(일리인이 들려주는 책의 역사)』, 아이세움.
• Raines, S. C., & Isbell, R. T.(1994), *Stories: Children's Literature In Early Education*, Delmar Publishers Inc..

• 김순녀(1997), 「색동회 동화구연활동이 유아교육에 미친 영향」, 건국대학교교육대학원 석사학위 논문.
• 안은미(2007), 「농어촌국제결혼가정 자녀의 학교적응에 영향을 미치는 요인에 관한 연구」, 이화여자대학교 대학원 석사학위청구논문.
• 이송은(2001), 「통합적인 동시짓기활동이 유아의 동시감상 및 짓기 능력과 교사의 동시인식에 미치는 영향」, 중앙대학교 교육대학원 석사학위논문.
• 이송은(2006), 「2세 영아의 책에 대한 의미탐색」, 중앙대학교대학원박사학위논문.
• 이송은(2007), 「다문화가정의 문화이해를 위한 문학 활동 실행연구: 필리핀 모-자를 대상으로」, 『어린이문학교육연구』, 8권 2호, 한국어린이문학교육학회.

• 동화가 있는 집 http://www.leestoryhouse.com
  문학활동연구소,' 동화가 있는 집'의 홈페이지. 동화구연과 책 놀이, 손유희에 대한 정보가 있으며 현장에서의 의문점에 대해 질의응답할 수 있다.
• 반달회 http://www.bandal.org
  1988년 창립된 동화, 동요, 동시 등을 보급하는 반달회 홈페이지. 매년 어른 및 어린이를 대상으로 하는 동화구연대회를 열고 있다.

- 색동회 http://www.saekdong.or.kr

   1923년 소파 방정환을 중심으로 창립된 색동회 홈페이지. 동화구연 보급 및 어린이 문화 운동을 하고 있으며, 연중 3~4회 어른 및 어린이를 대상으로 한 동화구연대회를 열고 있다.
- 책읽는사회만들기 국민운동 http://www.bookreader.or.kr

   정보-지식에 접근할 기회의 사회적 평등 확장, 책 읽는 문화로 성숙한 사회 실현 등을 목적으로 한 시민단체. 기적의 도서관 짓기, 북 스타트 운동 등을 주관한다.

- 권정생 글, 정승각 그림(1996), 『강아지똥』, 길벗어린이.
- 게일 헤일리 글 · 그림, 엄혜숙 역(1996), 『이야기 이야기』, 보림.
- 낸시 화이트 칼스트롬 글, 리오 딜런 · 다이앤 딜런 그림, 이상희 역(2003), 『북쪽나라 자장가』, 보림.
- 로드캠벨 지음, 염현숙 역(2004), 『친구를 보내 주세요』, 문학동네 어린이.
- 마이클 로젠 글, 헬린 옥슨버리 그림, 공경희 역(2001), 『곰 사냥을 떠나자』, 시공주니어.
- 박상률 지음, 최기순 인형(2003), 『콩쥐 팥쥐』, 삼성출판사.
- 베르너 홀츠바르트 글, 볼프 에를브루흐 그림(1993), 『누가 내 머리에 똥 쌌어?』, 사계절.
- 베트남 전래동화(2006), 『땀과 깜』, East West Discovery Press.
- 신형건 시, 위승희 그림(2003), 『바퀴달린 모자』, 현암사.
- 안 에르보 글 · 그림, 이상희 역(2000), 『달님은 밤에 무얼 할까요』, 베틀북.
- 이송은 글, 오정일 그림(2008), 『우리 엄마인가요?』, 동심.
- 이송은 글, 전효훈 그림(2008), 『세모야 어디 가니?』, 동심.
- 임정자 글, 김영수 그림(2006), 『내 동생 싸게 팔아요』, 아이세움.

제 **18** 장

독서능력 진단 및 평가

■ 학습목표

1. 독서능력의 발달 과정에서 나타나는 행동적 지표들을 단계적으로 파악할 수 있다.

2. 독서능력 진단과 평가의 목적이 무엇인지 말할 수 있다.

3. 독서능력 진단과 평가의 접근 방법과 내용을 설명할 수 있다.

4. 독서능력 진단과 평가의 목적과 내용을 고려하여 적절한 검사 방법을 시행할 수 있다.

■ 주요용어

측정 – 사물이나 사건의 성질을 구체화하기 위해 규칙에 따라 수를 부여하는 절차

진단 – 어떤 것의 상태와 전략, 그리고 기능들에 대한 정보를 얻는 과정을 총칭한다.

평가 – 어떤 것의 가치나 질, 유의성, 양, 정도, 조건에 대한 판단과 시험 행위

표준화 검사 – 모집단을 대표하는 피험자를 표집하여 동일한 지시와 절차에 의하여 검사를 시행한 후 객관적 채점 방법에 의하여 규준이 만들어진 검사

포트폴리오 – 개인의 작업이나 작품을 모아둔 자료집이나 서류철

미숙한 독자를 성숙한 독자로 만들기 위해서 어떻게 지도할 것인가를 생각할 때 독서지도의 목표 설정, 내용 선정과 조직, 구체적인 지도 방법, 평가 등에 관심을 가지게 될 것이다. 그 중에서도 독자에 대한 평가 활동은 독서지도를 하는 모든 과정에서 의사 결정을 하려고 할 때 필요한 정보들을 제공해 준다. 따라서 전문적으로 독서지도를 하려는 사람들은 자기가 지도하는 아동들의 독서능력을 타당하고 믿을 수 있는 방법으로 평가하는 능력을 갖추고 있어야 한다.

이 단원에서는 먼저 독자로서 아동 발달 과정을 특정한 행동지표에 초점을 두고 살펴보기로 한다. 이와 같은 독서능력 발달 지표들은 아동의 독서능력을 진단하고 평가할 때 주요 기준이 될 수 있다.

1. 독자의 발달 과정

글을 읽고 이해하는 능력은 말이나 제스처를 통해 이루어지는 의사소통 능력이 확장된 것으로 볼 수 있다. 따라서 말하기와 듣기 능력은 글을 읽는 능력의 기초가 된다. 아동들은 초등학교에 입학하기 전에 글을 읽는 데 필요한 여러 가지 선행 능력들을 학습한다. 많은 아동들은 취학 전에 이미 여러 가지 글자들을 구별할 수 있고, 자기 이름을 읽고 쓰기도 한다. 어떤 아동들은 상품 이름이나 가게 이름도 읽을 수 있다.

초등학교 1학년에서 2학년 정도의 아동들은 단어를 해독하기 위해서 글자를 소리로 바꾸고, 또한 이 소리들을 섞어서 단어를 만드는 데 필요한 음성적 재약호화 기술을 배우게 된다. 이 단계에서 아동들은 글자의 이름과 소리를 완전히 학습한다.

초등학교 2학년에서 3학년까지 계속되는 단계의 아동들은 대부분 글을 유창

하게 읽기 시작한다. 이때의 아동들은 많은 시간과 노력을 들이지 않고서 단어를 파악할 수 있다. 그러나 이 시기의 글 읽기는 아직 어떤 것을 학습하기 위한 것은 아니다. 단어를 해독하느라고 여전히 많은 노력이 필요하기 때문에 읽기를 통해서 새로운 정보를 습득하고 학습하기는 어렵다. 이 시기의 아동들이 읽는 책들은 대부분 아동들에게 부담을 주지 않으려고 가능하면 간단한 단어들을 사용하고 있고, 내용도 쉬운 것이어서 이 단계의 아동들을 위해 만들어진 책은 일반적으로 재미는 없다.

초등학교 4학년부터 중학교까지의 아동들은 새로운 정보를 얻는 것을 목적으로 글을 읽을 수 있게 된다. 이때의 글 읽기는 읽기 방법을 학습하는 것이 아니라 학습을 하기 위한 읽기라고 볼 수 있다. 그러나 이 단계에 있는 아동들은 책에서 제시된 정보를 한 가지 관점으로만 이해하는 경향이 있다.

고등학교 시기의 학생들은 책에 제시된 정보를 다양한 관점에서 이해하게 된다. 그래서 책을 읽고 나서 역사나 경제, 정치 등의 실제적인 문제와 관련지어 논의할 수 있으며, 좋은 문학 작품들을 아주 섬세하게 감상할 수 있게 된다.

독자의 독서능력 발달을 이런 식으로 설명하는 것은 대단히 복잡한 인지적 변화를 지나치게 단순화시킴으로써 독서능력을 학습하는 일을 실제보다 더 단순한 것으로 보이게 할 수 있다. 그러나 독서능력 발달에서 중요한 내용과 이것이 가장 현저하게 일어나는 연령을 밝히고 있으며, 또 아동들이 책을 읽을 때 겪을 수 있는 어려움들을 알려줄 수 있다는 점에서 이런 식의 설명은 의미가 있다.

2. 단계별 독서능력 발달 지표

특정한 발달 단계에 있는 독자로서 아동이 보여 주는 특징적인 읽기 행동들을 열거할 수 있다면 그것을 기준으로 해서 독서능력을 진단하고, 목표를 설정하며, 지도 방법을 모색하기가 쉬워질 것이다. 여기서는 독자의 발달 단계를 놀이 단계, 실험 단계, 초보 단계, 전이 단계, 자립 단계, 고급 단계로 구분하고, 각 단계에서 독자인 아동들이 보여 주는 특징적인 행동적 지표들을 살펴보기로 한다.

(1) 놀이 단계

이 단계의 아동들은 책이 어떤 것인지 안다. 무엇보다도 책 읽기가 재미있다는 것을 알고 있다. 그리고 이 단계의 아동들은 주변에서 보이는 글자에 주목하기 시작하며, 책을 바로 세워서 드는 독서행동을 보인다. 이 단계의 아동들이 하는 독서는 대단히 창의적이다. 예를 들면, 책장을 넘기면서 자기가 기억하고 있는 것을 말하거나 그림을 보면서 이야기를 만들어 내기도 한다. 그러나 문자언어와 음성언어를 연결하지는 못한다.

이제 독서능력이 발달하기 시작하는 아동들에게 책을 많이 읽어주는 것은 대단히 중요한 일이다. 이야기를 들으면서 아동들은 자꾸 끼어들려고 하고, 좋아하는 이야기라면 몇 번이고 반복해서 읽어달라고 요청할 것이다. 반복적으로 이야기를 들으면서 아이들은 책 속의 이야기가 변화하지 않는다는 것을 이해하게 된다. 이 시기에는 칭찬과 격려가 많이 필요하다.

(2) 실험 단계

이 단계의 독자들은 이미 알고 있는 내용의 글을 사용해서 음성언어로서의 단어와 문자언어로서의 단어를 연결시키게 된다. 책 속의 글이 변하지 않는 어떤 내용을 담고 있다는 것을 알게 되면서 소리로만 들었던 단어를 책 속에서 발견하고 그것을 지적하기 시작한다. 그러나 그림을 보고 이야기하거나 질문할 수는 있지만 아직 글 자체에 대해서는 거의 질문하지 않는다. 주위 사람들이 요구하면 자기가 잘 아는 이야기를 직접 구연하기도 한다. 또 좋아하는 책을 스스로 선택하기도 한다.

이 단계의 아동을 지도하는 사람들은 아이들이 글에 관심을 가지도록 하는 활동을 하면서 글이 가지고 있는 관행과 개념을 알 수 있도록 도와주어야 한다. 즉, 글은 어떤 내용을 가지고 있고, 그것은 읽을 때마다 변하지 않는다는 것을 알게 한다. 또 책은 앞에서 뒤로, 위에서 아래로, 왼쪽에서 오른쪽으로 읽어야 한다는 것과 말과 글을 연결할 수 있다는 것을 이해하게 한다.

(3) 초보 단계

이 단계의 독자들은 글을 정확하게 읽는 데 초점을 두면서 천천히 읽을 수 있다. 처음 보는 글이라면 한 단어씩 읽어갈 수 있다. 단어 인식 능력이 증가하면서 눈에 익은 어휘들을 사용하고 있는 다양한 글을 읽을 수 있다. 이때부터 독자들은 모르는 단어를 만났을 때 어떻게 해야 할 것인가와 같이 자기가 글을 읽는 전략을 생각하기 시작한다. 직접 읽은 글이나 들은 것들에 대해서 질문하거나 자신의 의견을 제시하는 것이 바람직하다는 것을 알게 된다.

이 단계의 독자들은 출현 빈도가 높은 기본 어휘들을 눈으로 보고 빨리 인식하는 능력을 개발하여야 한다. 그러기 위해서는 의미 있는 문맥 속에서 이러한 단어들을 사용하고 있는 책을 많이 읽게 하는 것이 좋다.

(4) 전이 단계

이 단계의 독자들은 의미를 파악하기 위해서 여러 가지 읽기 전략들을 통합하기 시작한다. 특히 단어를 이해하고 평가하는 전략을 보다 자신 있게 사용하게 된다. 또 여러 가지 유형의 글을 읽으면서 다양한 전략들을 사용할 수 있다. 그래서 약간 어려운 책이라도 읽으려고 한다. 이 단계의 아동들은 알고 있는 읽기 전략들을 연습하고 다듬어갈 수 있도록 혼자서 책을 읽을 수 있는 기회를 많이 가져야 한다.

전이 단계에 있는 아동들을 지도하는 사람은 책에서 제시되는 내용이 어떤 세계관을 가지고 있으며, 그것이 독자에게 어떤 영향을 줄 수 있는지 생각하도록 함으로써 학생들이 비판적인 독자가 될 수 있도록 도와주어야 한다. 특히 이 시기에는 여러 가지 목적으로 다양한 읽을거리를 읽는 것이 중요하다.

(5) 자립 단계

이 단계의 독자는 다양한 배경 지식과 관심사를 가지고 있고, 또 여러 가지 읽기 기능을 활용할 수 있으며, 나름대로 독서에 대한 태도를 가지고 있다. 이들은 글의 의미를 파악하기 위해서 다양한 독서전략들을 통합할 수 있다. 이 단계에서 독서는 의도적이고 자동적으로 된다. 독자는 이해하기 어려운 글을 읽게 될때, 혹은 어떤 목적을 가지고서 읽을 때 어떤 전략을 사용할 것인지 알고 있다. 이 단계의 독자는 자신이 이미 알고 있는 내용과 새로 글을 읽고 알게 된 내용을 연결하는 능력을 가지고 있다. 또한 자신이 주장하는 내용을 뒷받침하는 증거들을 제시하면서 글의 내용을 비판할 수 있다.

이 단계의 독자들에게는 다양한 종류의 글에서 의미를 구성하는 방법을 알고 이해하는 전략들을 통합하면서 여러 교과의 학습을 하기 위해서 독서하는 프로그램을 제공할 필요가 있다. 독자들이 스스로 사용하고 있는 전략을 의식하게 되면서 보다 높은 수준의 이해와 비판적 사고로 나아갈 수 있다.

(6) 고급 단계

이 단계에 있는 독자들은 적절한 독서전략을 효율적으로 통제하고 활용할 줄안다. 이들은 글을 읽고 다양한 수준으로 해석하고, 관점을 제시할 수 있으며, 그것에 대해서 비판적으로 반응하고 심사숙고한다. 또한 글의 내용을 분석하여 기저에 있는 이데올로기를 찾아낼 수 있다. 또한 동일한 글이라도 사회·경제적 배경이 다른 사람들은 그것을 다르게 이해할 수 있다는 것을 안다. 이 단계의 독자들에게는 특히 읽기와 쓰기 프로그램을 통합하여 저자의 관점에서 글을 읽고, 독자의 관점에서 글을 쓰게 할 필요가 있다.

Ⅱ 독서능력 진단과 평가

1. 독서능력 진단과 평가의 의의

평가란 어떤 것의 가치나 질, 유의성, 양, 정도, 조건에 대한 판단과 시험 행위를 말한다. 독서지도에서 평가는 학생들의 목표 달성도를 측정하고 앞으로의 독서지도 계획 수립을 위한 교수 지침 제공이라는 양면적 기능을 지닐 수 있다. 독서능력 측정과 평가, 그리고 독서지도를 위한 의사결정 등이 결합된 절차들을 말할 때 보통 독서능력 진단이라는 용어를 사용한다. 독서능력 진단은 수업을 계획하고 수정할 목적으로 어떤 사람의 독서 수행 상태와 전략, 그리고 기능들에 대한 정보를 얻는 과정이다. 이때 필요한 독서전략과 독서능력 향상으로 이끌 수 있는 수업 방법은 다양하기 때문에 독서능력 진단과 평가를 통해 얻어야 할 정보는 아동에 따라 그리고 교사에 따라 얼마든지 다를 수 있다.

아동의 독서능력은 아동이 가지고 있는 다른 능력들과 마찬가지로 여러 가지 방식으로 평가할 수 있다. 이때 평가를 통해서 수집하는 자료의 성격에 따라 양적 평가와 질적 평가로 구분한다. 보통 주관적인 판단은 언어적 모호함 때문에 의사 전달에서 문제가 있을 수 있으므로 대부분의 평가는 객관적 정보에 의존하려고 한다. 객관적인 정보는 주로 측정이나 검사를 통해서 얻어진다. 보통 눈으로 보고 확인할 수 있는 특성은 계측기를 사용하여 정보를 수집하고, 비가시적인 특성은 검사라는 도구를 사용하여 평가한다. 이와 같이 검사와 측정에 의해 자료를 수집하는 평가를 양적 평가라고 한다. 양적 평가는 그것의 과학성과 정밀성에도 불구하고 평가 대상을 전체적으로 조망하지 못하고, 심층적으로 평가하지 못한다는 한계를 가지고 있다. 이러한 양적 평가를 보완하기 위한 것으로서 관찰된 인간의 특성을 언어로 기술하는 평가 방법이 나타났다. 이와 같이 숫자로 표현되지 않은 관찰이나 기술에 의한 평가 방법을 질적 평가라고 한다. 질적 평가는 평가자의 주관적 판단, 즉 전문성에 대단히 많이 의존하고 있다.

양적 평가는 과학적이고 체계적이어서 신뢰성을 보장받을 수 있으나 평가 대상을 총체적으로 판단하기 어려운 점이 있다. 또한 질적 평가는 평가 대상에 대한 전반적인 판단은 용이하게 내릴 수 있으나 평가자의 주관이 개입될 소지가 많다. 또 평가 결과를 일반화시키는 데는 한계가 있다. 그러므로 양적 평가와 질적 평가가 상호 보완적으로 이루어질 때 평가의 효과를 극대화할 수 있다.

독서능력의 평가에서도 양적 평가와 질적 평가를 모두 사용할 수 있다. 예를 들면, 표준화된 검사는 대표적인 양적 평가에 해당된다. 반면에 비형식적인 검사나 포트폴리오 평가, 그리고 교사가 만든 체크리스트 검사나 관찰 등은 질적 평가를 통합한 것으로 볼 수 있다. 어떤 방식으로 아동의 독서능력을 진단하고 평가할 것인가 하는 문제는 평가 결과를 가지고서 무엇을 하려고 하는가에 대한 판단에 따라 달라질 수 있다.

예를 들면, 아동을 매일 관찰하고 있는 교사들 중에는 일부러 독서능력을 측정할 필요가 없다고 생각하는 사람들도 있다. 수업 중 읽게 되는 자료만 가지고서도 아동들의 독서수준을 정확하게 알 수 있다고 생각하기 때문이다. 이것의 문제점은 아동이 수업 자료를 잘 읽고 이해하기는 하지만 이보다 더 어려운 자료를 읽을 수 있는지를 객관적으로 측정할 수 없다는 것이다. 아동들이 자기가 발휘할 수 있는 실제 능력 수준보다 더 어려운 책을 읽고 있는지 아니면 더 쉬운 자료를 읽고 있는지를 객관적인 방식으로 알아보는 것은 중요한 일이다.

독서능력을 측정한 결과로서 표준 점수 혹은 아동이 읽기에 적절한 자료의 학년 수준 점수를 얻을 수 있다. 어떤 척도든지 아동의 독서력이 기대에 상응하는 것인지 확인할 수 있는 수치가 제시되어야 한다. 학년의 평균 수준으로 수행하고 있는 아동들에게서 주의해야 할 것은 극히 똑똑한 아동들의 지적 수준이 과소평가되고 있지 않은가 하는 것이다. 또 평균 이하의 독서능력을 보이는 아동들의 경우에도 지적 수준이 과소평가되고 있는 것은 아닌지 주의하여야 한다. 그래서 이러한 판단을 할 때에는 독서능력뿐만 아니라 학생들의 일반적인 지능 혹은 언어적 능력에 관한 객관적인 정보가 필요하다.

아동에 대한 기대 수준은 집단이나 개별 지능 검사 혹은 듣기 검사 결과를 가지고 결정할 수 있다. 초등 저학년에서는 표준화된 집단 지능 검사를 많이 시행한다. 그런 데이터를 활용할 수 없을 때에는 듣고 이해하기 검사를 시행할 수 있다. 정상이나 정상 이상의 지적 능력을 가진 아동들이 읽기와 듣기 검사에서 모두 평균 이하로 수행하고 있는지 알아야 하겠지만 이 경우에 아동들이 기대에 부응해서 잘 수행하고 있다고 잘못 추정할 수 있다. 기대하는 독서능력을 결정하는 다른 방법은 다른 교과 영역에서 아동이 수행하는 수준을 활용하는 것이다. 그러나 아동의 독서 수행이 평균 이하이고, 기록을 조사해 보고, 듣기 검사를 하고, 여러 교과 영역에서의 성취를 비교해 보아도 기대하는 독서능력을 결정하기 어렵다면 아동의 언어 능력을 측정하여야 한다.

지적인 능력 혹은 언어 능력에 대한 표준화 검사는 대부분 큰 문제점은 없다. 그러나 표준화 검사가 아닌 것들은 분명하지 않은 변인에 근거를 두고 있거나 직관이나 관찰에 의존하기도 한다. 그래서 다른 대안은 모든 아동이 자신의 연령이나 학년 수준에 해당하는 읽기자료를 읽고 이해할 수 있어야 한다고 가정하는 것이다. 그러나 이것은 언어 능력이 극히 뛰어난 아동들을 잘 예측할 수 없다는 문제가 있다. 어쨌든 특정한 아동에게서 기대하는 수행 수준을 결정하는 것은 교육적으로 중요한 일이다.

2. 독서능력 진단과 평가의 내용

효과적인 독서지도를 하기 위해서는 첫째, 현재 아동의 독서능력은 어떠하며, 그것은 만족할 만한 수준인가? 둘째, 아동에게서 어떤 독서전략과 기능이 강점 혹은 약점인가? 셋째, 아동의 독서능력에 영향을 미치고 있는 중요한 요인은 무엇인가? 라는 질문에 대한 답을 찾아야 한다. 이러한 질문들에 대한 답을 하고 나서야 비로소 아동에게 가장 적절한 독서지도 방법을 제안할 수 있기 때문이다. 따라서 이러한 질문의 내용들은 독서능력 진단과 평가를 통해서 확인하고자 하는 주요한 내용이 될 수 있다.

(1) 기대하는 목표에의 도달 수준 판단

독서지도를 하고 있는 많은 사람들은 실제로 자기가 가르치고 있는 아동들에게서 어느 정도의 목표 수준을 기대해야 하는지 고민한다. 또 그러한 목표 수준에 비추어 볼 때 현재 아동이 어느 정도 위치에 도달해 있는가에 관심을 가진다.

이 경우에 간단하게 활용할 수 있는 지침은 다음과 같다.

첫째, 대다수의 초등학교 아동들에게서 기대하는 목표 수준과 현재 수준의 불일치를 확인하는 것은 중요하지 않다. 심각하게 정서적인 문제가 있는 경우와 같은 예외를 제외하면 평균 이상, 평균, 평균 이하의 지능지수나 듣기 능력을 가진 모든 아동들은 다니고 있는 학년 수준에 해당하는 읽기 자료들을 읽을 수 있어야 한다. 이것은 저학년에서 독서능력과 지능지수의 상관 계수가 낮다는 사실과 지능지수 80~90의 범위에 있는 많은 아동들이 자기 학년 수준에서 독서를 할 수 있다는 사실에서 근거를 찾을 수 있다. 이 지침은 평균적인 또래들보다 더 늦게 학습하는 아동들에게도 적용할 수 있다. 제한된 언어 적성을 가진 아동은 학습 지진아라고 할 수 있는데, 다른 학생들이 배울 수 있는 전략과 정보를 배우려면 시간이 더 많이 걸린다. 그렇다고 해서 이들을 뒤처지도록 내버려 두기보다는 평균 수준을 따라갈 수 있도록 지도를 하여야 한다. 예를 들면, 수업 시간을 확대하거나 일대일 수업을 포함하는 특별 수업을 제공할 수 있다.

둘째, 제한된 지적 능력을 가진 아동들(지능지수 80 이하)에게서는 지적 능력을 통해서 기대 수준을 결정할 수 있다. 그러나 사회·경제적 조건이 열악한 환경에서 성장한 제한된 지적 능력을 가진 아동들에게 이런 기대 수준을 적용하는 것은 주의하여야 한다.

셋째, 우수한 지능이나 듣기 능력을 가지고 있는 학생들에게서 기대하는 수준과 현재 수준의 불일치 여부를 판단하는 것은 도움이 될 수 있다. 예를 들면, 지능지수가 120 이상이거나 듣기 능력이 그 이상인 아동들에 대해서 불일치 점수는 도움이 된다. 똑똑한 아동들에게서 평균 성적을 기대하는 것은 아무에게도 이득이 되지 않는 일이다.

(2) 독서능력의 강·약점 분석

초등학생들의 독서능력은 단어 인식력, 독해력, 어휘력, 읽기 속도 등으로 구분해서 생각할 수 있다. 여기서는 이 네 가지 측면에서 독서능력을 진단하고 평가하여 아동의 강점과 약점을 찾아내는 방법을 알아보기로 한다.

1) 단어 인식력

아동이 단어를 제대로 인식하지 못한다는 생각이 들면 시각 어휘나 단어 분석 능력, 혹은 맥락을 활용한 단어인식 능력을 검토해 볼 필요가 있다.

① 단어 분석 능력 : 문맥 속에 있는 단어나 별도로 제시된 단어 파악에 어려움이 있다면, 단어의 구성 요소나 소리로 단어를 구분하는 아동의 능력이 어떠한지 그리고 구성하는 소리들을 단어로 종합하거나 혼합하는 능력은 어떠한지 살펴보아야 한다. 이러한 능력에서 문제가 있으면 단어를 분절해서 적절한 소리나 철자를 제시할 수 있는지 알아본다. 만약 이런 과제를 어려워한다면 첫 글자나 마지막 글자를 인식하는 방법을 가르치는 간단한 수업을 두세 번 해서 단어 분석 전략을 학습하는 능력을 측정할 수 있다. 만약 아동이 이러한 학습을 전혀 하지 못한다면 단어의 첫 소리와 마지막 소리를 구분할 수 있는지 보기 위해서 아동의 음운 지식을 알아보아야 한다. 아동의 음운 지식이 제한되어 있다면 간단한 단어 철자를 쓰게 하고 그것을 분석하는 연습을 하게 한다.

② 맥락을 활용한 단어 인식 전략(구문, 의미, 상황) : 어떤 글의 구문과 의미 단서를 가지고서 혹은 글의 일반적인 의도나 상황적 맥락을 활용해서 단어를 파악하는 능력은 소리내어 읽기를 분석해서 알 수 있다. 그러나 맥락을 활용한 단어 인식력 평가는 아동이 비교적 정확하게 읽을 수 있는 자료를 가지고 하여야 한다. 너무 어려운 자료를 읽게 하면 내용을 거의 이해하지 못해서 활용할 수 있는 맥락이 있을 수 없게 될 것이다.

2) 독해력

독해력은 교사의 안내를 받지 않고 읽었을 때와 안내를 받으면서 읽었을 때, 그리고 읽기 자료가 설명문인 경우와 이야기 글인 경우로 구분해서 진단할 수 있다.

① 스스로 읽고 이해하는 수준 : 독해력에서 먼저 파악해야 하는 것은 '안내 받지 않고 이야기 글과 설명문 읽기'이다. 여기서는 아동이 다른 사람의 도움을 받지 않고 묵독으로 읽을 수 있는 자료의 수준(독립 수준)과 장르를 파악하여야 한다. 어휘를 가르치지 않고, 목적 설정도 하지 않으며, 배경 지식도 형성해 주지 않으면서 아동이 읽을 글을 선정해서 준비한다. 이것을 세 가지 측면으로 구분해 서 좀 더 자세히 살펴보면 다음과 같다.

첫째, 아동에게 안내를 해 주지 않고 설명문과 이야기 글 두 가지를 읽게 한 다. 대부분의 독서수업에서는 설명문보다 이야기 글이 많이 사용된다. 그러나 학 생들이 고학년이 되면 대부분의 자료는 설명문이 된다. 설명문을 읽는 데 필요한 능력과 전략은 이야기 글을 읽는 데 필요한 것과 다르다. 그래서 교과 자료를 읽 도록 도와주기 위한 수업을 설계하고 시행하기 위해서 설명문을 읽는 능력을 측 정하여야 한다. 이런 글은 묵독으로 읽게 한다. 초보 독자들은 묵독을 해야 하는 경우에도 소리를 내고 읽기도 한다.

둘째, 안내받지 않은 읽기 활동은 명시적인 정보와 함의되어 있는 정보를 자 극 단서 없이 회상할 수 있는지, 혹은 특정한 질문을 받고 나서야 그러한 정보를 제시할 수 있는지 알 수 있게 한다는 점에서 중요하다. 학생들이 묵독으로 글을 읽으면 대부분의 교사들은 질문을 한다. 그러나 학생들에게 질문하고 그것에 대 해 답을 하게 하기보다는 스스로 정보를 회상하게 하는 것이 장기적인 정보 회상 에 도움이 된다. 글을 읽고 나서 회상하는 연습은 자신의 이해 과정을 점검하는 능력을 촉진시킨다. 회상이나 다시 말하기가 수업에서 많이 하는 활동은 아니기 때문에 진단 상황에서 다시 말하기만 하게 해서 독해력을 평가해서는 안 된다. 그러나 아동이 다시 말하기를 제대로 하지 못할 경우 읽은 내용에 관해서 질문하 여야 한다. 만약 질문했을 때 적절하게 이해하고 있지만, 다시 말하기는 잘 하지 못한다면 질문이나 단서 없이 내용을 회상하거나 다시 말할 수 있는 능력을 개발 시켜야 한다.

안내받지 않고 이야기 글과 설명문 읽기 부분에서 세 번째로 중요한 점은 세 가지 수준에서 이해하고 있는지 파악하는 것이다. 즉, 글에 명시적으로 진술되어 있는 정보 회상, 글에 함의되어 있는 정보 회상, 제시되어 있는 정보를 유의미한 방식으로 분석하는 능력 등이다. 독서 후 활동을 조사한 연구들에 의하면 교사들이 질문을 많이 하고 있고, 그러한 질문들의 대부분은 명시적으로 진술된 정보를 가지고 대답할 수 있는 것이었다고 한다. 그러나 명시적인 정보 뿐만 아니라 함의된 정보를 이해하면서 추론하고 종합하고, 비판하면서 읽는 것도 대단히 중요하다.

안내받지 않고 읽기의 성공 여부는 보통 명시적이고 함의적인 정보에 대한 이해를 물어보는 질문에 얼마나 정확하게 대답하는가를 보고 측정한다. 학생이 더 이상 성공하지 못하는 수준까지 계속 측정한다. 이야기 글과 설명문에서 이 수준은 각각 달라진다.

② 안내 받으면서 읽고 이해하는 수준 : 도움을 받지 않고 혼자서 글을 적절하게 이해하면서 읽을 수 있는 가장 높은 수준을 독립적 독서수준으로 볼 수 있다. 그러나 독서력에 문제가 있는 대부분의 학생들은 안내를 받으면서 읽으면 혼자서 읽을 때보다 수준이 더 높거나 어려운 자료를 이해할 수 있다. 이와 같이 수업에서 교사가 납득할 만한 수준으로 이해할 수 있는 가장 어려운 자료의 수준을 지도할 수 있는 독서수준이라고 한다. 아동에게서 기대하는 수행 수준보다 독립적인 독서수준이 낮을 때 지도할 수 있는 독서수준을 결정하여야 한다.

학생들은 지도할 수 있는 독서수준에 해당되는 글을 많이 있어야 한다. 다시 말하면 혼자서 읽기는 약간 어렵지만 적절한 안내를 제공하면 이해할 수 있는 글을 많이 읽어야 한다. 단순히 독서습관을 형성하는 것이 아니라 독서능력을 향상시키는 것이 목적이라면 쉬운 글만 읽는 것은 그다지 도움이 되지 못한다. 지도할 수 있는 독서수준에 해당되는 자료를 읽는 것은 보다 어려운 자료를 읽을 수 있는 기회가 될 뿐만 아니라 교사나 또래의 도움을 받으면서 읽기 전략을 확장시킬 수 있는 좋은 기회가 된다.

3) 어휘력

다른 사람의 안내를 받지 않고 혼자서 읽었을 때 평균 수준 이하로 이해하는 글을 가지고서 어휘력을 평가할 수 있다. 만약 학생이 글의 중요한 내용들을 나타내는 단어들 중 많은 것을 적절하게 사용하거나 정의할 수 없다면, 어휘 때문에 이해를 못한다고 생각하여야 한다. 이 경우에는 단어 의미를 별도로 가르쳐야 한다. 그리고 나서 다시 글을 읽게 했을 때 적절하게 내용을 이해한다면 학생에게 필요한 것은 어휘력이 되는 셈이다. 다음에는 보다 수준 높은 글을 가지고서 '안내받으면서 이야기 글과 설명문 읽기'로 바로 이동하여야 한다. 이런 경우 어휘 지도는 안내하면서 읽기의 일부가 된다.

만약 글을 적절하게 이해하지 못하는 학생이 그 글에 들어 있는 어려운 단어들을 모두 정의할 수 있고, 그 글의 난이도가 학생에게 기대하는 독서력 수준보다 낮은 것이라면 어휘력 때문에 이해를 못한 것은 아니라고 볼 수 있다. 이때는 바로 '안내받으면서 이야기 글과 설명문 읽기'로 가야 한다. 그러나 어려운 단어들을 거의 모두 정의할 수 있고, 그 글의 난이도가 학생에게 기대하는 수준에 속하는 것이라면 이것은 학생이 읽을 수 있는 가장 어려운 수준으로 볼 수 있다. 이 수준이 학생이 읽을 수 있는 가장 높은 수준의 것인지 확인하기 위해서 안내받으면서 읽기를 해 볼 필요가 있다.

4) 읽기 속도

읽기 속도는 안내받지 않고 이야기 글과 설명문을 읽는 수준을 확인하고 난 후 고려한다. 읽기 속도는 보통 독해를 제한하는 원인은 아니다. 그것은 독립수준 혹은 지도 가능 수준에 해당되는 글에 대해서만 문제가 된다. 교사들은 읽기 속도가 적절한지 결정해야 할 뿐만 아니라 여러 가지 요구에 따라 혹은 다른 종류의 텍스트에 따라서 읽기 속도를 조정할 수 있는지에 관심을 가져야 한다. 읽기 속도가 아주 느린 독자들은 융통성이 거의 없다. 그러나 어려운 글을 적절한 속도로 읽는 사람들 중에는 쉬운 자료나 중요하지 않은 것을 읽을 때 속도를 빨리 하지 못하는 사람들도 많다. 반대되는 경우에 문제는 더 심각하다. 빠른 속도로 소설을 읽고 이해하지만 교과 내용 자료를 공부할 때 읽기 속도를 늦추지 못한다면 이해하는 데 문제가 될 수 있다.

(3) 독서능력에 영향을 미치는 요인 파악

어떤 아동의 독서능력이 문제가 있다고 할 때 이는 어느 한 가지 요인에 의해서 생긴 것이 아니다. 독서력 문제는 신체적, 정서적, 인지적 특성과 아동을 둘러싼 환경적 요인들이 상호 작용해서 생긴 것이므로 대단히 복잡하다. 이러한 문제의 원인을 찾아내는 것 또한 독서능력의 진단과 평가의 내용이 될 수 있다.

1) 신체적 요인

독서능력에 영향을 미치는 신체적 요인으로는 시력과 시지각 능력, 청력과 청지각 능력, 그리고 말하는 능력을 들 수 있다.

① 시력과 시지각 능력 : 대체로 원시는 근시보다 읽기 능력에 더 나쁜 영향을 미칠 수 있다. 읽기는 대개 가까운 곳을 보는 것이기 때문이다. 난시는 읽기의 정확성이나 읽기 속도에서 문제를 야기할 수 있다. 아동이 책을 읽으면서 얼굴을 찡그리거나 책을 너무 가까이 대고 읽을 때, 눈을 자주 비비거나 충혈될 때, 소리 내어 책을 읽으면서 읽고 있는 내용을 자주 놓치는 경우 등은 모두 시력에 문제가 있음을 나타내는 표시들이므로 빨리 조치를 취해야 할 것이다.

눈으로 본 것을 해석하고 그것을 정보로서 다루기 위해서는 시지각이 발달하여야 한다. 시지각은 시력과는 다른 개념이다. 시지각 발달이 급속하게 이루어지는 시기는 만 3~7세 사이로 볼 수 있는데, 초등학교 저학년에서 읽기 문제를 가지고 있는 학생 중 70% 가량이 시지각 장애를 가지고 있다고 한다. 시지각 능력과 눈움직임은 아동의 초기 읽기 교육에서 크게 영향을 준다. 시지각 능력의 문제는 정서적 불안으로 생길 수 있으며, 시력에서의 문제나 적절하지 못한 시각 변별 훈련에 의한 것일 수도 있다. 아동이 일정한 공간 안에 글을 쓰거나 그림을 그리지 못하는 경우, 사람들이나 물건과 자주 부딪히는 경우, 보고 적는 것을 어려워하는 경우 등은 모두 시지각에서의 문제가 있을 가능성을 보여 주는 것이므로 빨리 전문가의 도움을 받는 것이 좋다.

시력이나 시지각 능력에 문제가 없지만 글을 읽을 때 눈동자의 움직임이 유연하지 못할 경우에도 읽기 문제가 생길 수 있다. 예를 들면, 소리내어 읽기를 지나치게 강조하여 아동이 경직되어 있는 경우, 읽고 있는 글의 내용이나 어휘가 너무 어려운 경우, 또는 글씨가 너무 작거나 피곤할 때, 혹은 단순한 습관으로 눈 움직임이 유연하지 못하고, 이것이 다시 읽기 문제로 연결될 수도 있다.

② 청력과 청지각 능력 : 듣기에 어려움이 있는 아동이라면 자연히 주의가 산 만할 것이다. 이러한 주의 산만은 읽기 능력의 문제로 이어질 수 있다. 청력에서 의 문제는 유전 혹은 병이나 사고로 인한 손상으로 생길 수 있다. 한편으로는 아 동의 어휘력이 부족하거나 이해를 잘 하지 못할 경우에도 듣기를 제대로 하지 못 한다고 보아야 한다.

청지각 능력에서의 문제는 아동의 전반적인 발달이 지체되거나 신체적 손상 으로 인할 수 있으며, 청각적 자극이 부족하여 귀로 들은 부호나 의미를 잘 변별 하는 경험이 없었을 경우에도 성숙이 늦어질 수 있다. 이해를 못하여 주의하지 못거나 기억력이 너무 좋지 않은 경우, 또는 읽기 자료에 무관심하거나 정서적 인 장애로 인하여 청지각 능력이 문제가 있을 수 있다. 누구나 다 아는 노래를 잘 알지 못한다거나 주위에서 자주 듣는 소리를 구별하지 못하는 경우, 혹은 지시사 항을 잘 따르지 못하거나 발음을 제대로 하지 못하는 경우 등은 모두 청지각 능 력에서 문제가 있을 수 있음을 보여 주는 지표들이다.

③ 말하기 능력 : 가정에서 사용되는 언어가 부적절한 것이거나 듣는 연습을 잘못 했을 때, 혹은 소리를 변별하는 능력이 부족할 경우에 아동의 말하기에서 문제가 있을 수 있다. 이 밖에도 선천적인 구강 기형이나 나쁜 치아, 뇌의 언어 영역 손상, 정서적 불안정, 가정과 학교에서의 잔소리, 좌절감 등은 모두 아동의 말하기 능력에 영향을 줄 수 있다. 글을 읽기 이전에 다른 사람들이 하는 말을 듣 고 자신의 생각을 표현하는 언어 활동을 통해서 기본적인 사고 능력과 독서능력 이 형성되는 것이므로 말하기 능력에서 문제가 있는 경우 독서능력에서도 문제가 될 수 있다.

2) 정서적 요인

정서적 부적응과 인내심 부족, 집중력 부족, 걱정, 불안, 분노 등을 나타내는 아동들이 많이 있다. 이러한 아동들에게 교사들은 적절한 반응을 보여 줌으로써 동기를 부여하여야 한다. 독서능력의 발달과 독서지도에서도 이러한 정서적 요인은 대단히 중요하다.

① 정서적 부적응 : 아동의 정서적 불안은 가정에서의 문제나 교사나 부모에 대한 적개심, 열등감 등에서 비롯될 수 있다. 과보호로 인한 미성숙이나 너무 어려운 과제, 지나치게 완벽함을 요구하는 것 등에 의해서도 불안이 야기될 수 있다. 아동의 정서적 상태를 이해하지 못하는 교사의 부적절한 태도는 아동이 가지고 있는 정서적 불안을 더욱 심화시킬 수 있다.

② 읽기에 대한 관심 부족 : 아동이 여러 가지 과제를 수행하면서 성공한 경험이 없거나 읽기 자료가 너무 어렵고 경험이나 배경지식이 부족할 때 흥미를 잃기 쉽다. 반대로 읽기 자료가 너무 쉽거나 내용이 빈약할 경우에도 이런 문제가 생길 수 있다.

3) 인지적 요인

독서능력은 다른 사람이 쓴 글을 읽고 생각하는 능력을 요구하는 것이므로 아동이 가지고 있는 인지적 능력과 밀접한 관계가 있다. 독서를 통해서 인지 능력이 향상될 수 있기도 하지만 제한된 아동의 인지적 능력은 독서능력 향상 자체를 방해하기도 한다.

① 언어와 지적 발달이 늦음 : 언어와 지적 발달이 뒤떨어지는 아동의 경우 유전적, 환경적 원인을 함께 생각해 보아야한다. 일반적으로 늦된다고 하는 아동의 경우에도 환경이 제대로 갖추어지지 않는다면 더 이상의 발달을 기대할 수 없다. 유전적으로 지능이 떨어지거나 사고로 인한 뇌 손상, 호르몬 이상 등으로 발달이 늦어지는 경우와 환경적으로 생각을 지지해 주거나 의사소통을 필요로 하지 않는 환경에 있었을 경우에도 발달이 늦어진다. 보통의 경우에도 언어로 생각을 표현하고 추상화하는 능력은 교육을 통해 제공되어야 한다. 유전이나 사고로 인한 지체의 경우에는 환경적인 배려가 더욱 필요하다고 보겠다.

② 기억력에서 문제 : 발달이 늦거나 지능이 낮을 경우 또는 정서적인 미성숙 상황에서도 기억력 부족을 볼 수 있다. 기억력에서 문제가 있으면 글을 읽고 나

서 단순히 무슨 내용이 있었는지 생각하기도 어려울 뿐 아니라 기억을 토대로 추론하고 종합하고 평가해야 하는 고차원적인 사고 능력을 기대하기도 어렵다. 억압된 환경이나 지나치게 어려운 과제, 시각적 심상 사용 부재나 정서적 불안정으로 인해서도 기억력이 나빠질 수 있다.

　　독서는 복잡한 과정이기 때문에 아동의 독서력에 문제가 있을 때 이를 해결하고 지도하는 방법은 다양하게 있을 수 있다. 그러나 적절한 독서지도 방법을 제시하기 전에 독서력 문제의 원인을 정확하게 진단하고 평가하는 일이 선행되어야 한다. 독서지도가 전문적인 영역이라고 하는 이유는 바로 이러한 독서능력의 진단과 평가 때문으로 볼 수 있다.

🌙 심화학습

- 다음의 진단 도구들을 활용해서 적어도 5명 이상의 아동들의 독서능력과 태도를 검사하고 나서 각 아동들의 강점과 약점이 무엇인지 분석하고, 이를 토대로 독서지도 계획안을 만들어 보자.

(1) 독서활동 체크 리스트

학생 이름 :　　　　　　　　　　일자 :

1. 알맞은 속도로 음독하지 못한다.
2. 음독 때 음성의 크기가 적당하지 못하다.
3. 음독할 때 구절을 바꾸어서 읽는다.
4. 음독할 때 반복하여 읽는 것이 많다.
5. 음독할 때 어구를 빼 놓고 읽는 것이 많다.
6. 음독할 때 어구 사이에 넣는 것이 많다.

7. 음독할 때 구두점에 주의하면서 읽지 못한다.

8. 음독할 때 행을 빼고 읽는다.

9. 지명 받고 읽을 때 여러 사람 앞에서 큰 소리로 읽지 못한다.

10. 묵독을 하면 음독할 때 보다 빨리 읽지 못한다.

11. 함께 읽을 때 그 분위기에 휩쓸려서 읽으려 하지 않는다.

12. 모르는 것을 책을 참고해가면서 해결하려 하지 않는다.

13. 만화만 읽고 다른 책은 읽으려 하지 않는다.

14. 노는 시간엔 밖에서 놀지 않고 혼자서 책만 읽고 있다.

15. 읽은 책의 내용을 주제로 하여 이야기 하는 것에는 흥미가 없다.

16. 학교 도서관을 이용하지 않는다.

17. 책을 한 권 오랜 시간에 걸쳐 새기면서 읽으려 하지 않는다.

18. 과학서, 전기서 등 보다 가치가 높은 책을 읽으려 하지 않는다.

19. 학교의 여러 가지 게시물을 읽으려 하지 않는다.

20. 기차 시간표를 활용하지 못한다.

21. 전화번호부를 사용하여 필요한 번호를 찾지 못한다.

22. 유명한 아동 잡지와 책의 서명을 모른다.

23. 사전 찾는 방법을 모른다.

24. 색인을 사용하여 책을 읽지 못한다.

25. 어린이 신문도 읽지 못한다.

26. 학습을 위한 참고서와 연감 등을 이용할 줄 모른다.

27. 인터넷을 활용해서 필요한 정보를 얻지 못한다.

(2) 읽기와 학습활동 관찰 체크 리스트

학생 이름 :   일자 :

(이해력)

1. 필자가 말하고자 하는 내용을 이해한다.

2. 사실들의 관계를 평가한다.

3. 진술문의 정확성에 대해 질문한다.

4. 필자의 편견을 찾아낼 수 있다.

5. 필자의 의도를 이해한다.

6. 교재의 구성 방식을 이해한다.

7. 읽기를 통하여 자신의 문제를 해결할 수 있다.

8. 다양한 목적을 가지고 읽는다.

9. 내용을 예상하면서 읽고 좀 어려워도 읽으려고 한다.

10. 새로운 생각을 만들어 내기 위해서 책에 있는 정보를 활용한다.

(어휘)

1. 학습 도중 전문적인 용어를 잘 파악한다.

2. 문맥이나 구조 분석을 통해 모르는 단어의 뜻을 파악한다.

3. 효과적으로 사전을 활용하는 방법을 안다.

4. 중요한 용어들의 관계를 안다.

(공부 습관)

1. 읽는 동안 주의 집중할 수 있다.

2. 묵독보다 음독으로 더 잘 이해한다.

3. 공부할 때 마음 속에 뚜렷한 목적을 가지고 있다.

4. 강의나 토의 중에 기록하는 방법을 안다.

5. 개요 만들기를 해서 자료의 내용을 조직할 수 있다.

6. 특정한 질문에 대한 답을 찾기 위해 훑어 읽기를 할 수 있다.

7. 모든 내용을 천천히 주의 깊게 읽는다.

8. 책을 부분적으로 이용한다.

9. 교재의 도표, 지도, 표를 이해한다.

10. 정보를 요약할 줄 안다.

(3) 독서흥미 진단

1. 근래에 읽은 책 가운데 가장 인상 깊었던 책은 무엇입니까?
2. 지금까지 읽은 책 중에서 가장 인상 깊었다고 생각되는 책은?
3. 여가 시간을 이용하여 얼마나 많은 책을 읽습니까?

　　아주 많이 (　) 아주 조금 (　) 약간 (　) 전혀 읽지 않는다 (　)

4. 집에 있는 책의 제목을 생각나는 대로 적어 보십시오.
5. 신문을 매일 읽습니까?
6. 신문을 읽을 때 어느 면을 가장 관심있게 읽습니까?

　　정치면 (　　) 　　경제면 (　　) 　　사회면 (　　)

　　문화면 (　　) 　　스포츠면 (　　) 　　기 타 (　　)

7. 어떤 만화를 즐겨 봅니까?
8. 정기적으로 구독하는 잡지가 있습니까?
9. 지난 달에 도서관에서 빌려 본 책이 몇 권입니까?
10. 방과 후에 규칙적으로 하는 일이 있습니까?
11. 주말에 규칙적으로 하는 일이 있습니까?
12. 가장 좋아하는 과목은 무엇입니까?
13. 취미가 무엇입니까?
14. 특별활동 부서가 무엇입니까?
15. 즐겨 보는 운동 경기는 무엇입니까?
16. 가장 근래에 본 영화는 무엇입니까?
17. 생존하고 있는 인물 가운데 가장 존경하는 사람은 누구입니까?
18. 역사 속에서 가장 존경하는 인물은 누구입니까?
19. 방학이 되면 가고 싶은 곳은 어디입니까?
20. 다음에서 읽고 싶은 순서를 1~10까지 정하시오.

　　스포츠에 관한 책 (　　) 　　　　문학적인 책 (　　)

　　역사소설 (　　) 　　　　　　　　성인 소설 (　　)

　　십대들의 문제에 관한 책 (　　) 　전기 (　　)

　　미스터리물 (　　) 　　　　　　　직업에 관한 책 (　　)

　　공상과학물 (　　) 　　　　　　　자연에 관한 책 (　　)

(4) 독서태도 자기 평가

각 문항을 읽고 여러분이 생각한 대로 해당되는 번호를 다음과 같이 써 넣으시오.
– 전혀 아니다(1) 아닌 편이다(2) 잘 모르겠다(3) 그런 편이다(4) 정말 그렇다(5) –

1. 독서보다 더 좋아하는 일이 있다.
2. 거의 책을 구입하지 않는다.
3. 다른 사람들에게 책읽기를 좋아하지 않는다고 스스럼없이 말한다.
4. 내 방에는 책이 많이 있다.
5. 여가 시간마다 책읽기를 좋아한다.
6. 읽고 있는 책에 매우 흥미를 갖고 있다.
7. 독서를 좋아한다.
8. 유명한 저자의 책을 좋아한다.
9. 도서관에서 책을 조사해 보지 않는다.
10. 집에서 책 읽기를 좋아한다.
11. 독후감 과제를 해야 할 때를 제외하고는 거의 책을 읽지 않는다.
12. 독서를 시간 낭비로 생각한다.
13. 독서를 따분한 것으로 생각한다.
14. 사람들이 독서를 많이 하는 것을 이상하게 생각한다.
15. 문제 해결을 위해 독서를 한다.
16. 독서를 많이 하는 사람을 놀린다.
17. 친구들과 책을 돌려 보기를 좋아한다.
18. 나에게 정보를 제공해 줄 사람이 있으면 책을 읽지 않는다.
19. 독서를 매우 싫어한다.
20. 도서관에 갈 때는 대개 도서목록을 조사해 본다.
21. 독서시간이 많이 걸린다.
22. 독서를 통해 나의 관심을 넓힌다.
23. 많이 읽는다.
24. 어휘력 증대에 관심이 깊으며 많은 단어를 사용할 수 있다.
25. 선물로 책을 받고 싶다.

(5) 비형식적 독서능력 검사

**** 1 수준**
- 목표 있는 이야기
- 주요개념 : 착하다 (3 - 2 - 1 - 0)
  　　　　　 곰 　 (3 - 2 - 1 - 0)
  　　　　　 친구 　(3 - 2 - 1 - 0)
- 내용 친숙도 체크 ————/9 = ———— %　　 F　 UF
- 제목 : 곰과 토끼

　　아주 커다란 곰이 있었습니다. 곰은 숲 속에서 살았습니다. 곰은 함께 놀 친구가 없어서 슬펐습니다. 곰은 아버지에게 가서 여쭈어 보았습니다. "어떻게 하면 친구를 사귈 수 있을까요?" 아버지께서 말씀하셨습니다. "너의 있는 모습 그대로 보여주면 된단다." 그러나 곰은 "모든 동물들이 나를 보고 무서워해요. 다른 동물들 가까이에도 갈 수가 없어요"라고 말하였습니다.

　　그러던 어느 날, 곰은 강가에 앉아 있었습니다. 곰은 혼자서 나지막하게 노래를 부르고 있었습니다. 강가에는 토끼가 한 마리 살고 있었습니다. 토끼는 곰이 노래부르는 것을 듣고서 구멍으로 내다 보았습니다. 토끼는 생각했습니다. "저런 노래를 부르는 것을 보니 분명히 착한 동물일거야. 곰을 무서워 할 필요가 없을 것 같애. 친구가 되면 근사할거야." 토끼는 자기의 피리를 가지고 나왔습니다. 그리고는 아주 나지막하게 피리를 불기 시작하였습니다. 토끼의 피리소리는 곰의 노래와 잘 어울렸습니다. 곰은 주위를 둘러보았습니다. 곰은 토끼를 볼 수 없었습니다. 토끼는 천천히 곰에게로 다가갔습니다. 토끼는 계속 피리를 불었고 곰도 계속 노래를 불렀습니다. 곰과 토끼는 서로 친구가 되어서 행복하였습니다. 새들도 함께 노래를 불렀습니다.

• 읽기 체크

전체 틀린 수(정확성) :

수용 가능한 수(의미 변화시킨 것) :

틀린 것 전체 – 수용 가능한 것 = 완전히 틀린 것

틀린 것 전체		완전히 틀린 것
0~4 ———	독립적 ———	0~4
5~19 ———	지도 가능 ———	5~9
20 이상 ———	좌절 ———	10개 이상

· 읽기 속도 _____ 분 _____ 초

• 다시 말해 보기 체크

· 배경

————— 커다란 곰이 한 마리 있었다.

————— 함께 놀 친구가 없어서 슬펐다.

· 목표

————— 아버지에게 물었다.

————— 어떻게 하면 친구를 사귈 수 있을까?

· 사건

————— 너 있는 모습 그대로이면 된다.

————— 모든 동물들이 나를 두려워한다.

————— 곰이 강가에 앉아 있었다.

————— 조용하게 노래하고 있었다.

————— 토끼가 거기에서 살았다.

————— 노래를 들었을 때 구멍으로 내다 보았다.

————— 곰이 멋있다고 생각했다.

————— 토끼는 피리를 가지러 갔다.

————— 피리를 불기 시작했다.

————— 곰의 노래와 잘 어울렸다.

————— 토끼는 곰에게로 갔다.

──────── 곰이 계속 노래를 했다.

· 추론을 포함하는 기타 생각

────────────────────────────

· 질문

1. 이야기의 처음에 곰이 슬퍼한 것은 무엇 때문이었습니까?

2. 동물들은 왜 곰을 무서워했습니까?

3. 곰은 강가에 앉아서 무엇을 하고 있었습니까?

4. 토끼는 곰이 노래 부르는 것을 듣고서 무슨 생각을 하였습니까?

5. 토끼는 무엇을 하였습니까?

6. 곰과 토끼는 어떻게 해서 친구가 될 수 있었습니까?

정답 수 (E) : ────────   정답 수 (I) : ────────

전체 점수 : ────────

수준

──── 독립 : 6, ──── 지도가능 : 5, ──── 문제 : 3-4, ──── 좌절 : 0-2

** 3 수준

- 목표 있는 이야기
- 주요 개념 : 교환하다 (3 - 2 - 1 - 0)
           돈 (3 - 2 - 1 - 0)
- 내용 친숙도 체크————/6 = ———— %   F   UF
- 제목 : 장난감을 어떻게 가질 수 있을까?

　　일요일 아침이었습니다. 동호는 방 안에 있는 장난감을 보았습니다. 장난감은 모두 오래 된 것이어서 새 것을 갖고 싶었습니다. 동호는 어머니에게 "장난감이 너무 오래되어서 새것이 있으면 좋겠어요"라고 말했습니다. 어머니께서는 동호를 보시면서 말씀하셨습니다. "동호야, 새 장난감을 살 돈이 없구나. 새 장난감을 가질 수 있는 방법을 찾아 보는 것이 좋겠다." 동호는 자기 방으로 가서 장난감을 둘러보았습니다. 이전에는 재미있었던 장난감이 많았습니다. 그러나 지금은 너무 많이 가지고 놀아서 더 이상 재미가 없었습니다. 그때 동호는 어떤 생각이 떠올랐습니다. 친구인 기선이는 동호가 가지고 있는 붉은색의 트럭을 가지고 싶어 했었습니다. 그리고 동호는 기선이가 생일선물로 받았던 자동차를 가지고 싶어했습니다. 그것들을 바꾸면 될 것 같았습니다. 동호는 기선이네 집으로 달려갔습니다. "기선아, 네 자동차를 내 트럭하고 바꾸지 않을래?" "그래 좋아, 바꾸자. 나중에 또 다른 것으로 바꿀 수도 있어. 그런 식으로 하면 우리는 언제나 새로운 장난감을 가질 수 있을거야." 기선이가 말했습니다.

• 읽기 체크

전체 틀린 수(정확성) :

수용 가능한 수(의미변화 시킨 것) :

틀린 것 전체 – 수용 가능한 것 = 완전히 틀린 것

틀린 것 전체		완전히 틀린 것
0~4 ———	독립적 ———	0~4
5~19 ———	지도 가능 ———	5~9
19 이상 ———	좌절 ———	10개 이상

· 읽기 속도 _____ 분 _____ 초

• 다시 말해 보기 체크

· 배경

——————— 동호는 장난감을 보았다.

——————— 너무 낡았다.

· 목표

——————— 새로운 것을 원했다.

· 사건

——————— 어머니에게 가서 장난감이 오래된 것이라고 말했다.

——————— 새 것을 갖고 싶다고 했다.

——————— 어머니는 새로 장난감을 살 여유가 없다고 했다.

——————— 너무 많이 장난감을 가지고 놀아서 재미가 없었다.

——————— 친구 기선이가 동호의 붉은 색 트럭 같은 것을 원했다.

——————— 동호는 기선이의 자동차를 원했다.

——————— 동호는 기선이의 집으로 가서 바꾸자고 말했다.

——————— 기선이는 좋다고 했다.

· 결론

——————— 나중에 또 바꿀 수 있겠다.

———————— 언제나 새로운 장난감을 가질 수 있을 것이다.

· 추론을 포함하는 기타 생각

————————————————————————

· 질문

1. 이야기의 처음에 동호는 무엇을 하고 싶다고 어머니에게 말했습니까?

2. 왜 동호는 새 장난감을 가지고 싶어했습니까?

3. 동호가 새 장난감을 사 달라고 했을 때 동호의 어머니는 무슨 말씀을 하셨습니까?

4. 동호는 원하는 것을 얻기 위하여 어떻게 하였습니까?

5. 물건을 바꾸는 것이 어째서 좋은 생각이었을까?

6. 친구가 제안한 것은 무엇이었습니까?

7. 나중에 두 소년이 장난감을 서로 기분 좋게 바꾸려면 장난감은 어떤 것이어야 할까요?

8. 소년들은 언제 다시 물건을 바꾸려 할 것이라고 생각합니까?

정답 수 (E) : ————   정답 수 (I) : ————

전체 점수 : ————

수준

———— 독립 : 8, ———— 지도 가능 : 7~6, ———— 문제 : 5~4, ———— 좌절 : 0~3

1. 독서능력을 진단하고 평가한 결과들은 독서지도 전문가들이 독서수업을 계획하고 자료를 선정하며 지도 방법을 결정하는 과정에서 중요한 역할을 할 수 있다.

2. 이 단원에서는 독자의 발달 과정을 단계별로 살펴보면서 각 발달 단계에서 특징적인 독자의 행동 지표들을 알아보았다. 이러한 행동 지표들은 독서지도의 목표와 내용, 방법을 결정할 때, 그리고 실제로 이루어진 독서 프로그램을 평가할 때 하나의 기준이 될 수 있다.

3. 다음으로 독서능력을 진단하고 평가하는 일이 실제 독서지도 장면에서 어떤 의의를 가지는지 살펴보면서 독서능력의 진단과 평가에 대한 접근 방법을 알아보았다. 그리고 의사결정 과정에 도움이 될 수 있도록 측정하고 평가해야 할 독서능력의 구성 요소들을 제시하면서 그것들을 각각 평가하는 과정을 살펴보았다. 마지막으로 독서능력과 태도, 독서행동을 관찰하고 측정하는 데 도움이 될 수 있는 실제 검사 도구들을 제시하였다. 이러한 도구들을 활용해서 다양한 장면에 있는 다양한 수준의 아동들을 진단, 평가해 보고, 그 결과들을 독서지도 장면에서 어떻게 활용할 것인지 계속 생각해 보도록 한다.

1. 독서능력을 평가하는 방법을 질적인 것과 양적인 것으로 구분했을 때 해당되는 구체적인 검사도구들을 생각해 보고, 그것들을 활용하는 과정에서 각기 어떤 장점과 단점이 있을 수 있는지 논의해 보자.

(해설) 독서능력을 평가한다고 하면 어떤 검사 도구를 가지고 측정한 결과를 수치로 나타내어 다른 사람들의 것과 비교하는 일이라고 생각하기 쉽다. 그러나 독서능력은 단어 인식 능력, 읽기 속도, 읽기 유창성, 어휘력, 이해력, 학습 기술, 읽기 태도 등 다양한 측면에서의 능력을 포함하는 것이기 때문에 한 가지 방식으로 능력을 평가하고 판단하는 것은 위험한 일이다. 검사 도구 자체를 활용하는 방법을 배우는 것도 필요하겠지만 어떤 검사나 평가 방식이 근거하고 있는 기본 가정이나 결과를 활용하는 과정에서의 유의점 등을 파악하는 일은 그에 못지않게 중요하다. 모든 평가의 결과는 아동의 삶에 중요한 영향을 미치는 의사 결정의 토대가 될 수 있기 때문이다.

2. 가르치고 있는 개별 아동이나 집단을 대상으로 구체적인 방법을 활용하여 현재 독서능력 수준을 평가해 본다. 또 그 상황에서 아동의 독서능력에 크게 영향을 주고 있는 요인은 무엇인지 찾아본다. 아동의 독서능력 수준과 그것에 영향을 주는 요인을 고려한 뒤 그 아동에게 필요한 독서지도의 내용과 방법을 제안해 보라.

(해설) 독서능력을 진단하고 평가하는 일은 그 자체가 목적이 되어서는 안 된다. 발달 과정에 있는 모든 아동들은 어떤 식으로든 강점과 약점이 있게 마련인데, 독서능력의 발달도 마찬가지이다. 따라서 독서능력의 진단과 평가 결과는 아동이 가지고 있는 잠재력을 최대한 개발하고, 아동이 현재보다 바람직한 상태로 발달할 수 있게 도와주는 교육프로그램을 계획하고 시행하며 평가하는 근거가 되어야 한다. 동일한 평가 결과를 가지고서도 독서지도 전문가에 따라서 얼마든지 다른 교육 프로그램을 제안할 수 있음은 물론이다.

■ 참고문헌

• 박수자(1994), 『독해와 읽기 지도』, 국학자료원.

• 손정표(1996), 『독서지도방법론』, 학문사.

• 성태제(2002), 『현대교육평가』, 학지사.

• 임천택(2002), 『학습자 중심의 국어과 평가』, 박이정.

• 정옥년, 김순덕(2001), 『독서력 발달 지도』, 가톨릭문화원.

• 정옥년(2003), 「교수설계과정을 적용한 진단적 독서지도 모형」, 『독서연구』, 제10호, 한국 독서학회.

• 천경록(2004), 「독서진단도구 개발의 방향」, 『독서연구』, 제11호, 한국독서학회, pp.357~ 382.

• 한국독서학회(2003), 『21세기 사회와 독서지도』, 박이정.

• 한철우 외(2006), 『독서교육사전』, 교학사.

제 19 장

독서지도 계획안 및 현장 수업 준비

■ 학습목표

1. 독서지도사의 역할을 살펴본다.
2. 학부모 상담을 할 때 어떻게 해야 하는지 방법을 살펴본다.
3. 연간 계획, 월간 계획, 수업 지도안 만들기를 연습한다.

■ 주요용어

연간 계획－독서교육을 하면서 장기 계획을 목표로 하며 일 년 동안 독서지도의 목표와 학년별 독서능력, 발달단계 특성, 독서에 대한 흥미 등을 고려하여야 한다.

월간 계획－연간 계획서에 따라 월간 계획서를 세우며 단기 계획으로 연간 계획서의 목표를 이루기 위해 실천적인 방법이 들어간다.

수업 지도안－한 회기 수업을 진행하기 위해 필요하며 대상 학년, 수업 시간, 지도 그룹의 특징 및 선정도서의 해제와 수업 목표를 정한다. 그리고 선정도서에 대한 발문 및 독서 후 활동을 계획한다.

발문－수업에 있어서 언어 상호 과정의 한 형태인 문답법에 있어서의 제기되는 의문을 가리키는 것

I 현장에서 독서지도사의 역할

1. 독서지도사의 역할은 무엇일까?

독서지도사가 활동하는 현장은 다양하다. 재택 근무를 하며 4~5명의 소그룹으로 독서지도를 하는 현장부터 학교 방과후 프로그램에서 20명이 넘는 아이들과 수업을 하는 현장 등 다양한 형태의 독서지도 현장이 있다. 현장에 맞는 독서지도 수업안을 만들기 위해 독서지도사는 자신이 활동하는 현장을 이해하는 것이 중요하다. 그렇다면 과연 독서지도 현장에서 독서지도사의 역할은 어떤 것들이 있을까?

처음 독서지도 현장에 발을 들여 놓는 독서지도사들은 자신의 역할에 대해 얼마나 이해하고 있는지 고민해 봐야 한다. 지금 자신이 하려는 독서지도 수업에 대해 어떤 생각을 가지고 있는지 제대로 인지해야 독서지도 수업을 하면서 자기 역할을 제대로 수행할 수 있을 것이다. 만약 학부모 상담에서 누군가 '독서지도사는 무엇을 하는 사람인가요?'라는 질문을 한다면 여러분은 어떤 대답을 해 주어야 할지 알고 있어야 한다. 막연히 책을 읽고 나눈다는 생각으로 독서지도 현장에 서게 되면 준비 없는 사람으로 자신의 역할에 대해 갈등하게 될 것이다.

예를 들어 "선생님, 우리 아이가 다음 주에 시험인데 국어 실력이 좀 모자란 것 같아요. 맞춤법 좀 봐주시겠어요"라는 학부모가 있다면 어떻게 할 것인가? 또 "이번에 과학 글쓰기 대회가 있는데 수업 시간에 쓰게 해 주세요"라는 부탁을 한다면 어떻게 할 것인가? 자신의 정체성에 대해 고민하지 않는 독서지도사는 그런 부탁을 해결해 주기 위해 동분서주하는 사이 자신의 정체성을 잃고 말 것이다.

글을 읽고 표현하기 위해 필요하다면 맞춤법에 대해 알려줄 수는 있을 것이다. 하지만 국어 실력이 모자라는 아이에게 시험 준비를 시키기 위해 맞춤법을 따로 가르쳐 주는 일이 과연 독서지도사의 역할에 포함되는 것일지는 생각해 보아야 한다. 과학책을 읽고 토론을 한 후 글쓰기가 필요한 경우와 학교 글쓰기 대회에 참가하기 위해 따로 준비하는 과학 글쓰기는 다를 수 있다. 그렇게 몇 년 흐르고 나면 독서지도사는 소진되어 지금 자신이 무엇을 하는 사람인지 잊을 수 있다. 독서지도사는 국어 선생님이 아니다. 독서교육을 하기 위해 능력을 키우고 기술을 습득한 전문인으로 독서지도사로서 자신의 정체성을 가지고 누구에게나 독서지도사의 역할을 자신 있게 말할 수 있어야 한다. 그렇게 함으로써 독서지도 현장에서 자신의 위치와 자신이 해야 할 일을 제대로 인지할 수 있다.

그렇다면 지금 당신이 생각하는 독서지도사의 역할은 무엇인가? 당신이 생각하고 있는 독서지도사의 역할에 대해 정의를 내려보자. 답은 당신이 가지고 있다.

2. 독서지도의 현장 구성 및 학부모 상담

(1) 독서지도사의 다양한 현장

요즘 독서교육의 중요성이 강조되면서 독서지도사를 필요로 하는 다양한 현장이 늘어가고 있다. 대집단이 구성되는 방과 후 교실부터 학원에서 하는 독서교육, 재택 근무로 하는 독서지도 등으로 그 현장을 구분해 볼 수 있다.

1) 대집단 독서교육

방과후 수업이나 도서관, 문화센터 등에서 이루어지는 독서교육의 경우 대부분 20명을 전후하는 아이들과 함께 하게 된다. 그때 효과적으로 독서교육을 하기 위해서는 전체를 한 집단으로 구성하는 것보다 세분된 소집단으로 활동하는 것이 좋다. 고학년인 경우 소집단에서 토론을 하고 집단 내 토론 내용을 발표하면서 소집단 간에 어떻게 토론이 이루어졌는지 경험할 수 있다. 각 집단에서 이루어진 토론을 진행할 때 매 회기 진행자를 바꿔가며 사회를 보고 토론 내용을 정리해 발표한다. 대집단으로 독서교육을 할 때 주의할 점은 선정된 도서를 읽어 오지 않는 아이들에 대한 준비가 필요하다는 것이다. 책을 잊지 않고 읽어올 수 있도록 하는 것이 먼저 선행되어야 하지만 책을 읽지 않고 오는 학생들이 있을 수도 있기에 그림책이나 짧은 이야기를 준비한다.

또 많은 아이들의 소란함 속에서 수업을 진행하기 위해서는 주의 집중을 할 수 있도록 해야 하는데, 집중력이 높지 않은 학생들에게 수업 중간중간 분위기를 환기시켜 주어야 한다. 주의를 환기시키기 위한 방법 몇 가지 정도는 익숙하게 사용할 수 있도록 준비한다. 예를 들면 요가에서 사용하는 몸동작이나 긴장을 풀 수 있는 이완 동작 등을 사용할 수 있다. 또한 OHP, 빔 프로젝트 등 다양한 매체를 활용하여 수업을 진행한다.

2) 중간 집단 독서교육

문화 센터나 학원에서는 5~10명 이내의 인원으로 중간 집단으로 독서교육을 진행하기도 한다. 대집단 독서교육에서와 소집단 독서교육에서의 장점을 살려 아이들이 효과적으로 책을 읽고 이야기를 나눌 수 있도록 이끈다. 고학년은 토론 중심이지만 저학년인 경우 책을 읽고 활동을 하면서 책에 대한 반응을 표현하는 것이 익숙하다. 책의 내용을 잘 이해할 수 있는 범위에서 활동을 준비한다. 또한 학년의 특성에 맞춰 수업이 진행될 수 있도록 수업은 한 학년을 한 팀으로 구성한다. 가끔 1, 2학년이나 3, 4학년이 함께 수업을 하는 경우가 있는데 발달의 특성상 인지 능력이나 말하기, 듣기, 능력 등이 차이가 있어 힘들다.

3) 소집단 독서교육

재택 근무를 하며 수업을 하거나 방문 수업을 하는 경우 4~5명의 소집단으로 독서교육을 하게 된다. 일반적인 독서교육의 형태로 선정된 도서와 함께 다양한 독후 활동 프로그램을 활용한다. 소집단 독서교육에서는 수업 진행을 하며 서로 간의 의사 소통 기술을 익히고 자신의 마음을 표현하며 인지적인 학습뿐 아니라 창의성을 키울 수 있다. 또한 심리적 갈등 해소를 위한 기회가 제공되기도 한다. 수업에 참여하는 아이들 사이에서도 효과적인 상호 작용이 이루어지는 토론 시간이 될 수 있도록 적극적인 참여를 유도한다. 이때 어려움을 겪을 수 있는데, 능동적으로 수업에 참여하게 하기 위해 개인의 특성을 이해할 수 있어야 한다.

때로는 개개인의 능력 향상을 위해 부족한 부분에 대해서는 개별적인 학습을 통해 도움을 주는 방법을 선택할 수도 있다. 하지만 개별 학습만을 지속적으로 하게 되면 독서교육에서 이루어지는 상호 작용의 장점이 활용되지 못한다. 사회적 학습이 필요한 아이들에게 개별 학습은 필요 부분에 대한 단기간 학습으로 하도록 한다. 또한 소집단에서 토의를 하며 질문과 반응을 유도하며 소외되는 아이가 없도록 유념하여야 한다.

(2) 학부모 상담을 위한 준비

첫 수업을 하기 전 독서능력 검사를 통해 사전 준비를 시작한다. 개별 학습에 대한 능력을 인지하고 있을 때 집단으로 구성된 학습에서도 개별적 지도로 도움을 줄 수 있다. 또한 수업을 준비할 때 학부모 상담을 통해 아이들에 대한 정보를 얻고, 독서지도 수업의 방향을 안내할 수 있다. 매월 가정 통신문을 발송해서 학부모가 수업 안내를 받을 수 있도록 한다. 가정 통신문에는 월간 계획표와 함께 학부모들이 아이들을 이해하는 데 도움이 되는 글을 전달하면서 소통할 수 있다. 학부모들에게 들려주는 이야기는 교육 정보나 좋은 글을 담는다.

엄마에게 들려주는 이야기

뜸들이기

뜸을 들인다는 말은 밥을 지어 본 사람만이 압니다.
그리고 밥을 지어 본 사람만이 그 맛을 압니다.
밥이 다 되었어도 금세 솥뚜껑을 열어서는 안 됩니다.
조금만 참는 것, 조금만 더 기다리는 것,
거기에서 인생의 참된 맛이 우러나옵니다.
아이들이 무엇을 사 달라고 조를 때 뜸을 들입시다.
아이들이 나쁜 짓을 하더라도

뜸을 들이다가 야단을 칩시다.

3분을 못 참아 30분을 지은 밥을

설익게 한 적은 없었는지

밥을 지을 때마다

내 아이 뜸들이기를 조용히 생각해 봅시다.

『천년을 만드는 엄마』(이어령)

- 물처럼 글쓰기 읽기 배움터 -

엄마에게 들려주는 이야기

안녕하세요. 물처럼 인사드립니다.

전 요즘 방기연 선생님이 하시는 '어머니가 하는 심리상담'이란 프로그램에 함께 하고 있습니다. '어머니가 상담자처럼 아이들을 대하면 얼마나 좋을까?' 하는 것이 이 프로그램의 바람이지요.

저 또한 일주일에 한 번씩 물처럼을 찾아오는 우리 친구들과 그리고 제 아들놈과 좀 더 가까이 좋은 사이로 지내는 데 도움이 되었으면 하는 바람으로 시작했어요.

그곳에서 저는 요즘 제게 생기는 모든 문제가 다른 사람에게서 발생하는 것이 아니라 바로 저 자신에게 있다는 사실을 아프게, 그러나 기쁘게 배우고 있습니다.

그 곳에서 얻은 소중한 것들을 몇 가지 소개할게요.

1. 부모다운 부모란 교육보다 양육이 먼저다.

따뜻한 사랑과 보살핌이라는 '양육'을 제대로 받았을 때 정상적인 '교육'이 될 수 있다. 자기 욕심으로 아이를 내모는 어머니는 어머니라기보다는 차라리 '조련사'에 가깝다.

가만히 자신을 들여다 보자. 올바른 아이로 키운다고 생각했던 것, 곧 공부 잘 하고 사회적으로 인정받는 사람으로 키우려고 했던 마음이 알고 보니 자식을 통해 타인의 눈에 훌륭한 부모라고 인정받고 싶었고 내 자존심을 세우려 했던 것은 아니었을까?

2. 어떠한 상황이 벌어졌을 때 '바깥의 상황이 날 화나게 했다'고 생각하기 쉽지만 그러나 내 감정의 원인은 내 안에 있다.

> **예** "정성을 다해 식사 준비를 하고 식구들을 부르는데 먹지 않는다? 먹지 않는 식구들 때문에 내가 화난다. 내 정성을 무시하다니……"
>
> – "아니다. 식구들이 맛있게 먹으리라고 생각한 건 내 바람이었을 뿐이고 정성을 무시한다는 건 내 짐작일 뿐이다. 식구들은 배가 고프지 않거나 기분 나쁜 일이 있어 먹기 싫었을 수도 있다."

3. 비합리적인 사고로 인해 스스로가 괴롭다.

> **예** "누구에게도 폐를 끼치면 절대 안 돼"라는 생각
>
> – 우선은 엄청난 자기 속박이다. 이런 비합리적인 사고는 자기 주관을 앞세우는 사고이다.
>
> – "꼭 그렇게 되란 법은 없어, 그렇지 않을 수도 있어"를 인정할 줄 알아라.

4. "우리 아이는 이런 아이야……"에서 벗어나야 한다.

아이는 수시로 달라진다. 그 달라지는 것에 부모가 더 빨리 변하거나 늦게 변하는데서 부딪치게 된다.

5. 짐작이 사실인 것처럼 생각하는 데서 문제가 발생한다.

'있는 그대로 보기'에 애쓰라. 내가 모르고 있는 것을 인정하면 문제가 쉽게 풀린다.

6. 옳고 그름을 따지려고만 할 때 상대의 마음은 얼어붙는다.

먼저 상대의 마음을 알아주면 얼었던 마음이 녹아 대화가 쉽다.

– 물처럼 글쓰기 읽기 배움터 –

엄마에게 들려주는 이야기

소심한 아이에게는 혼자 이겨낼 시간을

새 학기를 맞고 일주일이 지났는데도 선생님에게 제대로 인사를 못하는 아이를 보면 부모는 걱정스럽다. 옆으로만 어색하게 고개를 숙이며 지나가는 모습을 보면 선생님이 아이를 버릇없다고 생각하지 않을까 염려도 된다.

많은 부모들은 아이가 새로운 사람과 친숙해지는 데 시간이 걸리는 경우, 이를 소심하다고 생각한다. 또 소심한 기질은 반드시 바꿔야 한다고 생각한다. 그러나 모든 아이들은 자신만의 리듬과 호흡이 있다. 익숙해지는 데 조금 더 시간이 필요한 아이도 있지만 그렇다고 이 아이들이 부모의 걱정처럼 사회 적응에 어려움을 겪는 것은 아니다.

사실 소심한 아이들이 가진 기질이 부정적인 것만은 아니다. 이 아이들은 새로운 환경에 적응하는 데 시간이 걸리고 위험에 대한 회피가 강하다. 모험을 선호하지 않고 조심스럽다. 반면 결정을 내릴 때 충분한 시간을 들여 이모저모를 살피는 장점이 있다. 모험을 선호하지 않는다고 해서 결코 창의적이지 않은 것은 아니다. 비록 사교적이지는 않지만 한번 사귄 사람과는 더 깊은 수준의 관계를 가져가는 어른으로 발전할 수 있다. 또한 매사에 신중하며 사려 깊은 태도를 가진다. 조심스러운 기질을 가진 아이가 긍정적인 성격으로 발전할지 아니면 두려움이 많은 부정적 성격으로 발전할지는 양육 환경에 달려 있다.

이 아이들이 가진 기질은 두려움이 많은 성격으로 변화하기 쉽다. 역설적이게도 부모가 아이의 소심함을 싫어해서 과도하게 반응하는 것이 그 원인이다. 아이들은 세상과 부딪치면서 많은 스트레스를 겪게 되고 그러한 자신의 옆에 든든한 부모가 있기를 바란다. 그런데 대부분의 부모들은 아이의 겁먹은 듯한 반응에 대해 부정적으로 평가하며 일방적인 방향을 강요한다. 아이는 어쩔 수 없이 부모의 의견을 따르게 되지만 그 과정에서 자신이 정상이 아니라는 생각을 갖고 정말로 소심한 아이가 되어 버린다. 스스로를 부정적으로 생각하는 아이가 능동적으로 행동하기는 어려운 일이다.

소심해 보이는 아이라면 그 아이가 스스로 소심함을 이겨낼 수 있도록 아이에게 시간을 주고 기다려야 한다. 아이의 이야기를 충분히 듣고 감정을 표현할 수 있도록 도와야 한다. 아이뿐 아니라 부모 역시 때로는 겁을 먹는다는 사실을 알게 하고 그것은 당연한 것이라는 것을 말해 주며 스스로 극복하도록 만들어 줘야 한다. "너는 왜 그러니" 하는 시각은 아이를 더 불안하게 만들 뿐이다. 두려움을 이겨낸 경험들을 아이에게 반복적으로 말해 주는 것도 도움이 된다. 평소에 소리 지르기, 심호흡, 노래 부르기, 맘껏 웃기와 같은 자신을 이완하고 에너지를 발산할 수 있는 놀이를 아이와 자주 하는 것도 도움이 된다. 두려움을 느낄 때 이 순간을 기억하면 두려움을 이기는 것이 조금은 더 쉬워지기 때문이다.

한겨레신문 '서천석의 행복 비타민' 중에서

– 물처럼 글쓰기 읽기 배움터 –

민들레 꿈나무 독서회 4, 5학년 학부모님께[1]

안녕하세요?

가을을 여는 시간, 아이들과의 작은 책 모임을 마련했습니다.

늘 책을 가까이 하며 생활하는 아이들과 더불어 한 걸음 한 걸음 긍정적인 자아를 찾아갈 수 있도록 하겠습니다.

이번 새로 시작한 책 모임은 강북정보문화센터에서 가정 독서교육을 받은 민들레 독서회에서 어린이 책을 가까이 보며 공부하신 분들이 준비한 프로그램입니다.

---

1) 강북문화정보센터 꿈나무 독서회 이현정 선생님 가정통신문(꿈나무 독서회는 도서관에서 자원봉사 선생님들의 도움을 받아 무료로 진행하고 있어 독서회 규칙을 정해 활동하고 있다).

저는 4, 5학년 모임을 같이 할 이.현.정.이라고 합니다.

다음은 9~11월까지 읽게 될 도서목록입니다.

한 달에 두 번이니만큼 꼭 책을 읽고 수업에 임할 수 있도록 어머님의 많은 도움 부탁드립니다.

다소 부담이 되시더라도 책을 구입하셔서 엄마와 같이 읽고 오는 방법도 좋을 듯싶습니다.

	1주	3주
9月	『피튜니아, 공부를 시작하다.』 (로저 뒤봐젱, 시공주니어)	『숨쉬는 책 무익조』 (김성범, 문학동네어린이)
10月	『우리 이모는 4학년』中, 「엄마 신발 신고 뛰기」(한국어린이 문학협의회, 우리교육)	『깡딱지』 (강무홍, 사계절)
11月	『문제아』 (박기범, 창작과비평사)	『선생님 울지 마세요』 (나윤빈, 문학사상사)

꿈나무 독서회 규칙

1. 매월 1, 3주 수요일 4:00~5:00까지의 시간입니다.

2. 수업 당일 약속한 책은 꼭 읽어 오도록 합니다.

3. 겨울 방학 전까지 독서회 결석이 없도록 해 주세요.

   급한 상황으로 결석 시 사전에 강북정보문화센터로 연락을 주십시오.

   3회 이상 무단 결석 시 자연탈락됨을 알려드립니다.

– 민들레 꿈나무 독서회 –

(3) 기타 준비 사항

　독서진단 검사를 통해 사전 검사를 하고 학부모 상담을 통해 전반적인 수업과 관련한 준비를 하면서 부수적으로 현장에서 필요한 것이 회비를 받는 일이다. 요즘은 온라인 송금을 이용하기도 하지만 회비 봉투를 만들어 사용하면 서로 일정을 확인하기 좋다. 다음 예를 통해 창의적으로 회비 봉투를 만들어 사용해 본다.

회　비[2]

이　름				

	1회	2회	3회	4회
확인				
납부일	1월　일	2월　일	월　일	월　일
	5회	6회	7회	8회
확인				
납부일	월　일	월　일	월　일	월　일
	9회	10회	11회	12회
확인				
납부일	월　일	월　일	월　일	월　일

"생각하는 바보가 암기하는 천재를 이긴다."

물처럼 글쓰기 읽기 배움터

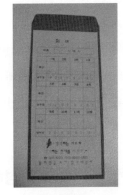

[그림 19.1] 회비 봉투 만들기 예

---

2) 물처럼 글쓰기 읽기 배움터 자료.

Ⅱ 독서지도 계획안

1. 연간 계획서 작성하기

독서교육을 하면서 장기 계획을 목표한다. 연간 계획서를 작성하면서 일 년 동안 독서지도의 목표와 학년별 독서능력, 발달 단계 특성, 독서에 대한 흥미 등을 고려하여야 한다. 연간 계획서를 작성하면서 특별 수업을 하게 되는 경우 다양한 준비가 필요하다. 연간 목표를 세울 때 학년별 특성에 맞게 개별적 특성에 맞게 독서에 대한 흥미도 증진, 읽기 능력의 향상, 독서 장르별 영역 넓히기(과학도서, 역사도서 등) 어휘력, 사고력, 비판력, 창의력, 논리력 향상 등을 구체적으로 세울 수 있다. 연간 계획의 목표가 정해지면 주제를 정한다. 연간 계획서를 준비할 때 분기별로 나눠 학년별 특성에 맞는 특별 수업을 준비해 본다. 예를 들면, 역사에 관심을 갖기 시작하는 4학년 이상 학년에서 역사 수업을 테마로 한 분기를 계획 할 수 있고, 저학년에서 책 만들기를 중심으로 수업을 이끌 수도 있다.

2. 월간 계획서 작성하기

연간 계획서에 따라 월간 계획을 세운다. 월간 계획서를 작성할 때는 단기 계획으로 연간 계획서의 목표를 이루기 위해 실천적인 방법이 들어간다. 월간 계획서에는 연간 계획서의 목표에 따른 주제를 구체적으로 세분화시킨다. 연간 계획서의 세부적인 내용이 담긴 월간 계획서는 학부모들에게 가정 통신문과 함께 보내서 수업 안내를 할 수 있다. 연간 계획서에는 토론과 글쓰기 등 총체적인 통합 교육이 될 수 있도록 계획을 세운다.

3. 수업안 계획하기

독서지도를 하기 위해 수업 계획안을 만들 때 월간 계획서에 계획된 도서나 활동을 중심으로 자세하게 정리를 한다. 대상 학년과 독서자료나 활동에 대해 세부적으로 내용을 작성하고 활동 목표를 세워 수업 준비를 한다. 세부 내용으로는 다음과 같다.

- 대상 학년, 수업 시간, 지도 그룹의 특징
- 선정도서의 해제와 목표
- 발문 및 독서 후 활동

4. 분기별 수업 자료집 만들기

분기별 또는 연간별로 수업 계획이 마무리되면 독서 수업안과 활동 자료를 책으로 엮을 수 있고 파일로 정리할 수 있다. 파일로 정리할 때는 학기별이나 학년별로 1년에 1~2회 정도 함께 스크랩을 하며 그동안 배운 것에 대해 반복 학습을 할 수 있다. 분기별로 엮어 책을 만들 때는 미리 그동안 학습했던 내용을 교사가 직접 정리해서 묶어주는 것이 도움이 된다. 특히 저학년일 경우 아이들과 함께 정리하기는 어려울 수 있다.

분기별 자료집 만들기 예[3]

- 겉표지를 두꺼운 종이로 하고 수업에서 활용한 자료를 엮어 묶는다.
- 표지에 제목과 이름 등 개인의 사진을 붙여주면 한 학기 동안 수업했던 내용을 한 권의 책으로 간직할 수 있다.

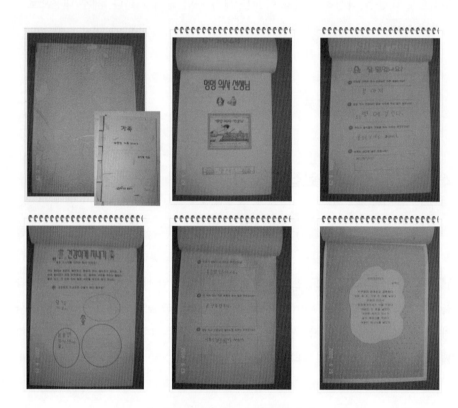

[그림 19.2] 분기별 자료집 만들기 예

---

3) 홍정희, 논현정보마당 독서 프로그램 활동자료.

〈표 19.1〉 1학년 연간 수업 계획표[4]

주제	3월 나	4월 즐거운 상상	5월 우리 가족	6월 말놀이 글놀이	7월 여행	8월 자연
1주	『학교에 간 데이빗』 -처음 만났어요 (내 이름 찾기 /팀 이름 짓기)	『그럭터』 『종합병원』 뚝, 그렇지만은 않아! (내가 주는 상장)	『당나귀와 실베스타와 요술 조약돌』 -우리 가족 소개하기 (엽궁책 만들기)	『말놀이 쫑쫑』 『수수께끼 여행』 -재미있는 수수께끼	『여덟살, 혼자 떠나는 여행』 『이모의 결혼식』 -나의 여행이야기 (내 경험 글쓰기)	『갯벌에서 만나요』 『갯벌이 좋아요』 -지식 정보책 만들기
2주	『중요한 사실』 -들은 이야기 그림책으로 보기 -나에 대한 중요한 사실 글쓰기	『내 머리가 길게 자란다면』 -머리에 뭘이 났어요 ~라면	『패지책』 -우리 가족 돌아보기 (계획표 짜기)	『오늘은 무슨 날』 『활활 넘어간다』 -상행시/ 흉내말 -무언극	『펠릭스의 세계여행』 -내가 가고 싶은 곳 (상상하고 글쓰기)/ 이유 들어 글쓰기) -여행 가방 만들기	『요리팡팡, 조리팡팡』 -요리 수업 (설명하는 글쓰기)
3주	『코끼리 엘머』 『세상에서 하나뿐인 특별한 나』 -나는 특별해요 / 우린 모두 달라요	『후루룩 냠냠! 라면』 『숲속의 아파트』 -내가 꿈꾸는 기차 -내가 꿈꾸는 집	『우리 엄마』 -사랑해요, 감사해요 (마음을 담은 편지쓰기, 작은책 만들기)	『기차 ㄱ,ㄴ,ㄷ』 『개구쟁이 ㄱㄴㄷ』 -낱말이 놀자	『짬뽕쫑병 촤쌱쫑쌱』 -물이 여행 따라가기	『풀쌔움』 『아가씨아 피마』 -놀이하고 글쓰기
4주	『구룬파 유치원』 『내 귀는 짝짝이』 -나만의 조각이블 (내가 잘 하는 것/못 하는 것)	『주먹이』 『세상에서 가장 큰 여자 아이 안젤리카』 -만약 내가 ~라면	『우리 할아버지는 106세』 『일찍 일어난 아침』 -가족나무	『알파벳 나무』 -낱말&문장 놀이	『이재랑 공재랑 동네 한 바퀴』 『앤서니 브라운의 행복한 미술관』 -그림따라 여행하기	『세상에서 가장 유명한 미술관』 -다녀온 곳 글쓰기

4) 물처럼 글쓰기 읽기 배움터 자료.

<표 19.1> 1학년 연간 수업 계획표

주제	9월 우리 문화, 전통	10월 책과 도서관	11월 계절	12월 크리스마스, 나눔	1월 온고이지신	2월 새학년, 새로운 나
1주	「떡잔치」 「똥떡」 –우리 조상의 지혜 –우리들의 떡 잔치 (작은 책 만들기)	「세종대왕」 「하늘에서 내린 글자」 –인물에 대하여 –한글의 우수성 (한글에게 상주기)	「벼가 자란다」 「쌀 한톨 한톨」 –농부 아저씨 고맙습니다 (책만들기)	「오늘은 우리집 김장하는 날」 –우리 음식, 김치 –있었던 일 글쓰기	–한해를 보내고 새해를 맞으며 (3대 뉴스/나의 꿈 편지)	「입을 크게 벌려라」 「달랑이와 콩콩이」 –애들아, 나 이뽑았다
2주	「솔이의 추석 이야기」 –우리의 소중한 명절 (나의 추석 이야기)	「브루노를 위한 책」 「꿀벌나무」 –책이 좋아/책읽기는 즐거워 (친구야, 이책 읽어봐)	「바빠요 바빠」 「산에 가자」 –가을이 깊어가요	「안나의 빨간 외투」 「펠레의 새 옷」 기다림의 시간 (양복 만들기)	「열 두띠 이야기」 –우리 가족 띠	「내 소원은」 –'나'를 사랑해요
3주	「논고랑 기어가기」 –재미있는 우리 풍습 (소개하는 글쓰기)	「신나는 책놀이」 –그림책 속 친구들아 모여라〜〜	「나무하고 친구하기」 「도토리」 –고마워 나무야〜〜	「황소 아저씨」 「아기 여우와 털장갑」 –나눔에 대하여	「손 큰 할머니의 만두 만들기」 「야광귀신」 –까치 까치 설날은〜〜	「내가 병을 이겼어요」 「앗, 감기야 덤벼라」 –내가 이만큼 컸어요
4주	「단군신화」 –우리 신화 이야기 (낱말 퍼즐)	「좋은 시집 읽기」 –가을 나들이, 도서관에 가요!	「몰라봐」 –친구야 궁금해 –나도 알랭래 (엄마 살려 글쓰기)	「있잖아요 산타마을에 서는요」 「구두장이 마틴」 –크리스마스에요〜〜	–놀이, 요리수업	「칠판 앞에 나가기 싫어」 「후배들에게」 (하고는......) (경험 살려 글쓰기)

* 알리는 말씀

－올해는 유난히 공휴일이 수요일에 많이 몰려 있습니다. 1학기에도 휴일이 많았는데 9월 마지막 주도 추석 연휴, 10월 첫 주도 개천절이네요. 가능하면 10월 3일은 수업하려 합니다. 혹시 그날 안 되는 친구 있으면 연락 주세요.

<u>10월 3일에 수업이 어려운 친구들은 연락 주세요</u>

9월 계획표 6학년(수요일 1:30~3:00)

		선정도서 및 수업 내용	주제 및 목표
1주 (9/5)	* 꿀맛 논술	6단 논법으로 토론하고 글쓰기	－ 주장과 근거를 말할 줄 알아요.
		준비물 : 파일	
2주 (9/12)	* 사고력 독서	『옛날 사람들은 어떻게 살았을까?』 － 조은수, 창작과비평사	－ 우리 옛 어르신들이 어떻 게 살았는지 알아요. － 우리 전통 문화에 대한 자부심을 가져요.
		준비물 : 책, 파일	
3주 (9/19)	* 총체적 언어 교육	『양치기 소년과 늑대』 －시점을 바꿔서 다시 쓰기 (일기/기사문)	－ 하나의 낱말이 갖고 있는 여러 가지 뜻을 알아요. － 낱말의 관계를 배워요. － 시점을 알아요.
		준비물 : 파일	
(9/26)		쉼 － 추석 연휴	
4주 (10/3)		『백범일지』 － 박천홍, 서울문화사	－ 한 개인의 기록뿐 아니라 우리나라 광복의 역사를 알아요.
		준비물 : 책, 파일	－ 우리 고전과 역사에 흥미 를 가져요.

*수업은 사정에 따라 달라질 수 있습니다.

－ 물처럼 글쓰기 읽기 배움터 －

* 알리는 말씀

9월 계획표 6학년(수요일 1:30~3:00)

		선정도서 및 수업 내용	주제 및 목표
1주 (6/5)	* 문장 연습	그림 보고 문장 만들기	– 그림을 보고 문장을 만들 줄 알아요.
		준비물 : 파일	– 문장의 구성을 알아요.
2주 (6/12)	* 사고력 독서	『나의 바이올린』 – 수지 모건스턴, 주니어김영사	– 무언가를 배우고 알게 될 때의 기쁨과 좌절, 좌절을 넘어서 행복에 이르는 순간에 공감해 봐요.
		준비물 : 책, 파일	

3주
(6/19)
	* 사고력
	독서
	교육
		『피터와 늑대』
		– 세르게이 프로코프예프 원작
		블라디미르바긴 글 · 그림, 토토북
		*책은 글쓰기교실에서 준비합니다.
			– 우리, 음악을 읽어볼까요?
			  음악과 글, 그림, 세 가지의 만남,
			  그 멋진 공연을 함께 누려 보아요.

		준비물 : 파일	
4주 (6/26)	* 사고력 독서	『쌈짱과 얌전이의 결투』 – 질 티보 글, 브뤼노 생오뱅 그림, 어린이 작가정신	– 사건의 순서를 알고 이야기 흐름을 정리할 줄 알아요. – 외모, 성격이 전혀 다른 사람이 친구가 되어 가는 과정을 통해 친구에 대해 생각해 보아요.
		준비물 : 책, 파일	

* 수업은 사정에 따라 달라질 수 있습니다.

– 물처럼 글쓰기 읽기 배움터 –

Ⅲ 수업 지도안 작성 및 질문하기

    연간 계획, 월간 계획이 작성되면 수업을 위해 수업 지도안을 준비한다. 수업 지도안에는 한 회기 수업을 진행하기 위해 필요한 준비를 하는데, 초보 선생님들에게 수업 지도안 작성은 많은 도움이 된다. 처음 아이들과 만나 수업을 하려할 때 어떻게 진행을 해야 할지 고민하게 되는데 그때 도움이 되는 것이 미리 준비한 수업 지도안이다. 수업 지도안을 작성할 때 학습목표뿐 아니라 세분된 시간을 기록해 놓으면 좋다. 하지만 수업 지도안이 현장에서 그대로 적용되는 것은 아니다. 어떤 일이든 계획대로 이루어지는 것은 힘들다. 마찬가지로 독서지도를 위한 지도안도 융통성을 발휘해 활용하여야 한다. 준비하는 동안 수업에 대한 워밍업이 되고 리허설이 되는 것이다. 수업 지도안을 만들었을 때와 머릿속에 흐름을 잡아 놓고 수업에 들어가는 것은 분명 다르다. 오랜 시간 수업을 진행하는 숙련된 독서지도 전문가들도 그들만의 독서지도 수업 지도안을 준비한다. 처음부터 수업 지도안을 준비하는 습관을 갖는다면 시간이 지나면서 자기만의 특별한 수업 지도안을 만들 수 있는 능력이 개발된다.

1. 수업 지도안 작성

    수업 지도안을 만들 때는 대상 학년, 수업시간, 지도 그룹의 특징 및 선정도서의 해제와 수업목표를 정한다. 그리고 선정도서에 대한 발문 및 독서 후 활동을 계획한다.

- 학습 자료 설명 : 선정도서 및 활동주제를 중심으로 표현한다.
- 지도 대상 : 학년, 지도 그룹의 특징, 수업시간 등을 기록한다.
- 도서 해제 : 선정도서의 제목, 저자, 출판사 등을 기록한다. 선정도서에 대

한 안내와 작가의 의도, 출판사 서평 등 책과 관련된 내용과 함께 도서에 대한 지도 방향을 제시하며 도서에 대한 독서지도사의 서평을 짧게 넣는다.

• 수업목표 : 선정된 도서를 통해 무엇을 어떻게 지도 대상 아이들과 나누려 하는지 구체적으로 표현한다. 수업목표를 정할 때는 대상에 대한 이해가 선행되어야 하며 독서지도 수업을 통해 독서와 연관된 성장을 도와야 한다. 또한 연간 계획안에서 단계적으로 성장하는 확장되고 심화된 목표가 있어야 한다. 하지만 목표가 크거나 많으면 안 된다.

2. 질문하기

(1) 발문에 대한 이해

수업이 진행되면 많은 비중을 차지하는 것이 발문이다. "발문이란 수업에 있어서 언어 상호과정의 한 형태인 문답법에 있어서의 제기되는 의문을 가리키는 것"[5]으로 단순히 의문문 형식을 취하는 것이 아닌 수업에서 일정한 목적을 가지고 기능하여야 한다. 발문은 사고를 촉진시키는 기능 이외에 주의를 환기시키는 역할을 한다. 발문을 통한 확산적 사고는 지적 활동을 통해 수업 참여를 유도하게 된다.

『효율적인 교사의 발문 기법』에서 블로셔는 사실 발문과 사고 발문으로 발문을 분류했는데, 사실 발문은 낮은 수준의 인지 능력을 요구하고, 사고 발문은 추론, 판단, 일반화, 가설화 등과 같은 높은 수준의 인지 과정 사용을 요구한다고 한다. Wilen은 학생이 학습하는 내용과 방향을 제시하는 데 있어서 교사의 발문이 중요한 역할을 하며, 학생의 입장에서 보면 발문은 특정 방향으로 학생의 사고나 행동을 안내하는 역할을 할 수 있다고 한다. 따라서 단순 기억의 정보를 요구하는 낮은 수준의 발문보다는 분석, 비교, 측정 등의 높은 수준의 발문들이 비

---

5) 박병학(1986).

판적 사고 기능을 향상시키는 데 효과적이라고 하였다. 발문법이 추구하는 근본적인 목적은 사고를 촉진하는 데 있다고 할 수 있다.[6]

　　가장 널리 사용하고 있는 Bloom의 '교육 목표 분류학'의 분류체계에서는 인지적 영역 6가지, 정의적 영역 5가지로 의한다(Bloom은 1956년 인지적 영역의 교육목표 분류학 발표, 1964년 정의영역 발표-Krathwohl, Bloom, Masia-, 1972년 신체적 영역을 발표했다).

1) 인지적 영역(Cognitive Domain)

① 지식(knowledge)

지적 기능과 인지적 영영을 이루는 것으로 교육과정 속에서 경험한 아이디어나 현상을 기억했다가 재생 또는 재인 할 수 있는 능력을 말한다. 이미 배운 내용에 대한 단순한 회상을 묻는다.

② 이해(comprehension)

의사 전달을 받게 되면 전달되는 내용을 알고 또 거기에 포함된 자료나 아이디어를 이용할 수 있는 능력을 의미하며, 번역, 해석, 추론 능력이 포함된다. 어떤 정보를 다른 형태로 표현하도록 묻는다.

③ 적용(application)

새로운 문제나 사태에 이미 배운 사실이나 원리, 법칙 등을 구체적으로 활용하는 능력, 문제 해결력 또는 전이 능력이라고 부르기도 한다. 지식이나 이해력은 적용하는 데 기초가 되며 적용을 통해 사고력이 생긴다.

④ 분석(analysis)

주어진 자료를 구성 성분으로 분해하고 부분 간의 관계와 그것이 조직되어 있는 방법을 발견하는 능력이다. 여기에는 문제의 요소를 분석하는 능력, 요소와 요소 간의 관계 혹은 부분과 부분 간의 관계를 찾아내는 능력, 자료의 구성 원리를 알아내는 능력 등이 포함된다.

---

6) 박형성(2007).

⑤ 종합(synthesis)

여러 개의 요소나 부분을 전체로서의 하나가 되도록 묶는 능력이다. 하나의 구조나 형태가 되도록 여러 가지 요소나 부분 등을 결합하는 인지적 과정으로서의 행동을 말한다.

⑥ 평가(evaluation)

어떤 목적을 갖고 아이디어, 작품, 방법, 소재 등에 관하여 가치 판단을 하는 능력이다. 가장 높은 단계에 해당되는 능력으로서 판단력, 비판력이라고도 한다. 이는 의사소통의 정확성과 일관성이라는 내적 준거에 의한 판단과 이미 설정된 외적 준거에 비추어 자료, 사물, 정책 등을 판단하는 능력을 포함한다.

2) 정의적 영역(affective domain)

① 수용(receiving)

어떠한 자극이나 활동을 기꺼이 수용하고 자발적으로 주의를 기울이게 되는 것과 같은 민감성을 말한다.

② 반응(responding)

어떠한 자극 또는 활동에 적극적으로 참여하고 자발적으로 반응하며 그러한 참여와 반응에서 만족감을 얻게 되는 행동이다. 따라서 선호, 즐거움, 쾌락의 향방이 뚜렷하고 싫은 것에 대해서는 싫증을 나타낸다.

③ 가치화(valuing)

특정 대상, 활동 또는 행동에 대하여 의의와 가치를 직접 추구하고 행동으로 나타내는 정도이다. 자발적인 행동이기는 하지만 단순히 자발적 행동을 넘어서서 일관성, 열정, 빈도, 자아 동조의 요소가 포함된 정의적 행동이다. 그 행동이나 대상에 대해 만족감과 가치가 있다고 지각하는 수준이다.

④ 조직화(organization)

일관성 있는 가치체계를 내면화시키는 전초 단계로서 서로 다른 수준 또는 종류의 가치를 비교하고 통합하는 행동이다. 어떤 가치를 개념화하여 그것을 개념, 활동, 사건 등에 관한 판단을 하는 기초로서 사용하는 수준이 된다.

⑤ 인격화(characterization)

개인의 활동 및 생활의 기준이 되며 가치관이 지속적으로 일관성 있다. 또 그것이 그의 행동을 예측할 수 있을 정도로 확고하게 그의 인격의 일부로 내면화되는 정도이다. 또한 다른 인격체나 가치 체계에 대한 인격체나 가치 체계에 대한 관용과 신축성을 보이는 단계이다.

수업 지도안을 작성하면서 발문을 하게 되는데, 먼저 책을 읽고 내용을 바르게 읽었는지 확인하기 위한 발문을 하게 된다. 다음으로 인지적 영역과 정의적 영역을 구분하여 책을 중심으로 인지적 발문을 하고 책을 읽는 사람을 중심으로 정의적 발문을 하게 된다.

(2) 질문문 대답 분류법(Question Answer Relationship, QAR)[7]

Pearson과 Johnson(1978)이 제안한 분류법으로 질문은 질문과 주어진 대답의 관계에 따라 분류되기 때문에 글과 독자의 반응 사이의 과정을 반영한다고 한다. 질문에 대한 대답이 어디에 근거하여 나오는지에 따라 질문을 분류하였는데 다음과 같다.

① 명시적 질문 : 원문에 직접적으로 언급되었던 정보
② 암시적 질문 : 글에 암시되었던 정보
③ 함축적 질문 : 독자의 마음에 가지고 있던 정보

이는 텍스트와 그 대답 사이의 관계에 초점을 맞춘 질문 분류법이다. 학생을 질문 활동에 참여시키기 위해 질문 대답 전략이 필요한데, Raphael(1981)은 Pearson과 Johnson(1978)의 질문 분류법에 기초하여 세 가지 범주를 제시했다.

---

7) J. W. Irwin, 천경록·이경화 역(2003).

① '정답은 거기에' (명시적 질문)

② '생각하고 찾기' (암시적 질문)

③ '내 생각으로는' (함축적 질문)

이를 이용하여 가르친 결과 이것이 학생들의 질문에 대답하는 능력을 향상시켜 준다는 것을 보여 주었다. 1986년 몇 가지 수정된 연구를 발표하였는데 '책 속에서'와 '머리 속에서'라는 두 범주가 제시되었다. '책 속에서'라는 범주는 '정답은 거기에'와 '생각하고 찾기'로 분류되고 '머리 속에서'라는 범주는 '작가와 당신(author and You)와 '당신 자신'(on your own)'이라는 이야기에서 언급되지 않은 답을 요구하는 질문으로 나뉜다.[8]

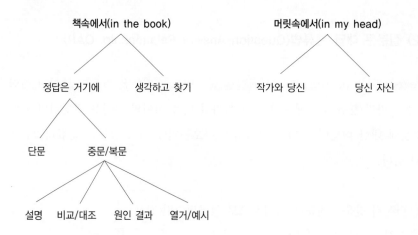

(3) 수업 지도안 발문

1) 마음을 열기 위한 질문

수업에 들어가기 전 수업의 목표를 달성하기 위한 동기 유발을 할 수 있다. 마음 열기는 책에 대한 이야기를 나누기 전 간단히 아이들이 토론할 수 있는 분위기 조성과 책 안으로 들어가기 위한 준비 작업이다.

---

8) T. E. Raphael(1986: 517).

2) 책을 바르게 읽었는지 확인하기 위한 질문

- '정답은 거기에' (명시적 질문)
- 책을 읽고 흐름을 이해하였는지 확인하는 질문으로 폐쇄적 질문으로 책을 읽고 답을 찾을 수 있는 발문이다.

3) 책을 읽고 다양한 사고 경험을 할 수 있도록 하는 질문

- '생각하고 찾기' (암시적 질문)
- Bloom의 인지적 영역에 해당하는 발문으로 구성된다. 개방형 질문으로 확산적 사고를 할 수 있도록 한다.

4) 책을 읽고 자신의 경험을 표현하고 내면적 가치를 높이도록 하는 질문

- '내 생각으로는' (함축적 질문)
- Bloom의 정의적 영역에 해당하는 발문으로 구성된다. 자신의 내면적 가치를 높이고 성숙된 인격체를 형성하도록 돕는다.

5) 토론, 토의 내용을 정리하기 위한 독서 후 활동

독후 활동을 통해 수업을 통해 확장된 사고를 정리한다. 저학년은 활동 중심, 고학년은 글쓰기 중심으로 하는데, 다양한 방법으로 융통성 있게 접근한다.

(4) 발문 작성 시 유의점과 처리상의 유의점

좋은 발문이란, 발문의 의미가 분명한 명확한 발문, 단순한 발문, 생각해 보고 싶도록 하는 개괄적인 발문이며, 구체적인 발문, 사고를 자극하는 발문이어야 한다.[9]

발문을 사용할 때 폐쇄적인 발문보다는 개방적인 발문으로 사고력을 확장할 수 있도록 하여야 한다. 시간을 갖고 사고를 확장시킬 수 있도록 생각의 문을 열어 주어야 한다. 또한 문제의식을 준 다음 적절한 시기에 발문을 해야 효과적이다.

---

9) 하영철(2006).

독서지도 수업안의 예[10]

『반달곰이 길을 가다가』(김우경 글, 김미아 그림)

【학습목표】

• 자연을 사랑하는 마음을 배운다.

• 부모님이 자신을 사랑하고 있음을 깨닫는다.

• 서로 이해하는 마음으로 사람들과 자연을 대하는 마음을 배운다.

• 겉모습으로 마음 속까지 판단할 수 없음을 안다.

【마음열기】

• 반달곰이 여행을 하면서 본 많은 것은 무엇일까?

• 엄마한테 꾸중 듣고 울어 본 적 있니?

• 들판에 세워진 허수아비를 본 적 있니?

• 어떻게 토끼가 숲 속 나라 왕이 되었을까?

이야기는 저마다 자기 색깔이 있지요.

여기 담긴 일곱 편도 자기 색깔을 뽐내고 있어요.
사람과 자연을 함께 생각한 이야기
식구들과 이웃들과 친구들을 생각하게 한 이야기

서로 이해하고 용서하며 사랑으로 살아가는 세상을 위해
고민해 볼 수 있는 이야기들을 만날 수 있을 것입니다.

나무, 풀, 새, 짐승, 사람……
모두 아름답게 제자리를 지키며 살았으면 좋겠다는
김우경 선생님 말씀을 이야기에서 찾아보세요.
그럼 우리도 자연과 함께 친구가 될 수 있을 테니까요.

---

10) 각 단계의 이름은 성장의 의미를 담은 단어로 사용하면 좋다.

♣ 책을 바르게 읽었는지 확인하기 위한 질문

1. 울고 있던 어린 사슴을 달래주던 반달곰에게 어미 사슴은 왜 화를 냈을까요?

2. 수빈이 엄마는 수빈이와 다빈이를 어떻게 불렀나요?

3. 들판이 누렇게 익어 가는데도 참새들은 찾아오지 않았어요. 건들바람은 참새들이 들판을 왜 떠났다고 했나요?

4. 깃동잠자리는 많이 지쳤지만 멈추지 않고 날갯짓을 했어요. 깃동잠자리가 찾는 곳은 어디인가요?

5. 다른 나무들과 잘 어울리지 못하는 탱자나무는 늘 외톨이였어요. 탱자나무가 말을 걸어도 누구나 등을 돌려버리는 이유는 무엇인가요?

♣ 책을 읽고 다양한 사고 경험을 할 수 있도록 하는 질문

1. 젊고 씩씩한 반달곰은 여행길에 엄마가 자꾸 미워져 고민인 어린 사슴을 만났습니
   다. 반달곰은 어떻게 하면 동생이랑 엄마랑 모두 재미나게 지낼 수 있다고 했을까
   요?

2. 깃동잠자리는 지치도록 맑은 물을 찾고 있습니다. 하지만 다른 잠자리들은 그런
   깃동잠자리에게 사서 고생을 한다고 하였지요. 깃동잠자리는 왜 맑은 물을 찾으려
   노력하나요?

3. 토끼 대왕은 자신의 가죽을 주더라도 짐승들의 나라를 지키고 싶었습니다. 하지만
   불도저는 사람들의 땅이라며 개발을 하려 했지요. 개발은 왜 할까요? 개발로 인해
   사라진 것은 무엇인지 함께 생각해 보세요.

4. 탱자나무는 마음과는 딴판으로 삐죽삐죽 돋아난 가시들 때문에 늘 혼자입니다. 새
   들도 다른 나무들도 탱자나무에 있는 가시 때문에 마음 속까지 가시가 돋은 것은
   아닌지 의심했지요. 겉모습만 보고 마음까지 판단할 수 있을까요?

♣ 책을 읽고 자신의 경험을 표현하고 내면적 가치를 높이도록 하는 질문

1. 아기 사슴과 수빈이는 동생만 예뻐하는 엄마가 미웠어요. 우리 집에서는 누구를 가장 좋아하나요? 혹시 그런 문제로 부모님이 미웠던 적이 있나요?

2. 자연은 사람들 때문에 참 힘든 일이 많아요. 그렇다면 그 자연을 위해 할 수 있는 일은 무엇일까요?

3. 미연이와 할머니를 만났지만 품 속에 있는 따뜻한 붕어빵을 주지 못한 유정이 아버지는 '내일 책방에 가면 미연이 책도 한 권 더 사야겠어'라는 생각을 했습니다. 유정이 아버지처럼 다른 사람에게 따뜻한 마음을 전해 본 적이 있나요?

♣ 토론, 토의 내용을 정리하기 위한 독서 후 활동[11]

독후감

붕어빵처럼 따뜻한 유정 아버지의 마음……

나도

---

11) 독후 활동은 책 만들기이다. A4용지에 프린트를 해서 양쪽을 접어 책으로 활용하는 작업이다.

탱자나무가 들려준 충고 한마디!!

겉 모습만 보고 판단하면 안 돼요,

왜냐하면

_____

_____

_____

_____

_____

반달곰이 길을 가다가

어린 사슴에게 반달곰 아저씨는 식구들과 즐겁게

지내는 법을 알려주었어요,

동생이랑 엄마랑 너랑 즐겁게 지내려면

_____

_____

_____

_____

내 생각은

나라야 그러지 마

엄마, 아빠는 큰별님 수빈이를 사랑해.

그 이유는

1.

2.

3.

4.

5.

왜냐하면 엄마, 아빠 그리고 수빈이는 사랑하는 가족이니까 하니까,

토끼 대왕

불도저님!

내가 높은 곳에서

바위를 굴려

_____

_____

_____

_____

_____

사라지거든요,

편지 낱말

가동잠자리가 찾은 맑은 물을 소개합니다,

그곳은

찾아가는 방법

허수아비 아저씨

허수아비 아저씨께

참새 올림

『나는 선생님이 좋아요』(하이타니 겐지로 글, 햇살과 나무꾼 역, 양철북)

【학습목표】

- 선생님에 대한 생각을 해 본다.
- 데쓰조의 변화를 통해 내 안의 보물을 찾아본다.
- 사제지간의 참 의미를 생각해 본다.

【마음열기】

- (책표지를 보며) 어떤 아이일까?
- 난 어떤 아이인가?
- 선생님은 나를 어떻게 생각하고 계실까?
- 난 우리 담임 선생님이 _____

학교에서 친구도 없고 늘 겉도는 아이,
파리 외에는 세상에 아무런 관심이 없는 아이, 데쓰조.
그런 데쓰조를 맡게 된 고다니 선생님은 데쓰조의 마음을 열기 위해 노력한다.
데쓰조가 살고 있는 쓰레기 처리장 아이들은 학교에서 늘 말썽만 일으킨다.
하지만 그 반발로 더 말썽을 부리게 된다.
그들에게 따뜻한 정을 준 고다니 선생님과 아다치 선생님이 있기에 그들은 변한다.
고다니 선생님은 데쓰조를 이해하기 위해
데쓰조가 파리를 가지고 연구할 수 있도록 해 주고,
서로를 이해할 수 있는 마음을 가지도록 한다.
점점 아이들이 변하고, 주변 사람들이 변하면서 데쓰조의 마음도 열린다.
그 시작은 선생님의 마음이었기에
데쓰조는 '나는 선생님이 좋아요' 라고 말할 수 있었을 것이다.

작가 하이타니 겐지로는 그를 통해 참스승의 모습을 보여 주었다.
데쓰조가 마음을 열고 좋은 선생님으로 받아들이게 되는 과정을 통해
나에게 참스승은 누구였는지 생각해 보게 한다.

♣ 책을 바르게 읽었는지 확인하기 위한 질문

1. 데쓰조는 후미지의 손등을 물었습니다. 왜 그랬나요?

2. 파리의 먹이가 세균인 줄 알았던 고다니 선생님은 도서관에서 빌린 책을 읽고 어처구니없는 오해였다는 것을 알았습니다. 파리의 먹이는 무엇인가요?

3. 미나코 때문에 두 번째 학급 회의를 열었습니다. 그때 준이치는 어떤 의견을 내놓았나요?

4. 처리장 아이들이 동맹 휴학을 시작한 지 사흘째 되는 날 신문에 두 가지 기사가 실렸습니다. 어떤 기사였나요?

5. 결의문도 부결되고 고지네가 이사를 가자 아다치 선생님은 무슨 일을 했나요?

♣ 책을 읽고 다양한 사고 경험을 할 수 있도록 하는 질문

1. 『나는 선생님이 좋아요』에는 여러 선생님들이 등장합니다. 그 중에서 고다니 선생님과 아다치 선생님은 데쓰조와 처리장 아이들과 함께 한 선생님이랍니다. 두 선생님에 대해 이야기해 보세요.

2. 데쓰조는 말도 없고 말썽 많은 아이였지요. 하지만 파리 연구를 통해 신문에 나올 정도로 유명해졌습니다. 데쓰조가 변하기까지 어떤 과정이 있었나요?

3. 고다니 선생님이 '무엇?'이라고 글쓰기 제목을 주고 연구 수업하던 날, 말도 못하고 글도 쓸 줄 모르던 데쓰조가 글을 썼습니다. 그 글을 쓴 데쓰조의 마음과 글을 읽은 고다니 선생님 마음은 어땠을까요?

4. 처리장 아이들은 서로의 마음을 잘 알고 있습니다. 서로를 이해하기 위해 가장 필요한 마음을 생각해 보세요. 어떤 마음일까요?

5. 총회에서 마지막으로 두 가지 결론이 나왔어요. 나라면 어떻게 했을까요? 또 아이들이 전학을 하지 않고 안전하게 학교에 다닐 수 있는 방법은 무엇일까요?

♣ 책을 읽고 자신의 경험을 표현하고 내면적 가치를 높이도록 하는 질문

1. 데쓰조 때문에 힘든 고다니 선생님에게 아다치 선생님은 "그런 아이야말로 보물을 잔뜩 쌓아 놓고 있거든"이라는 말씀을 하셨어요. 데쓰조 안에는 어떤 보물이 있었나요? 그리고 여러분 안에는 어떤 보물이 있나요?

2. 아다치 선생님과 고다니 선생님은 아이들을 사랑하는 마음으로 대하셨지요. 우리 학교에서 두 선생님과 같은 분은 누구신가요?

3. 준이치는 미나코를 통해 성장했습니다. 그래서 미나코 당번을 정하자는 의견도 내 놓았지요. 만약 우리 반에 미나코처럼 돌봐 주어야 하는 친구가 있다면 어떻게 해야 할까요?

4. 『나는 선생님이 좋아요』에는 많은 사건들이 있어요. 그 중에서 가장 인상 깊었던 사건을 이야기해 보세요.

5. 『나는 선생님이 좋아요』는 '중요한 것은 가르치고 이끄는 것이 아니다. 아이와 어른이 함께 배우고 성장하는 것이다'라는 뜻을 담고 있는 책입니다. 이 책을 통해 여러분은 어떤 생각을 했나요?

♣ 토론, 토의 내용을 정리하기 위한 독서 후 활동

『나는 선생님이 좋아요』는 어린 고다니 선생님이 아이들과 함께하며 함께 배우는 이야기입니다. 책을 읽고 어떤 느낌인가요? 그 느낌을 감상문으로 표현해 보세요.

『나는 선생님이 좋아요』를 읽고

소설의 요소에 대한 질문의 예[12]

(1) 배경

- 어디에서 일어난 이야기인가?

- 언제 일어났는가?

- 이야기의 배경은 왜 중요한가?

- 이 이야기는 다른 배경과 장소에서 일어날 수 있는가? 왜? 아니라면 왜?

- 눈을 감고 이야기의 배경을 떠올려보자. 무엇이 떠오르는가?

- 저자는 독자에게 그곳에 있는 듯한 느낌을 주기 위해 어떻게 하고 있는가?

(2) 등장인물

- 주인공은 누구인가?

- 이 이야기에는 어떤 사람들이 나오는가?

- 실제 사람과 비슷한가? 그렇다면 왜? 그렇지 않다면 왜?

- 저자는 독자가 주인공을 좋아하게 만들기 위해 어떻게 하고 있는가?

- 등장인물이 변하고 있는가? 그렇다면 어떻게? 변화의 양상을 예상했는가?

- 마음 속에 등장인물을 그릴 수 있는가? 무엇을 좋아하고 무엇을 하며 무엇을 말하는가?

- 그들을 만나고 싶은가? 그렇다면 왜? 그렇지 않다면 왜?

(3) 구성

- 이야기는 처음 어떻게 시작되었는가?

- 이 이야기에서 주된 문제점은?

- 그 문제가 나아졌는가? 더 나빠졌는가?

- 지금까지 읽은 부분에서 또는 전체에서 가장 인상 깊은 부분은? 왜?

---

12) 이재승 편저(2004)

• 다음에 어떤 일이 일어날지 추측할 수 있겠는가? 저자는 놀라움을 주었는가? 어떻게?

• 문제는 어떻게 해결되었는가?

• 이 이야기는 어떻게 끝났는가?

(4) 관점

• 누가 이야기를 말하고 있는가?

• '나' 나 '너', 또는 제3자의 표현을 사용하고 있는가?

(5) 주제

• 이 이야기에서 가장 중요하다고 생각되는 부분은?

• 이 이야기의 주제는 무엇인가?

(6) 문체

• 특별히 잘 쓴 부분이라고 생각되는 곳은?

• 저자가 사용하고 있는 특별한 표현은 어떤 것인가?

• 저자는 은유적인 언어를 많이 사용하고 있는가? 그렇다면 예는?

• 저자는 특별한 기법을 사용하고 있는가? 그 예는?

• 같은 작가, 또는 같은 주제에 대해 쓴 책을 읽어보았는가? 공통점과 차이점은?

1. 독서교육의 중요성이 강조되면서 독서지도사를 필요로 하는 다양한 현장이 늘어가고 있다. 대집단이 구성되는 학교 방과후 교실부터 학원에서 하는 독서교육, 재택근무로 하는 독서지도 등으로 그 현장을 구분해 볼 수 있다. 다양한 현장에서 활동하는 독서지도사들은 현장에 맞는 독서지도 수업안을 만들기 위해 자신이 활동하는 현장에 대한 이해가 필요하다. 또한 현장에서 독서지도사의 역할은 무엇인지 중요하게 생각해 보아야 한다.

2. 수업을 준비할 때 학부모 상담을 통해 아이들에 대한 정보를 얻고 독서지도 수업의 방향을 안내할 수 있어야 한다. 매월 가정 통신문을 발송해서 학부모가 수업 안내를 받을 수 있도록 하며 수업에 대한 신뢰가 생긴다. 가정 통신문에는 월간 계획표와 함께 학부모들이 아이들을 이해하는데 도움이 되는 글을 전달하면서 소통한다.

3. 독서교육을 하면서 장기 계획을 세운다. 그에 필요한 연간 계획서를 작성하고 연간계획에 따른 월간 계획표를 구체적으로 세운다. 연간 계획을 세울 때 학년별 특성에 맞게 개별적 특성에 맞게 독서에 대한 흥미도 증진, 읽기 능력의 향상, 독서 장르별 영역 넓히기(과학도서, 역사도서 등) 어휘력, 사고력, 비판력, 창의력, 논리력 향상 등을 참고로 작성한다.

4. 수업 지도안 작성은 많은 도움이 된다. 수업 지도안을 작성할 때 학습목표뿐 아니라 세분된 시간을 기록해 놓으면 좋다. 하지만 수업 지도안이 현장에서 그대로 적용되는 것은 아니다. 지도안도 융통성을 발휘해 활용하며 계획된 수업을 진행할 수 있도록 한다.

5. 발문은 수업 진행에서 많은 비중을 차지한다. 좋은 발문은 교사와 학생의 역동적인 상호 작용을 돕는다. 또한 산만한 분위기에서 주의를 환기시키며 아이들의 호기심을 자극해 확산적 사고력을 키운다. 발문은 인지적 영역뿐 아니라 정의적 영역에 이르기까지 다양한 형태로 구성된다.

■ 연구과제 및 해설

1. 주변에서 독서지도를 하고 있는 선생님들의 수업 진행 방법을 살펴보고 독서지도사가 되어 활동을 한다면 어떤 선생님이 되고 싶은지 구체적으로 생각해 보자.

   (해설) 독서지도로써 어떤 선생님이 되려 하는지 자신의 정체성에 대해 생각해 보는 것은 중요하다. 책을 읽고 마음 나누기를 중심으로 수업을 이끄는 선생님도 있고, 학습 위주의 인지적인 영역에 중심을 두고 있는 선생님도 있다. 자신의 성향에 맞춰 독서지도 선생님으로서 자신의 모습을 구체적으로 묘사하는 글을 써 보도록 한다. 신문 인터뷰 기사에 실린 독서지도사들의 활동도 꼼꼼하게 살펴본다.

2. 자신이 수업을 하게 된다면 대집단, 소집단 중 어느 현장에서 활동하게 될지 생각해 보고 수업에 필요한 연간 계획, 월간 계획 및 수업 지도안을 작성해 보자.

   (해설) 실제 수업을 하기 전에 연·월간 계획을 작성해 본다. 처음 시작이 어렵다는 이유로 다른 사람이 만들어 놓은 자료를 활용하게 되면 자신만의 수업 지도안을 작성하거나 계획을 세우는 데 어려움을 겪을 수 있다. 독서지도사로서 오랜 기간 수업을 했던 선생님들도 수업 지도안을 만들거나 연·월간 계획을 세우는 데 어려움을 겪고 있다. 다른 자료를 참고를 할 수 있으나 자신만의 계획을 세우고 발문 연습을 충실히 하다보면 많은 자료와 함께 자신만의 노하우가 생길 것이다.

■ 참고문헌

• 박병학(1986), 『발문법원론』, 세광.
• 박형성(2007), 「교사의 발문기술 향상 시뮬레이션 개발을 위한 연구」, 『정보교육학회논문지』, 한국정보교육학회.
• 이수진(2003), 「초등학교 읽기 수업의 발문 범주 체계 연구-교과서 분석을 중심으로」, 『청람어문교육』, 청람어문교육학회.
• 이재승 편저(2004), 『아이들과 함께 하는 독서와 글쓰기 교육』, 박이정.
• 하영철(2006), 『미래로 핵심 교육학』, 동현출판사.
• J.W. Irwin, 천경록·이경화 역(2003), 『독서지도론』, 박이정.
• T.E. Raphael(1986), Teaching Question-Answer Relationships, Revisited, *Reading Teacher*, 40.

■ 찾아보기